Reiner Kunze Materialien und Dokumente

Herausgegeben von Jürgen P. Wallmann

S. Fischer

© S. Fischer Verlag GmbH, Frankfurt am Main 1977
Umschlagentwurf: Atelier Rambow, Lienemeyer, van de Sand
Gesamtherstellung: Clausen & Bosse, Leck
Printed in Germany 1977
ISBN 3 10 042004 7

für Elisabeth

Inhalt

Zur Person

Lexikalische Auskunft

Kunze, Reiner, *16. 8. 1933 Oelsnitz (Erzgebirge); Lyriker, Nachdichter, Herausgeber und Publizist [DDR]. K., Sohn eines Bergarbeiters, studierte 1951/55 Phil. und Journalistik in Leipzig; 1955/59
wissenschaftlicher Assistent an der Karl-Marx-Universität Leipzig,
die er vor der Promotion verließ, dazwischen Arbeit in der Landwirtschaft, im Schwermaschinenbau und in Zeitungsredaktionen; seit
1959 freischaffender Schriftsteller; 1961/62 in der ČSSR, verheiratet
mit einer tschech. Zahnärztin, wohnhaft in Greiz; 1968 Preis für
Nachdichtungen des Tschechoslowak. Schriftstellerverbandes. – K.
versuchte – mit kritischen Tendenzen – das Lebensgefühl der jungen,
am Aufbau des Sozialismus teilhabenden Generation auszudrücken;
dazu wurden ihm Böhmen zum neuen Erlebnis und die tschech.
moderne Dichtung zur entscheidenden Inspiration (die durch ein
inniges Verhältnis zur Musik vertieft wurde). Die u. d. T. »Vögel
über dem Tau« (1959) gesammelten Liebesgedichte und Lieder be-
zeugten K.s Talent, in gedanklich prägnanten, volkstümlich einfachen
Versen seine Umwelt im Individuellen zu erfassen. In der Sammlung
»Aber die Nachtigall jubelt« (1962) hielt er (z. T. in Fabeln) satirisch
Abrechnung mit fortschrittshemmenden Kunstauffassungen und un-
künstlerischen Praktiken; zugleich enthält dieser Band »heiterer Texte« gelungene Kindergedichte; populär wurden auch Weihnachtslie-
der wie »Beim Anzünden der Kerzen« (1960). Der Band »Widmungen« (1963; ins Tschech., Frz. u. Amerikan. übersetzt) zeigt K. auf der
Höhe seines poetischen Vermögens, das die gesellschaftliche wie
individuelle Wirklichkeit noch relativ ungebrochen vereint. Proble-
matischer wurde K.s Entwicklungsweg in der Folgezeit, in der er sich
von der gesellschaftlichen Wirklichkeit entfernte, was zu substantiellen Verlusten und künstlerischen Einbußen führte. K. hat sich als
Nachdichter aus dem Tschech. einen Namen gemacht (»Die Glasträne
– Tschechische Lyrik des 20. Jh.«, 1964, zus. mit Fühmann, Hacks
u. a.).

Weitere Werke: Die Zukunft sitzt am Tische (1955, zus. mit E. Günther, G.); Mir
gegenüber (1960, zus. mit H. Knobloch, 40 Feuill.); Lieder für Mädchen, die lieben
(1960, Liederkreis); Halm und Himmel stehn im Schnee (1960, Weihnachtskanta-

te); Wesen und Bedeutung der Rep. (1960, Ess.); Der Wind mit Namen Jaromir (1961, Nach-Dn. aus dem Tschech.); Mein Wort – ein weißer Vogel. Anth. junger dt. Lyrik (1961, Hg.); Die Schlüsselbesitzer (1962, U. 1963, Sch. v. M. Kundera, Übers. aus dem Tschech., zus. mit B. K. Becher); Die Uhus und die Nachtigall (1963, Kantate auf Schallplatte, Musik v. H. Krause-Graumnitz); Die Tür. Nach-Dn. aus dem Tschech. (1964, Anth. moderner tschech. Lyrik); Neugier (v. L. Kundera, 1964, Hsp., Übers.); Der Schatz der Hexe Funkelauge (v. L. Dvorský, 1964, K., Übers.); Fastnacht (v. J. Topol, 1966, Sch., Übers.); Der Abend aller Tage (v. L. Kundera, 1967, Hsp., Übers.); Fährgeld für Charon (v. J. Skácel, 1967, G., Nach-Dn.); Poesiealbum 11 (1968, G.-Ausw.); Nacht mit Hamlet (v. V. Holan, 1969, Poem, Nach-D.); Sensible Wege (1969, G.); Vor eurer Schwelle (v. V. Holan, 1970, G., Nach-Dn.); Der Löwe Leopold. Fast Märchen, fast Geschn. (1970, Kb.).

(aus: Lexikon deutschsprachiger Schriftsteller von den Anfängen bis zur Gegenwart, Band I, Leipzig 1972)

EKKEHART RUDOLPH
Gespräch mit Reiner Kunze

Reiner Kunze, vielleicht erzählen Sie zuerst, woher Sie kommen, wo Sie geboren wurden, wer Ihre Eltern sind.

Ich wurde 1933 in Oelsnitz im Erzgebirge, im Steinkohlenrevier geboren. Mein Vater war Bergarbeiter, und auch die Vorfahren meines Vaters sind alle Bergarbeiter gewesen. Meine Mutter war Heimarbeiterin, Kettlerin in der Strumpf-Industrie. Sie kommt aus einem künstlerisch-bürgerlichen Milieu, ihr Vater war Steinbildhauer.

Ihre Eltern waren beide Arbeiter. Das hat ganz sicher Ihre persönliche Entwicklung wesentlich beeinflußt.

Das kann man wohl sagen. Ich kann mich zwar nicht entsinnen, daß ich als Kind unser Dasein jemals politisch interpretiert bekommen hätte, aber ich bin neben der Kettelmaschine aufgewachsen, die am Fenster stand, und in dieser Hinsicht habe ich das Arbeiterdasein existentiell ziemlich bewußt mitgelebt.

Sicher war es für Ihre Familie ungewöhnlich, daß Sie sich für einen akademischen Beruf entschieden haben. Wie ist das gekommen? Wie war Ihre Entwicklung bis zu Beginn des Studiums?

Der Gedanke an den Besuch einer höheren Schule hatte außerhalb unseres familiären Koordinatensystems gelegen. Ich hatte Schuhmacher werden sollen, und mein Schemel war mir bei meinem zukünftigen Meister schon sicher gewesen. Aber nach Kriegsende wurden für Arbeiterkinder auf den Oberschulen sogenannte Aufbauklassen (9. bis 12. Schuljahr) eingerichtet, und ich kam in eine solche Klasse. Der Lehrer hatte allerdings alle Mühe, meinen Vater davon zu überzeugen, daß der Weg über die Oberschule die Möglichkeit nicht ausschloß, einen ordentlichen Beruf zu erlernen.

Ihr Vater wollte also, daß Sie Handwerker oder Arbeiter werden?

Ja. Doch für mich war das Ganze märchenhaft, ein Wunder. Ich begann, mich für alles zu engagieren, was zu diesem Wunder geführt hatte oder geführt zu haben schien.

Für was haben Sie sich engagiert? Für politische Ideen?

Für politische Ideen.

Für den Sozialismus?

Ich weiß nicht, ob ich damals an Sozialismus gedacht habe. Aber die Beseitigung der sozialen Unterschiede, die für mich und für viele andere begonnen hatte, lief einher mit der Beseitigung des Furchtbaren, was in Deutschland oder durch Deutsche geschehen war, und mit sechzehn Jahren in die Partei einzutreten, die jetzt alles veränderte oder verändern würde, war nahezu selbstverständlich. In dieser Grundhaltung, die durch jahrelange Isolierung im Internat kaum Anfechtungen ausgesetzt war, machte ich mein Abitur und ging an die Universität.

Sie haben also als Schüler bereits über Ihren Zustand nachgedacht. Haben Sie da eigentlich schon geschrieben?

Ich habe schon geschrieben. Ich hatte bereits mit zehn Jahren ein kleines Buch mit eigenen Versen verfaßt, die natürlich mit Gedichten nichts oder nur ganz wenig zu tun hatten. Bis kurz vor dem Abitur war ich mir jedoch nicht im klaren darüber, ob ich mich für die Literatur oder für die Malerei entscheiden sollte. Vor der Qual, in diese Wahl auch noch die Musik einbeziehen zu müssen, bewahrte mich mein zweiter Geigenlehrer. Abgesehen von seiner Methode, mit dem Geigenbogen in den Nacken zu schlagen, hatte er recht. Für mich ist zwar auch heute noch die Musik die Kunst der Künste, aber das will nichts über das Maß musikalischen Talents besagen, das mir in dieser unglücklichen Liebe zu Gebote steht. Ich habe also während der Oberschulzeit ebenso intensiv gemalt wie geschrieben. Mit der Zeit spürte ich aber, daß mir das Schreiben mehr Möglichkeiten bot, das,

13

was mich beschäftigte, umzusetzen. Ich litt am Statischen in der Malerei, was ich natürlich erst retrospektiv durchschaue, aber ich habe damals schon ständig versucht, dieses Statische der Malerei zu überwinden, indem ich Abläufe, Handlungen zu malen versuchte – und sogar Metaphern. Meine Entscheidung für die Literatur war also eine bewußte Entscheidung, rein das Medium betreffend und frei von jeder politischen oder anderen außermedialen Überlegung. Und ich bereue diese Entscheidung nicht. Was ich bereue, ist, nicht eine ausgefallene Sprache studiert zu haben, sondern Journalistik, was unter den damaligen Umständen, von deren tatsächlichem Charakter ich zum Zeitpunkt meiner Entscheidung keinerlei Vorstellung hatte, das Sinnloseste war, was ich hatte tun können – wobei ich, das möchte ich betonen, sehr zurückhaltend bin in meiner Formulierung.

Wieso war das Studium der Journalistik das Sinnloseste, was Sie tun konnten?

Weil unter den damals herrschenden Umständen die Journalistik von der Literatur, vom Schöpferischen, wegführte.

Sie hatten das Studium aber gewählt, weil Sie schreiben wollten, und während des Studiums werden Sie wohl auch geschrieben haben – wahrscheinlich Verse. Sie sagten, Sie hätten die literarische Ausdrucksform gewählt, um sich mit dem auseinandersetzen zu können, was Sie bewegte. Was hat Sie während Ihres Studiums bewegt?

Der Wert des Studiums lag für mich nicht bei der Journalistik, sondern auf dem Gebiet der Ästhetik – ich habe unter anderem Literaturgeschichte, Musikgeschichte und Kunstgeschichte gehört und in diesen Fächern auch Examen gemacht. Während des Studiums und der darauf folgenden vierjährigen Assistentenzeit, in der ich einen Lehrauftrag hatte und Vorlesungen über literarische Genres hielt, die in der Publizistik von Bedeutung sind, also über das Feuilleton in all seinen Spielarten, über die Kurzgeschichte usw., in diesen fünfziger Jahren begann für mich die große politische Desillusionierung, das furchtbare Erkennen, hintergangen und betrogen worden zu sein, der Zusammenbruch des inneren Wertsystems, dem als Ergebnis einer jahrelangen politischen Treibjagd ein physischer Zusammenbruch folgte. Ich bin kurz vor der Promotion von der Universität abgegangen, das war 1959 – und habe als Hilfsschlosser im Schwermaschinenbau gearbeitet. Nicht, daß damit der Prozeß des Umdenkens für mich beendet gewesen wäre, im Gegenteil, er begann erst. Das Jahr 1959 war in meinem Leben die Stunde Null.

Was hat zu dieser Desillusionierung geführt? Wovon war es eine Desillusionierung?

Wenn eine herrschende Ideologie auf dem Quadrat beruht, können Sie der Erfinder des Rades sein, Sie werden gerädert werden. Und ich war Zeuge, wie man ideologisch gerädert und Menschen zerbrochen hat, nur damit die Lehre vom Quadrat als Grundlage aller Fortbewegung unangetastet blieb.

Kann man Ihre Entwicklung mit wenigen Worten so charakterisieren: Das Erlebnis, als Arbeitersohn auf eine Oberschule zu kommen, führte zur Identifizierung mit dem Staat, der Ihnen das ermöglicht hat. Dann kam das Studium und damit der Überblick über größere Zusammenhänge. Daraus ergeben sich neue Erkenntnisse. Sie und die, die diese Erkenntnisse bestätigenden persönlichen bitteren Erfahrungen, bringen Enttäuschung und Desillusionierung, so daß Sie sich schließlich mit dem Staat, dem Sie die akademische Ausbildung verdanken, nicht mehr identifizieren können.

Ja, und ich würde nicht einmal den Begriff Staat verwenden, sondern es waren Systemfragen, Methoden der Menschenbehandlung und die ideologische Indoktrination, die mich haben hellsichtiger werden lassen.

Haben Sie in der Zeit Ihrer politischen Desillusionierung Gedichte geschrieben?

Ich habe immer geschrieben, und man könnte rückblickend vielleicht sagen: leider auch publiziert. Aber ich gehöre nicht zu denen, die Gewesenes nicht wahrhaben wollen. Auch wenn man heute nicht mehr dazu stehen kann, ist es etwas Gewachsenes, ein Stück Entwicklung. Ich habe 1955 den Band »Die Zukunft sitzt am Tische« herausgegeben (gemeinsam mit Egon Günther) und 1959 »Vögel über dem Tau«. Und ich möchte noch eine Publikation nennen, weil auch sie vorwiegend Texte aus den fünfziger Jahren enthält: »Aber die Nachtigall jubelt« 1962. Abgesehen von den wenigen Gedichten, die ich aus diesen früheren Publikationen in die 1973 erschienene Reclam-Auswahl »Brief mit blauem Siegel« aufgenommen habe, stehe ich nicht mehr hinter diesen Texten.

Was waren das für Texte?

Es sind Produkte eines poetologisch, philosophisch und ideologisch Irregeführten. Womit ich den Anteil meines eigenen Versagens nicht verkleinern will. Ich war damals mehr als naiv, und in meinem Elternhaus hatten auch die Erfahrungen und Wissensvoraussetzungen dafür gefehlt, mir den Abwehrstoff Skepsis zu inokulieren. Für meinen Intellekt hatte es offenbar einer Krisis solchen Ausmaßes bedurft, um diesen Abwehrstoff zu produzieren. Ich hoffe, er reicht für das weitere Leben. – Was mich tröstet, ist, daß damals dennoch einige Gedichte entstanden sind, hinter denen ich heute, nach zwanzig Jahren, noch stehen kann, daß also das ideologische Eisen das poetische Denken nicht völlig hat erdrücken können, daß das poetisch strukturierte Unterbewußtsein in Ausnahmen doch stärker war als das objektiv poesiefeindlich programmierte Bewußtsein.

Wenn ich Sie richtig verstanden habe, dann haben Sie sich damals entschlossen, die wissenschaftliche Laufbahn aufzugeben und Schriftsteller zu werden. War das ein schmerzlicher Ablösungsprozeß, der da weg von der Universität führte, weg vom »ordentlichen« Beruf, wie Ihre Eltern es nannten?

Ich habe die Universität nicht von mir aus verlassen. Eine Reihe Umstände zwangen mich dazu.

Sind Sie von der Universität entfernt worden?

Man hat versucht, mich zu entfernen, aber die Anschuldigungen, die zu einer Entfernung hätten führen können, erwiesen sich als nicht stichhaltig. Ich bin dann aber gegangen, weil ich in diesem Milieu, in dieser Atmosphäre nicht mehr leben wollte, nicht mehr denken konnte.
Sie sprachen vom Aufgeben des ordentlichen Berufs. Darüber dürfte ich mir damals kaum Gedanken gemacht haben. Was mich sehr schmerzlich berührt hatte, war das Aufgeben der mit diesem Beruf verbundenen Lehrtätigkeit. Ich habe an die zehn Jahre gebraucht, um damit fertig zu werden. Deshalb waren die vielen Vorträge über Poesie, Kunstverständnis usw. und die Lesungen aus meinen eigenen Büchern, die ich in den letzten Jahren vor allem im Rahmen der evangelischen und katholischen Studentengemeinden gehalten habe, von so großer Bedeutung für mich. Es ist wichtig, mit Menschen zusammenzusein, die einen ständig zur Selbstüberprüfung zwingen, die noch das absolute Gehör für Ehrlichkeit besitzen.

Viele Ihrer Gedichte, die in den Jahren 1960/61 entstanden sind, verweisen auf die Tschechoslowakei. Wie sind Sie zu diesem Land, in dieses Land gekommen?

Auf einer Postkarte, die an den Leipziger Rundfunk gerichtet war, bat eines Tages eine Dame aus Ústí nad Labem (Aussig an der Elbe) um ein Gedicht von einem gewissen Kunz, das sie in einer Sendung gehört hatte. Ich dachte, es sei eine ältere Deutsche, vielleicht eine Germanistin, denn die Karte war in tadellosem Deutsch geschrieben. Ich schickte das Gedicht und bekam einen Vierseitenbrief. Die Dame war so alt wie ich, Tschechin, Ärztin. Es entspann sich ein Briefwechsel, der die sagenhafte Zahl von 400 Briefen annehmen sollte, darunter Briefe bis zu 25 Seiten. Wir sandten einander auch eine Fotografie, und meine Briefpartnerin – typisch menschlich – schickte mir ein Foto, auf dem sie siebzehn war, und das Foto ist wohl das unvorteilhafteste Bild von ihr, das man sich vorstellen kann. Mir aber war es gleich, wie diese Frau aussah. Ohne sie je gesehen zu haben, denn damals war es nicht möglich, als Privatreisender über die Grenze zu fahren, rief ich sie eines Nachts an und fragte sie, ob sie meine Frau werden wolle. Und sie bejahte bedenkenlos. Als es mir dann gelungen war, mit einer Reisegruppe für drei Tage nach Prag zu fliegen, stand ich einer ausgesprochen schönen und charmanten Frau gegenüber, während sie mir später gestand, sie habe mich an dem altmodischen langen Mantel erkannt, den ich auf dem Foto getragen hatte. Ich habe also in die Tschechoslowakei eingeheiratet oder sie mir angeheiratet. Da wir anfangs aber nicht heiraten konnten, weil damals ein tschechoslowakischer Staatsbürger einen Ausländer nur mit persönlicher Genehmigung des Innenministers ehelichen durfte, die wir trotz aller Anstrengungen nicht erhielten – wir hatten alle möglichen Stellen eingeschaltet bis zu Otto Grotewohl persönlich –, lebte ich dann einige Zeit in der Tschechoslowakei, wozu es ausgefallener Tricks bedurfte (man mußte ja das Visum immer wieder verlängert bekommen). In dieser Zeit begann ich, tschechische Poesie nachzudichten. Die erste Sammlung, die unter dem Titel »Der Wind mit Namen Jaromir« 1961 im Verlag Volk und Welt, Berlin, erschien, sandte ich an den Tschechoslowakischen Schriftstellerverband mit einem Brief, in dem ich darlegte, was wir alles vergebens unternommen hatten, um heiraten zu können, heiraten zu dürfen. Der Schriftstellerverband witterte für die Zukunft einen Nachdichter tschechischer Poesie, mobilisierte alle nationalen Argumente und verschaffte uns die Heiratserlaubnis. Meine Frau war also mein erster und zugleich kostbarster Literaturpreis.

Die Verbindung mit der Tschechoslowakei hatte also für Sie eine tiefe persönliche Bedeutung – und das wirkte sich auch auf Ihre weitere

Entwicklung aus. Dabei spielte aber nicht nur die Tatsache, daß Sie nun Ehemann geworden waren, eine Rolle.

Was ich der Tschechoslowakei alles verdanke, kann ich vielleicht gar nicht ermessen. Sie bedeutete damals für mich eine Art menschlicher Auferstehung. Milan Kundera schrieb 1964 in den »Literární noviny«, ich sei der slawischste Deutsche, den er kenne. Was immer er damit gemeint haben mag, ich bin es in der Tschechoslowakei erst geworden. Sie bedeutete für mich Heilung. Wie ich schon sagte, hatten die Erlebnisse an der Universität auch einen physischen Zusammenbruch zur Folge gehabt. Die Tschechoslowakei war für mich für fast ein Jahrzehnt geistiges Asyl und literarische Heimat. Die meisten Gedichte, die 1969 in meinem Rowohlt-Band »Sensible Wege« erschienen sind, waren vorher in tschechischer Übertragung publiziert worden. Ich war ständiger Mitarbeiter literarischer Zeitschriften in der Tschechoslowakei.

Sie sprechen inzwischen Tschechisch?

Ich will nicht übertreiben. Ich spreche so, daß ich ein tschechisches Gedicht, das ich übertrage, in Tschechisch im Kopf habe und auch vom Klang her ganz genau nachvollziehen kann. Ich weiß es im Original auswendig. – Wenn ich also von meiner wunderbaren Frau absehe – das ist etwas nicht zu Vergleichendes –, ist das Bedeutendste, was ich der Tschechoslowakei verdanke, der Einfluß ihrer Dichtung. In der Tschechoslowakei habe ich zum erstenmal begriffen, was das ist, Poesie. Mein Opus 1 entstand. Was vor dem liegt, hat gewissermaßen keine Opuszahlen. Es entstanden die Gedichte, die 1963 in dem Band »Widmungen« im Hohwacht-Verlag, Bad Godesberg, erschienen sind.

Wir sollten vielleicht noch nachtragen: Nachdem Sie Ihre tschechische Frau geheiratet hatten, sind Sie im Jahre 1962 in die DDR zurückgekehrt, nach Greiz, aber die innere Verbindung zur Tschechoslowakei blieb natürlich bestehen. Dann kam im Jahre 1968 der sogenannte Prager Frühling, der am 21. August sein Ende fand. Wie haben Sie darauf reagiert?

Ich habe innerlich so darauf reagiert, daß ich dafür hier im Augenblick keine Worte finden kann. Ich habe darüber manches geschrieben.

Sie haben eine ganze Reihe Gedichte darüber geschrieben . . .

. . . in denen ich mich artikuliert habe. Aber ich habe auch so darauf reagiert, daß ich 1968 im August den Austritt aus der Partei formell vollzogen habe, und unter den gegebenen Umständen war dieser Vollzug alles andere als etwas Formelles.

Daraufhin und natürlich auch aufgrund Ihrer Gedichte wurden Sie dann für Jahre in der DDR zur persona non grata erklärt.

Ich war auch vordem nicht gerade persona grata gewesen. Aber es hatte einige literarische Bereiche gegeben, zum Beispiel das Gebiet der Übersetzungen, die mir noch nicht verschlossen gewesen waren. Auch hatten Freunde mit Zivilcourage dieses oder jenes für mich durchsetzen können. Nun aber wurde der Boykott total.

Dennoch erschienen Bücher von Ihnen, allerdings nicht in der DDR, sondern in der Bundesrepublik: Lyrik, Übersetzungen und Kinderprosa. Ihre Bücher wurden in mehr als zehn Sprachen übersetzt. In der Tschechoslowakei, in England und in Schweden kamen sie heraus. Die Kinderprosa erschien sogar in Japan. Und Sie haben in der Tschechoslowakei, in der Bundesrepublik und in Schweden auch Literaturpreise bekommen. Diese Tatsachen werden – so denke ich mir das jedenfalls – sicher mit dazu beigetragen haben, daß nun auch in der DDR der Boykott gegen Sie aufgehoben wurde. 1973 erschien erstmals seit Jahren wieder eine Lyrikauswahl von Ihnen: »Brief mit blauem Siegel« in Reclams Universalbibliothek in Leipzig.
Doch lassen Sie uns nun einmal auf das geistige Profil des Menschen Reiner Kunze zu sprechen kommen. Die Frage danach ergibt sich für mich aus Ihrer Entwicklung, aus Ihrem Lebensweg, den wir bisher nachgezeichnet haben. Wie sehen, verstehen und interpretieren Sie die Welt heute? Um mich genauer auszudrücken: Sind Sie Marxist?

Wenn man allein die Bedeutungen in Betracht zieht, in denen zum Beispiel Kolakowski diesen Begriff verwendet sieht, würde es einer sehr ins Detail gehenden definitorischen Vorarbeit bedürfen, um sagen zu können, inwiefern sich einer als Marxist begreift. Es müßte dann dargestellt werden, was an Marxschen Erkenntnissen, an Marxscher Betrachtungsweise in bezug auf die Analyse der Gesellschaft und an ethischen Postulaten von Marx in die Position jenes Menschen eingegangen ist. Direkt und indirekt, denn auch nach Marx lebten und leben Philosophen, die ihn nicht nur gelesen haben. Vielleicht läßt sich die eigene Position eher abstecken, auch hinsichtlich des Marxschen Anteils, wenn man sich auf einen dieser jüngeren Philosophen beruft.

Auf wen berufen Sie sich?

Auf Albert Camus. Auge in Auge mit dem Nichts zu leben und im Bewußtsein der Absurdität dieses Daseins Mensch sein zu wollen, sich als Mensch zu erweisen – das ist es, weshalb ich mich auf Camus berufe. In der »Pest« sagt der Arzt Bernard Rieux: »Was mich interessiert, ist, ein Mensch zu sein.« Und er versteht darunter erstens, zu wissen, ob zwei und zwei vier ist, und nicht, welche Belohnung oder Bestrafung auf dieses Wissen steht, und zweitens, solidarisch zu handeln. Während Sartre das politische Engagement betont, »Geschichte machen« will, bescheidet sich Camus damit, im einzelnen zu helfen, im Kleinen wie im Großen kein Unrecht unwidersprochen hinzunehmen, auch nicht, wenn seine Aufdeckung das heroischere »Geschichte machen« kompliziert. (Und es hat sich ja erwiesen, was für eine unsichere Geschichte es ist, Geschichte zu machen, ohne die Geschichte bewältigt zu haben.) »Der absurde Mensch sagt ja und hört nicht auf, sich anzustrengen.«

Dieser Satz trifft auf Sie zu. In dem Existentialismus Camus' steckt etwas, was auch für Sie charakteristisch ist: dieses Trotzdem.

Camus leitet drei Schlußfolgerungen vom Absurden ab: Die Auflehnung des Individuums gegen das Absurde, seine Freiheit und seine Leidenschaft. Damit kann ich mich absolut identifizieren.

Das läßt sich deutlich aus Ihren Gedichten herauslesen. Vielleicht könnten Sie Ihre schriftstellerische Position, Ihr Programm, wenn Sie so wollen, einmal zu definieren versuchen.

Ich würde es vorziehen, von einer Position zu sprechen, nicht von einem Programm. Das Eindringen in die dichterische und philosophische Welt, für die mir die tschechische Poesie das Tor war, bewirkte erst einmal, daß ich mit der Zeit wieder zu mir selbst fand, bewirkte das Einswerden als Schreibender und Seiender. Um das genau erklären und damit zu einer Positionsbestimmung kommen zu können, müßte ich ein Wort dazu sagen, was das typisch Tschechische ist an der tschechischen Poesie, insbesondere an der tschechischen Poesie des 20. Jahrhunderts, die mich so beeindruckt hatte und beeindruckt. Es ist meines Erachtens die moderne Metapher, in der ein Kinderherz schlägt – um es metaphorisch zu sagen. Es ist die Metapher der westeuropäischen Moderne, die Metapher, wie sie u. a. von Lorca und Apollinaire für unser Jahrhundert zugeritten wurde. »Eiffelturm Hirt der Brücken hör wie sie blökt heute früh deine Herde« – Apollinaire.

Es ist zugleich die Metapher der barocken tschechischen Volkspoesie, und zwar u. a. insofern, als durch die Verknüpfung der entgegengesetzten Welten viel menschliche Wärme freigesetzt wird. Um die Positionsbestimmung abzurunden: Apollinaire sagt: »Die Dichter sind nicht nur die Männer des Schönen. Sie sind auch und vor allem die Männer des Wahren, soweit es das Eindringen ins Unbekannte erlaubt.« Und Lorca spricht von »Dichtung, um sich für die anderen die Adern zu öffnen«. Beides könnte von Camus sein.

Aus dem, was Sie eben gesagt haben, ergibt sich eine weitere Frage, eine Frage, zu der mich auch etwas veranlaßt, was Sie zu Anfang dieses Gesprächs gesagt haben, als Sie erwähnten, daß es Ihnen schwergefallen sei, den Lehrerberuf an der Universität aufzugeben. Wer schreibt, will sich anderen mitteilen. Nicht, daß er sie belehren will, aber er will ihnen etwas sagen. Was wollen Sie Ihren Lesern sagen? Warum schreiben Sie?

Auf die Frage, warum ich schreibe, kann ich eher antworten. Weil ich keine Wahl habe. Was immer ich beruflich gearbeitet habe, alles, was mich betroffen machte – ein Hauch oder eine existentielle Erschütterung –, jede innere Spannung konnte sich plötzlich als Bild im Bewußtsein entladen, und manches Bild läßt einen dann nicht los. Ich schreibe, um innere Situationen zu bewältigen, die ich anders nicht bewältigen kann, um Haltungen zu gewinnen, um Flüchtigem ein wenig Dauer zu verleihen. Ich schreibe, um mein Leben zu intensivieren und – und damit komme ich auf anderem Wege zu Ihrer Mitfrage – um innere Entfernungen zu Menschen zu verringern, die ich nicht kenne (indem ich versuche, so ehrlich wie möglich zu sein). Ich schreibe also in bezug auf andere Menschen, aber nicht, weil ich anderen Menschen etwas sagen will.

(Sendung am 3. 5. 1974 im Süddeutschen Rundfunk, Stuttgart. Gedruckt in: europäische ideen, Heft 12, Berlin [West], 1975)

Sensible Wege

Rezensionen und Reaktionen

JOST NOLTE

Im Vorspruch zu einer schmalen Anthologie, in der er vor dem Prager Frühling tschechische Gedichte vorstellte, sagte Reiner Kunze: »Wer die tschechische Poesie sucht, muß eine Wiese suchen. Sie ist immer eine Wiese. Sie grünt zwischen den Schornsteinen und unter dem Schmerz aller Zeiten. Sie grünt durch die Gegenwart. Sie hat es nahe zur Erde.«* Kunzes Nachdichtungen erregten nicht viel Aufsehen, und als die Literatur der ČSSR in aller Munde war, waren sie so gut wie vergessen. Dabei hätten die Verse wichtige Hilfe leisten können zum Verständnis dessen, was in Prag geschah – nicht nur die Strophen, in denen Milan Kundera von den Dichtern verlangte, sie sollten bis ans Ende gehen, ans Ende der Zweifel, des Hoffens, der Leidenschaft und des Verzweifelns, weil sonst das Leben nur eine lächerlich kleine Summe abwerfe.
Reiner Kunzes Satz über die Wiese widerspricht Versen wie denen Kunderas nicht. Kunze wußte, was er sagte. Er hatte in der Tschechoslowakei gelebt, nachdem er sein Philosophie- und Journalistikstudium in Leipzig abgebrochen und einige Zeit im Schwermaschinenbau und in der Landwirtschaft gearbeitet hatte. In seinen eigenen Versen stattete er dann den Dank für die Freundschaft ab, die er in Prag gefunden hatte, zum Beispiel in seinem Gedicht »Bei E. in Vřesice«:
»Er nahm uns auf die töpferscheibe / und formte krüge aus uns // Skácel fiel barock aus / wie der zwiebelturm von Sulíkov // Kundera geriet auf eigenen wunsch / dreieckig (kunststück) // Unterm sanften druck der hände wurde ich / ein krug aus Mähren // Dann füllte uns der meister / mit löwenzahnwein . . .«
In einer Anmerkung teilte Kunze mit, daß er in diesem Gedicht von dem Töpfermeister Emil Ebr, von den tschechischen Schriftstellern Jan Skácel und Ludvík Kundera und von den Dörfern Vřesice und Sulíkov rede. Außerdem gebe es den Löwenzahnwein wirklich. Im übrigen sprechen die Verse für sich selbst: Beschrieben wird eine Laune, und diese Laune hat mit Alkohol zu tun. Zugleich aber schlugen sich sehr persönliche Sehnsüchte in den Strophen nieder: Nie-

* Reiner Kunze, Die Tür, Nachdichtungen aus dem Tschechischen, Bad Godesberg 1964.

mand wird aus Zufall ein barocker, ein dreieckiger oder ein mährischer Krug, wenn er schon Gelegenheit hat, ein Krug zu werden. Darüber hinaus: Wer sich mit Löwenzahnwein füllen läßt, neigt zu besonderen Genüssen. Es läßt sich denken, daß dieser Wein »erdig« schmeckt – in jenem Sinn, in dem es die tschechische Poesie nach Kunzes Zeugnis »nahe zur Erde« hat; ohne peinlichen Mythos; aus Selbstverständlichkeit; weil Erde etwas Wirkliches ist.

Reiner Kunze hat Sinn für Wirklichkeit. Er verzichtet auf Zierat, wenn er sie beschreibt. Er sucht keinen Zauber. Er ist nicht auf irgendein soziales oder allgemein-menschliches Pathos aus. Er sagt, was er sieht, und mit viel Ehrlichkeit, mit Melancholie, aber auch mit Humor geht er »ans Ende«.

»Und es war schön finster« ist die erste Abteilung seiner Gedichte überschrieben*. Die ersten Strophen heißen »Der hochwald erzieht seine bäume«. Darin zwingt der Wald die Bäume, ihre Kronen in die Höhe zu schicken, indem er sie des Lichtes entwöhnt, und es lohnt, darüber nachzudenken, was Kunze ausspart: die Frage, wer denn wohl der Wald sei. Er muß etwas anderes sein als die Summe aller Bäume, denn sonst würden sich die Bäume in lächerlicher Torheit selbst zwingen. Da anderseits der Wald aus nichts als Bäumen besteht, geht die Zwangslage auf die Natur der Bäume zurück. Sie sind beim besten Willen nicht freizusprechen, wenn es am Ende heißt:

»Er läßt die bäume größer werden / wipfel an wipfel: / Keiner sieht mehr als der andere, / dem wind sagen alle das gleiche // Holz«

Das sind andere Bäume als jene, die Hölderlin als herrliches Volk von Titanen feierte, die nur sich selbst und dem Himmel gehörten, die sich frei aus kräftiger Wurzel »unter einander herauf« drängten und den Raum »wie der Adler die Beute« ergriffen. Im Abstand zu Hölderlins »Eichbäumen« wird deutlich, wie hart Kunze über den Hochwald urteilt. Der Wald »erzieht« seine Bäume, er läßt »das talent, äste zu haben nur so aus freude, verkümmern« und beugt »der leidenschaft des durstes« vor, indem er den Regen sieht. So zwingt der Wald die Bäume zum Konformismus, und damit, daß »alle das gleiche« sagen, ist es noch nicht getan: Die Natur ist zum Zweck denaturiert, die Bäume sind nichts als Holz.

Doch nicht nur die Konsequenz, mit der Reiner Kunze über den Hochwald Gericht hält, auch seine ganz und gar unaufwendige Sprache verblüfft. Da sagt einer, was ist, ohne die Stimme anzuheben, in gründlichen, nüchternen Sätzen: Kunze ist sich über »das ende der

* Reiner Kunze, Sensible Wege, 48 Gedichte und ein Zyklus. Reinbek bei Hamburg 1969.

fabeln« im klaren, weil der Bauer, über den der Hahn eine Fabel dichten will, diesen schlachtet, und er sieht »das ende der kunst« kommen, weil die Eule dem Auerhahn verbietet, die Sonne zu besingen. Die Sonne, sagt die Eule, sei nicht wichtig, und es heißt: »Der auerhahn nahm / die sonne aus seinem gedicht // Du bist ein künstler, / sagte die sonne zum auerhahn // Und es war schön finster« Nicht nur das Verbot, das die Eule verhängt, auch das Lob, das sie erteilt, reglementiert den Künstler und seine Kunst, und nicht nur Künstler und Kunst tragen die Folgen, sondern auch die Welt, die fortan »schön finster« ist.

Löckte der DDR-Bürger Reiner Kunze gegen den Stachel? Die Hüter der Parteilichkeit vermuteten es und legten ihm das Handwerk. Sie wollten nicht verstehen, was er ihnen im »lied vom biermann« sagte: »Wo wäre das bier ohne biermann? / Im faß // Helles bier dunkles bier / ausgeschenkt nach dort und hier / Ihr wolltet nicht trinken // Wer trinkt nun das bier dieses biermann? / Der Grass // Starkes bier dünnes bier / ausgeschenkt nach dort und hier / Ihr wolltet nicht trinken // Biermann sei ihrmann? / Achwas! // Mann ist mann bier ist bier / Biermann kam von dort nach hier / Ihr wolltet nicht trinken« Dieses Gedicht liefert den Schlüssel zu Kunzes politischer Haltung. Sein Plädoyer für den verfemten Kollegen ist auf Wort- und Namenswitz angelegt, aber auch diese Verse enthalten eine nüchterne Rechnung, und die Rückschlüsse auf Reiner Kunze bieten sich von selber an: So wenig wie Biermann, der Sänger, der von Westen nach Osten kam, »ihrmann« ist und rechtens als Mann des Westens in Verruf gebracht werden darf, ist es Reiner Kunze. Auch er will dunkles und helles Bier nach »dort und hier« ausschenken, auch er will dorthin gehören und dort gelesen werden, wo er lebt. Er will wirken, sich nützlich machen: Seine Grübeleien werben für eine bessere sozialistische Gesellschaft, und er erteilt sogar »kurze Lehrgänge« über Dialektik, Ästhetik und Ethik. Ironisch sagte er in jeweils vier Zeilen, daß die Unwissenden geschult werden, damit sie unwissend bleiben; daß Picasso bis zur Entmachtung des Imperialismus als verbündet zu betrachten sei; daß wohl der Mensch im Mittelpunkt stehe, aber nicht der einzelne. Und weil er für eine bessere sozialistische Gesellschaft ist, rühmt er, diesmal ohne jede Ironie, die Standhaftigkeit Solschenizyns, die nicht die Standhaftigkeit des Batteriechefs oder des Siegers sei, sondern die Standhaftigkeit des Dichters, der »dennoch schreibt«. Kunze stellt sich zu Solschenizyn, und er stellt sich zu Huchel.

Auf Huchel spielt das Gedicht »Sensible Wege« an, dem der Titel des Bandes entliehen ist: auf die Verse über den Garten des Theophrast.

Kunze nennt die Erde über den Quellen »sensibel«. Er warnt davor, die Wurzeln zu roden, weil die Quellen versiegen können. Er sagt: »Wie viele bäume werden / gefällt, wie viele wurzeln / gerodet // in uns«

Versiegende Quellen, verbotene Sonnen, Bäume, die »alle das gleiche« sagen – Kunze warnt unermüdlich davor, das Land auszudörren, den Tag zu verdunkeln und die Sprache unter Reglement zu stellen. Auch seine Gedichte sind verletzlich, auch sie zerstört, wer sie mit dem Büchsenöffner aufreißen will, um den aktuellen Inhalt zu finden. Auch ohne dies aber sind sie deutlich genug. Mißverstehen kann sie nur, wer sie mißverstehen will. In der DDR will man Reiner Kunze falsch verstehen.

(aus: Jost Nolte, Grenzgänge. Berichte über Literatur. Wien 1972)

DIETER SCHLESAK

Reiner Kunze lebt in Greiz. Greiz ist mehr als eine kleine deutsche Stadt: von hier kommen Gedichte und Briefe mit sorgfältig gewählten Marken; sie ersetzen Gespräche und den Hunger nach Welt. Hier ist ein abgeschnittener Ort; und es gibt eine Grenze, die läuft seit diesem Gedichtband mitten durch Greiz. Greiz – Fluchtpunkt der Isolierung, gibt Legenden her vom poetischen Bewußtsein eines isolierten Lebens, das alle vertritt, die es nicht aussprechen können oder nicht aussprechen wollen. Man wußte wenig davon. Man konnte sich bisher auch kaum vorstellen, daß sich Verlassenheit in stiller Weise in Welt verwandeln kann, Einsamkeit in Weltoffenheit und das Schweigen durch die List der Metapher in Kommunikation. Reiner Kunze trägt uns neue Erfahrungen ein, weil er unsere eignen über den Zustand mangelnder Information in genaue Bilder bringt – und er trägt zugleich diese Erfahrungen in die Welt hinaus, so werden vielleicht von jetzt an mehr Menschen im Bild sein – und Bilder sind die besten Mittel gegen Angst. Man kommt auf den seltsamen Gedanken, daß Lyrik Information ersetzen kann. Wer diese Gedichte liest, ist nicht mehr allein. Wenn es monologische Lyrik gibt, dann ist diese dialogisch, ja brüderlich.

Wer gehört dazu? Der mit gleichen Erfahrungen; die andern sind weitgehend ausgeschlossen. Für jene anderer Erfahrungen öffnen sich die Erkenntnisse dieser Lyrik nur auf großen Umwegen und intuitiv, denn diese Gedichte sind nicht einfache Gedichte, weil es nicht einfach Gedichte sind. Sie sind mehr. Sie sind der Atem eines Mannes, der mit uns die gleiche Luft atmet.

»Den rahmen säubern / von der möglichkeit des gitters . . . / Atmen /
den frieden der fenster die / nachts nicht verschweigen müssen / ihr
licht.«

In Bildern atmen zu müssen, in Symbolen zu handeln – es gibt
vielleicht Situationen, wo dieser Zwang zur Poesie wird. Die alltäg-
lichsten Dinge erhalten für jemanden, der nur wenig zu sehen bekommt, der fast unbeweglich vor den Dingen sitzen muß, Bedeutung.
Engbegrenztes fördert das Gefühl, die Aufmerksamkeit, Brief, Antenne, Zeitung – alles beginnt zu sprechen über die Lage des R. K. in
Greiz, doch nicht in raunender, tiefsinniger Weise, sondern gegen-
ständlich:

»Am schloßturm / fahnen, ausgehängt nach / ost und west, zwei /
taube ohren . . .«

Von der Kunst andeutend die Wahrheit zu sagen? Wer wird sie
deuten? Wer hat den Schlüssel? Vielleicht jeder, der vom halben
Mund Schweigen etwas weiß. Hier ist das Ende der Parabeln, der
Metaphern noch nicht gekommen. Und das Ende der Fabeln? Der
Hahn dichtete eine Fabel, doch »hört der fuchs die fabel / wird er ihn
holen«. Welche Umwege mußte Kunze gehn bis zur Möglichkeit
seiner Fabeln, seiner notwendigen Fabeln, seiner lebensnotwendigen
Fabeln?

(aus: Neue Literatur, Nr. 7, Bukarest/Rumänien, Juli 1969)

YAAK KARSUNKE

Über Reiner Kunzes »Sensible Wege« sprach Max Walter Schulz im
Hauptreferat auf dem »VI. Deutschen Schriftstellerkongreß« der
DDR folgendes Urteil: »Es ist alles in allem, trotz zwei Feigenblättern,
der nackte, vergnatzte, bei aller Sensibilität aktionslüsterne Individualismus, der aus dieser Innenwelt herausschaut und schon mit dem
Antikommunismus, mit der böswilligen Verzerrung des DDR-Bildes
kollaboriert – auch wenn das Reiner Kunze, wie anzunehmen, nicht
wahrhaben will. Innerlichkeit im sozialistischen Menschenbild ist ein
Wesensteil des ganzen Menschen, Innerlichkeit befindet sich mit dem
›äußeren‹ Wesen, dem Denken, Fühlen und Handeln, das sich unter
den Augen der Öffentlichkeit, der Gesellschaft vollzieht, im ständigen
Stoffwechsel.« Da das ND, dem das Zitat entnommen ist, diesen
Absatz mit »Unterscheidung echter und falscher Innerlichkeit« über-
schreibt, scheint Kunzes Lyrik also stoffwechselkrank zu sein.

Wenn man nun nicht, wie DDR-Bürger, bloß auf Herrn Schulz angewiesen ist, sondern Kunzes Buch lesen kann, kommt einem eher der Verdacht, daß den Bürokraten, die ihre Bürokratie mit Kommunismus verwechseln, im Gegenteil der »Stoffwechsel« auf den »Sensiblen Wegen« zu deutlich, zu offensichtlich vonstatten geht. Das erstaunliche und neue an diesen Gedichten ist nämlich, wie sich ein Autor aus alten poetologischen Vorstellungen langsam zu einem zeitgenössischen, d. h. politischen Lyriker vorarbeitet.

Frühere Arbeiten von Kunze waren mir zu angestrengt kunstvoll, zu hochstilisiert metaforisch (so etwa das Ende eines Asthma-Anfalles in »asthma bronchiale«: »Bis die bittere hostie zergeht und ins blut tritt die stille der kirchen / frühmorgens«), auch der neue Band enthält noch Proben dieser Kunstlyrik, aber der vorherrschende Ton ist anders. Kunze weicht den Deformationen seiner Umwelt jetzt nicht mehr in Metafern aus – sondern er reflektiert sie, beschreibt sie, beschreibt seine Reaktionen auf sie.

Auf diese Weise verlaufen die »Sensiblen Wege« nun freilich abseits jener »Hauptstraße der neuen deutschen Literatur, die von Goethe und Hölderlin zu Becher und durch ihn weiterführt« (Walter Ulbricht an der Bahre Johannes R. Bechers). Den sozialistisch-realistischen Mainstreet-Babbitts sind schönfärberische Klassiker und affirmative Arien natürlich angenehmer als etwa die im Frühjahr 1968 geschriebene »Rückkehr aus Prag«:

»Eine lehre liegt mir auf der zunge, doch / zwischen den zähnen sucht der zoll«

Oder die präzise Beschreibung ihrer inhumanen »Ethik«:

»Im mittelpunkt steht / der mensch // Nicht / der einzelne«

Für Max Walter Schulz ist Kunzes Position »der fatale lyrische Ort zwischen Innenweltschau und Antikommunismus in gestochener Schärfe« – de facto ist sie die Position eines Menschen, der in einem Land lebt, in dem der Sozialismus auf Leute wie Herrn Schulz gekommen ist. »Und Reiner Kunze lebt unter uns.« Eben, Genosse Schulz. Und wenn ihr wirklich Sozialisten wäret, müßtet ihr euch auch für Reiner Kunze verantwortlich fühlen, dessen Innenwelt eine Reaktion ist auf die Außenwelt, die ihr ihm zugerichtet habt mit Anstandsregeln wie: »Echte Naivität weiß, was sich gehört.« (M. W. Schulz auf dem Schriftstellerkongreß.)

Innerlichkeit, um mal den Stoff zu wechseln, ist die andre Seite der Medaille Öffentlichkeit – und wer Falschgeld unter die Leute bringt, soll nicht schreien, wenn ihm mit barer Münze heimgezahlt wird. In seiner Erklärung an das ZK der SED deklamierte der Schriftsteller-

kongreß: »Unsere sozialistische Gesellschaft hat der Literatur einen zuvor nicht gekannten Einfluß auf das Leben des Volkes ermöglicht.« Will sagen: die Parteibürokraten haben sich einen zuvor kaum gekannten Einfluß auf die Literatur verschafft. Und dann schreibt ein Mann wie Kunze »Von der Notwendigkeit der Zensur«:
»Retuschierbar ist / alles // Nur / das negativ nicht / in uns«
Das kränkt die Zensur natürlich. Also rächt sie sich. Kunzes Manuskript lag DDR-Verlagen vor, wurde abgelehnt. Dann genehmigten die zuständigen DDR-Behörden die Publikation bei Rowohlt. (Und wenn mit dieser Publikation tatsächlich mit dem Antikommunismus kollaboriert würde, dann gehörte doch wohl das DDR-Büro für Urheberrechte auf die Anklagebank?) Dann verabredet der Verlag Volk und Welt mit Kunze und Stephan Hermlin, daß beide einen Band des ungarischen Lyrikers Gyula Illyés übertragen sollen. Dann erscheinen die »Sensiblen Wege« bei Rowohlt. Dann entzieht man Kunze den Übersetzungsauftrag – natürlich nicht öffentlich, sondern mit falscher Innerlichkeit, der Betroffene erfährt's hintenrum. Und dann ist endlich unser aller Axel am Zuge, und in der »Welt« steht: »Schreibverbot für Reiner Kunze« – was eine glatte Lüge ist. Denn schreiben darf er – er bekommt bloß keine Aufträge. Wie man sieht, geht es in der DDR ebenso freiheitlich-demokratisch zu wie bei uns.
Daß Leute, die sich so repressiv-kapitalistischer Methoden bedienen, jetzt den Vorwurf des Antikommunismus erheben, ist grotesk. Die »Sensiblen Wege« führen nicht in Richtung Bundesrepublik, das »Düsseldorfer Impromptu« endet mit den Zeilen:
»Der mensch / ist dem menschen / ein ellenbogen«
Und als die Tochter des Lyrikers aus einer bundesdeutschen Wohlfahrtsmarke mit dem Wolf und den sieben Geißlein den Schluß zieht, der Brief sei von den sieben Geißlein, weil der Wolf doch tot ist, heißt es:
»Im märchen, tochter, nur / im märchen«
Aber der Band ist gewidmet »dem tschechischen volk, dem slowakischen volk«, und auf der »anschlagtafel / Prag Frühjahr 1968« steht:
»Ihr recht / plakatieren die farben: zu wissen / woher und nicht / wohin«
Und das bedeutet – Klaus Rainer Röhl möge mir verzeihen – nicht Rückkehr zum Kapitalismus, der ja auch nur ein bereits gewußtes Woher ist – das sucht nach einem sensiblen Weg in einen Sozialismus, in dem Innerlichkeit und Öffentlichkeit solidarisch sein könnten, anstatt Stoffe wie Schüsse zu wechseln.

(aus: Konkret, Nr. 14, Hamburg, 30. 6. 1969)

Weitere Rezensionen zu »Sensible Wege« in:
Die Welt, Hamburg, 27. 3. 1969 (Hans Dieter Schäfer) – Die Tat, Zürich/Schweiz,
26. 4. 1969 (Hans-Jürgen Heise) – Der Tagesspiegel, Berlin, 11. 5. 1969 (Peter W.
Gerhard) – Frankfurter Rundschau, Frankfurt/M., 14. 6. 1969 (Nikolaus Marg-
graf) – Stuttgarter Zeitung, Stuttgart, 14. 6. 1969 (Walter Helmut Fritz) – General-
Anzeiger, Bonn, 20. 6. 1969 (Gregor Laschen) – Frankfurter Allgemeine, Frank-
furt/M., 16. 7. 1969 (Lothar Baier) – Neue Deutsche Hefte, Nr. 122, Jahrgang 12,
Heft 2, Berlin, 1969 (Jürgen P. Wallmann) – Deutschland Archiv, Nr. 7, Köln, Juli
1969 (Gunhild Bohm) – Kritisches Studium, Nr. 1, Bonn 1970 (Manfred Jäger) –
Allemagne d'aujourd'hui, Paris/Frankreich, Mai/Juni 1970 (Mireille Gansel) –
Books Abroad, Oklahoma/USA, Juli 1970 (Jerry Glenn).

MAX WALTER SCHULZ
Aktionslüsterner Individualismus

. . . Der sozialistische Schriftsteller hat absolut keinen Grund, sich in
die Scham oder Faszination über den Kulturverfall und über den
fortschreitenden Schwund humaner Lebenswerte in der hochkapitali-
stischen Gesellschaft zu teilen. Wir haben absolut keinen Grund, uns
nachträglich noch zu Teilhabern des Entfremdungsmonopols für ein-
stige Progressivität zu machen. In dieser Sache hat sich das Bürger-
tum mit dem Kapitalismus verstrickt, nicht mit uns. Wenn wir in
dieser Sache Entfremdung aus irgendwelchen über den Klassen ste-
henden nationalen oder weltliterarischen Sentimentalitäten mithiel-
ten, würden wir auch das Leichenbegängnis eines humanen deutschen
Nationalbewußtseins, eines humanen deutschen Vaterlandsgedan-
kens aufs allerschönste mitfeiern. Es gibt nun einmal heute in
Deutschland zwei deutsche Staaten, die sich antagonistisch gegen-
überstehen. Unser sozialistischer Staat ist es nicht, der den anderen
mit Gewaltmitteln okkupieren möchte. Die Identifikation der heute in
Deutschland lebenden Schriftsteller mit dem einen oder dem anderen
Staat, der sozialistischen Gesellschaftlichkeit oder der kapitalistischen
Ungesellschaftlichkeit, erzeugt mithin auch zwei deutsche Literaturen. Eine dritte deutsche Literatur, die sich weder mit dem einen noch
mit dem anderen identisch erklärt, die sich autonom erklärt, die
keiner Sache dienen will als der eigenen, die ihre Gesellschaftlichkeit
in einem nur in einigen Köpfen vorhandenen intellektualistischen
Pseudo-Internationalismus sucht, ist nach aller geschichtlichen Erfahrung von vornherein zur gesellschaftlichen Wirkungslosigkeit
verurteilt. Sie kann Mode machen, das kann sie. Sie kann wie die Eule
der Minerva in der Dämmerung auffliegen und die Klassenlage be-

sichtigen, das kann sie auch. Aber – um im Hegelschen Bild zu bleiben
– es ist Dämmerung und Eulenaugen, die Augen des objektiven
Geistes erkennen in der objektiven Realität nur das, was sie in ihr zu
erkennen belieben. Der bürgerliche deutsche Schriftsteller, der seiner
Gesellschaft noch den dunklen Spiegel alter bürgerlich-humanisti-
scher und demokratischer Ideale vorhält, steht unserer sozialistischen
deutschen Literatur immer noch weit näher als die Literaten des
dritten Weges. Diese entfernen sich mit zunehmendem Wirklich-
keitsverlust aus dem Sichtbereich humanistischer Literatur. Ihr soge-
nannter dritter Weg entpuppt sich mehr und mehr als eine dienstwil-
lige literarische Haltung zwischen »Innenwelt« und Antikommunismus.

Im Rowohlt Verlag Hamburg erschien im März dieses Jahres ein
Lyrikband von Reiner Kunze, »Sensible Wege«, achtundvierzig Gedichte und ein Zyklus. Wenn man die ausgerechnet achtundvierzig
Gedichte liest, erscheint einem der fatale lyrische Ort zwischen Innenweltschau und Antikommunismus in gestochener Schärfe.

Und Reiner Kunze lebt unter uns. War er nicht auch 1965 mit uns in
Weimar? Erging der Ruf aus Weimar nicht auch von ihm?

Aber ein Jahr später schreibt er für die Rowohlt-Schublade:

»Weimar totenglöckchen / an der deutschen eiche // Du läutest / zur
Fürstengruft // Du läutest / zum Ettersberg // Du / läutest / wo aber
bleiben / die vögel«

Welche Vögel, wenn man da fragen darf?

Möglicherweise ist der »Kurze Lehrgang«, der in dem Bändchen u. a.
über »Dialektik« veranstaltet wird, wo es heißt:

»Unwissende damit ihr / unwissend bleibt // werden wir euch /
schulen«

Möglicherweise ist diese »Dialektik« eine innerlyrische Einrichtung,
dergleichen Leute mit dergleichen konkreten Fragen in Unwissenheit
zu belassen.

Ersparen wir uns weitere Kostproben. Es ist alles in allem, trotz zwei
Feigenblättern, der nackte, vergnatzte, bei aller Sensibilität aktionslüsterne Individualismus, der aus dieser Innenwelt herausschaut und
schon mit dem Antikommunismus, mit der böswilligen Verzerrung
des DDR-Bildes kollaboriert – auch wenn das Reiner Kunze, wie
anzunehmen, nicht wahrhaben will . . .

(aus: Max Walter Schulz. Das Neue und das Bleibende in unserer Literatur. In: VI.
Deutscher Schriftstellerkongreß vom 28. bis 30. Mai 1969 in Berlin. Protokoll,
Berlin/DDR 1969)

Ein DDR-Autor muß schweigen

Der 1933 in Oelsnitz geborene Reiner Kunze ist, obwohl noch verhältnismäßig unbekannt, doch längst kein erzgebirgischer Lokalfall mehr. Spätestens nach seinen Übersetzungen aus dem Tschechischen, für die er 1968 einen Preis des Tschechoslowakischen Schriftstellerverbandes erhielt, gewann er internationale Anerkennung in Kreisen literarischer Kenner. Auch für seine eigenen Arbeiten bedeutete die Freundschaft mit Autoren aus Böhmen, Mähren und der Slowakei sehr viel. Ohne sie hätte er womöglich keinen Weg aus seinen schweren politischen und persönlichen Krisen gefunden, schien der Sohn eines Bergarbeiters doch in den fünfziger Jahren alle Voraussetzungen dafür mitzubringen, ein Lieblingskind des Regimes zu werden.

In jenen Tagen schrieb er Kinderlieder auf tapfere Soldaten, die das Glück der Republik erkämpfen, und versuchte, den Ärger mit manchen Funktionären optimistisch zuzudecken: Die Nachtigall jubelt, auch wenn die Uhus den Gesang mißbilligen. Seit Kunze sich den kollektiven Ansprüchen jeder Art verweigert, versagt er sich auch laute Jubeltöne. Je persönlicher und bitterer er formulierte, desto schwerer wurde es für ihn, in der DDR Publikationsmöglichkeiten zu finden.

Allmählich schien man bereit zu werden, auf den törichten Boykott zu verzichten: 1968 brachte der Aufbau-Verlag in dem Taschenbuch »Saison für Lyrik« acht Gedichte von Kunze, und die Reihe »Poesiealbum« widmete ihm ein Heftchen. Seit der im März 1969 erschienene Band »Sensible Wege« des Rowohlt-Verlags vorliegt, kann der westdeutsche Leser ermessen, wieviel von Kunzes Lyrik der Zensur zum Opfer fiel. Der Band, gewidmet dem tschechischen und dem slowakischen Volk, enthält u. a. Gedichte für Biermann, Huchel und Solschenizyn.

Die DDR-Kulturfunktionäre wollen den Band nun offenbar zum Anlaß nehmen, Kunze wie diese poetischen Weggefährten zu behandeln. Aus dem Verlagshaus Volk und Welt – Kultur und Fortschritt verlautet, daß man sich dort mit dem Band beschäftigt habe und nunmehr den Autor nicht mehr für würdig halte, an Übersetzungen mitzuarbeiten. Der Verlag hat daher den Auftrag, Gedichte des ungarischen Lyrikers Gyula Illyés zu übertragen, zurückgezogen.

»Treten Sie ein, legen Sie Ihre / traurigkeit ab, hier / dürfen Sie schweigen«

heißt ein Dreizeiler von Kunze.

Die Funktionäre scheinen ihn jetzt zynisch festlegen zu wollen: in der DDR soll und muß er schweigen.

(aus: Deutsches Allgemeines Sonntagsblatt, Nr. 19, Hamburg, 11. 5. 1969)

PETER VON BORCKE
»Treten Sie ein, hier dürfen Sie schweigen«

In einem neuen Gedicht des heute 36jährigen, in Greiz (Thüringen) lebenden Reiner Kunze – es trägt den Titel »Fahrschüler für Lastkraftwagen« – heißt es ironisch-doppeldeutig:
». . . Der doch der / sich nicht findet in simplem vierviertaltakt kann / unter die räder geraten / mit seinen gedanken // Ein requiem üb ich für sie und / werde gelobt für / richtiges einordnen«
Viele DDR-Autoren haben begriffen, daß es auf richtiges Einordnen ankommt, wenn sie nicht unter die Räder der Kulturpolitik geraten wollen. Sie haben resigniert oder sich angepaßt; es sei nur an die jüngsten Bücher von Fritz Rudolf Fries, Rolf Schneider oder Erwin Strittmatter erinnert.
Die wenigen, die sich nicht einordnen lassen wollen, die sich weigern, Literatur bloß als Nachschrift von Vorschriften zu verstehen, werden mundtot gemacht: etwa Peter Huchel, von dem seit Jahren kein neues Gedicht mehr in der DDR gedruckt werden konnte, der vereinsamt und verbittert in Potsdam lebt und dem die Behörden, obwohl Huchel jetzt im »Rentenalter« ist, jede Besuchsreise in den Westen verwehren.
Im Augenblick ist man nun dabei, Reiner Kunze zur »Unperson« zu machen. Seit Kunze im Frühjahr 1969 im Westen bei Rowohlt seinen Gedichtband »Sensible Wege« veröffentlichte, hat sich der Druck auf diesen Dichter verstärkt, der, vereinfachend gesagt, mit seiner Lyrik für einen Sozialismus mit menschlichem Gesicht plädiert. Im Frühjahr 1968 war Kunze für seine hervorragenden Übertragungen aus dem Tschechischen mit dem Preis des Schriftstellerverbandes der ČSSR ausgezeichnet worden; Mitte August 1968 hatte Kunze, der mit einer tschechischen Ärztin verheiratet ist, in der Reihe »Poesiealbum« des Ostberliner Verlages Neues Leben ein Bändchen publiziert, in dem folgendes Kurzgedicht enthalten ist, das sich auf einen Besuch in der Tschechoslowakei bezieht; es heißt »einladung zu einer tasse jasmintee«:

»Treten Sie ein, legen Sie Ihre / traurigkeit ab, hier / dürfen Sie schweigen«

Wenige Tage nach dem Erscheinen dieses Bändchens wurde die ČSSR von den Truppen des Warschauer Paktes besetzt. Seitdem muß Kunze schweigen. Seit 1968 kann dieser Lyriker, der aus Protest gegen die Okkupation der Tschechoslowakei aus der SED austrat, in der DDR kein Buch mehr veröffentlichen.

Auf dem VI. Deutschen Schriftstellerkongreß im Mai 1969 in Ostberlin wurde Kunze im Hauptreferat von Max Walter Schulz wegen seines Buches »Sensible Wege« aufs schärfste angegriffen: »Es ist«, so sagte Schulz über Kunzes individualistische Lyrik, »der nackte, vergnatzte Individualismus, der aus dieser Innenwelt herausschaut und schon mit dem Antikommunismus, mit der böswilligen Verzerrung des DDR-Bildes kollaboriert.«

Damit war das Signal zum Angriff gegen Kunze gegeben. Nicht nur die Publikation eigener Werke wurde Kunze fortan unmöglich gemacht, selbst die Veröffentlichung seiner Lyrik-Übersetzungen wird verhindert. Der Name Kunze wird jetzt aus Nachschlagewerken und Literaturkalendern ausgemerzt, es soll diesen Dichter nicht mehr geben, soll ihn nie gegeben haben.

Augenblicklich bereitet der Aufbau-Verlag eine zweibändige repräsentative Anthologie deutscher Lyrik vor, die als Lyrik-Standardwerk der DDR konzipiert und auch für den Literaturunterricht an den Schulen gedacht ist. Und in dieser Anthologie wird Reiner Kunze, der ganz ohne Zweifel zu den stärksten Lyrikbegabungen gehört, mit keinem einzigen Gedicht vertreten sein.

Das ist kein Zufall: DDR-Verlage haben Anweisung, keine Texte von Kunze mehr zu drucken, auch nicht solche, die in früheren Jahren bereits in der DDR publiziert worden waren. Diese Anweisung geht auf das sogenannte »Aktiv Lyrik« des DDR-Schriftstellerverbandes zurück, vor das Kunze schon mehrfach zitiert wurde, um sich für seine Gedichte zu verantworten. Vorsitzender dieses Lyrikaktivs ist übrigens der ehemalige U-Boot-Offizier und heutige Funktionär der Nationaldemokratischen Partei der DDR (NDPD) Günther Deicke, Lektor im Verlag der Nation und selbst ein unbedeutender epigonaler Verseschmied.

Freilich gelingt es den Kulturfunktionären nicht, mit ihren Maßnahmen – die allerdings Kunzes wirtschaftliche Existenzgrundlage zu vernichten drohen – den Namen dieses Dichters vollständig aus dem Bewußtsein der Leser zu tilgen –, im Gegenteil: je mehr offiziell die öde Polit-Poesie propagiert wird, desto stärker wenden sich die Leser jenen Autoren zu, die sich ihr kritisches Gewissen nicht durch allerlei Privilegien haben abkaufen lassen. So zirkulieren, wie von den Liedern Wolf Biermanns, in der DDR ungezählte maschinenschriftliche und handschriftliche Kopien von Kunzes nur im Westen erschienenen Gedichtband »Sensible Wege«, in dem es heißt:

»Greiz grüne / zuflucht ich / hoffe // Ausgesperrt aus büchern / ausgesperrt aus zeitungen / ausgesperrt aus sälen . . .«

Noch aber ist auch die über diesen Dichter verhängte Quarantäne nicht total wirksam. So konnte Kunze im April und Mai dieses Jahres in der Kunsthochschule auf Burg Giebigstein und in der Universität Halle vor Studenten lesen. Diese Veranstaltungen, bei denen Kunze neben Gedichten auch Prosa aus seinem im September bei S. Fischer erscheinenden Band »Der Löwe Leopold« las, waren überfüllt und oft von spontanem Zwischenbeifall der Hörer unterbrochen.

Die Publikumsreaktionen bei diesen Lesungen, zu denen die Gäste teilweise von weither angereist waren, beweisen recht deutlich, welch ein Widerspruch besteht zwischen dem, was in der DDR offiziell als Literatur gefordert und gefördert wird, und dem, was die Leser wirklich betrifft. Jedenfalls ist der Schluß erlaubt, daß weit eher die Gedichte Reiner Kunzes als die Poeme der staatlich protegierten Autoren das Bewußtsein zumindest der Intellektuellen in der DDR repräsentieren.

Einer dieser offiziellen DDR-Lyriker ist Helmut Preißler, den das »Neue Deutschland« beim Erscheinen seines Bandes »Sommertexte« (Verlag Neues Leben, 1968) als einen »produktiven Lyriker unserer Republik« rühmte. Preißler, Vorstandsmitglied im Schriftstellerverband und Redakteur für Lyrik bei der Zeitschrift »Neue Deutsche Literatur«, erfreut sich des Wohlwollens der Kulturbürokraten und ist bestrebt, sich dieses Wohlwollen auch zu erhalten. So veröffentlichte er jüngst in der Reihe »Poesiealbum« unter dem Titel »Wer – wenn nicht wir!« ein ganzes, 64 Seiten umfassendes Heft ausschließlich mit Gedichten auf Lenin, termingerecht zur Jubelfeier von Lenins 100. Geburtstag. Und dieses Bändchen ist soeben mit dem Literaturpreis der DDR-Gewerkschaft, des FDGB, ausgezeichnet worden.

In diesen Gedichten benutzt Preißler Worte Lenins, die als Motti den einzelnen Texten vorangestellt sind, dazu, die derzeitige Politik der DDR zu verteidigen und nachträglich und noch einmal die Intervention in der ČSSR vom August 1968 zu rechtfertigen. Da wird gepoltert gegen den »Revisionismus in Reinkultur«, da wird polemisiert gegen Schriftsteller von der Art Reiner Kunzes, wobei Preißler auch vor nachweisbar falschen Anschuldigungen nicht zurückscheut: »Ob in Seelennöten / sie sich zu den Feinden schleichen / oder ob sie, uns zu töten, / ihnen Munition zureichen . . .«

Und da wird dann auch offen und brutal gedroht – und bei Drohungen soll es nicht bleiben: »Solange in der Welt noch Schreihälse schrein / nach Konterrevolution, / wird dir, stimmst du hier in den Chor mit ein, / die Staatsmacht nicht nur drohn.« Helmut Preißler schreckt nicht davor zurück, nackte Gewalt gegen Andersdenkende zu empfehlen, und seine literarisch völlig belanglosen Holperverse erinnern peinlich an jenes rüde Schlägerlied, das ein Chor der Nationalen Volksarmee kurz nach dem 21. August 1968 im Deutschlandsender zum besten gab und in dem es heißt: »Der Klassenfeind, der wurde frech: / In Prag wollt' er kassieren, / doch das war Spekulantenpech, / weil wir die Waffen führen. / Weil unsre Köpfe klüger sind, / ziehn wir ihm einen drüber. / Da weht ganz schnell ein frischer Wind / von Ost nach West hinüber.«

Helmut Preißler – und sein Name steht hier nur als Beispiel für die Tendenzen der offiziell erwünschten DDR-Literatur – macht sich ganz offen zum Anwalt der Inhumanität. Zwar schreibt er: »Wer ungern menschlich ist, ist auch nicht gut.« Aber: »Nur darf man Menschlichkeit nicht übertreiben.« Eben dies jedoch ist die Geisteshaltung, gegen die Reiner Kunze sich zur Wehr setzt. Seine Hörer und Leser verstehen die bittere Ironie, mit der er seinen lyrischen »Kurzen Lehrgang« über Dialektik, Ästhetik und Ethik beschließt: »Im mittelpunkt steht / der mensch // Nicht / der einzelne«

(aus: Die Welt, Hamburg, 3. 7. 1970)

Der Löwe Leopold

Rezensionen

HANS-DIETRICH SANDER

Es gibt hauptsächlich zwei Motive, die Schriftsteller in sozialistischen
Ländern bewegen, Märchen oder märchenhafte Geschichten für Kinder zu schreiben. Das eine ist von apologetischer, das andere von
häretischer Art. Das apologetische Märchen funktioniert die klassische Märchenwelt um; ihre statischen Züge werden so weit von
dynamischen Zügen verdrängt, daß sie als eine mythische Vorge-
schichte der sozialistischen Revolution erscheint. Das geschieht durch
Induktion von plebejisch-materialistischen Elementen. Da indessen
schon Mark Twain (vom Standpunkt der bürgerlichen amerikanischen Gesellschaft) dieses Verfahren künstlerisch ausschöpfte, ist der
literarische Gewinn nicht erheblich. Auch verbietet sich ein vergleich-
barer Freimut von selbst. Von ihm ist das häretische Märchen durch-
drungen, in dem der Schriftsteller eine phantastische Welt erfindet,
um in ihr zu sagen, was ihm die wirkliche Welt verwehrt. Hohe
Beispiele dieser Richtung sind die Märchenkomödien »Der Schatten«
und »Der Drache« des Sowjetrussen Jewgenij Schwarz. In der DDR
versuchten 1957 Klaus Eidam ähnliches mit seinem Spiel »Münch-
hausen« oder Peter Hacks mit dem Geschichtenband »Das Wind-
loch«; zuletzt Wolf Biermann mit seiner »Drachen«-Version, während Heiner Müllers gleichzeitige Bearbeitung der gleichen Komödie
von Schwarz (für Dessaus Oper »Lanzelot«) apologetisch ausfiel.
Niemand konnte von dem häretischen Lyriker Reiner Kunze erwarten, daß er apologetische Märchen schreiben würde. Sein Band »Der
Löwe Leopold«, der in der Bundesrepublik rasch die 2. Auflage erreichte, ist auch in der DDR nicht erschienen, und sein Verfasser
mußte die Strafgebühr für nichtgenehmigten Literaturexport zahlen. Die vier Geschichten des Bandes sind aber so wenig häretisch,
daß man sich erstaunt fragt, warum sie der Repression anheimfie-
len.
In der Titelgeschichte erzählt Reiner Kunze, wie Leopold, der Spielzeuglöwe des kleinen Mädchens Nele, von der Sonne zum Leben
erweckt wird, das Brettgestell mit den vier Rädern verläßt, die Familie
in Verwirrung und den Wachtmeister in Entsetzen stürzt. Er wird zu
einem Welterfolg im Zirkus. – Der »Drache Jakob« ist ein Papierdra-
che, der von Zieselwitz nach Bad Gesundungen geschickt wird, um

den kranken Knaben Daniel zu ergötzen. Da er einen Schwanz hat, der länger ist, als die Briefmarke erlaubt, bringt er das Zieselwitzer Postamt durcheinander. Ein Minister wird bemüht, der den Versand ausnahmsweise gestattet, aber die Reinmachefrau hat inzwischen schon zur Selbsthilfe gegriffen, die fehlenden Marken bezahlt und Jakob in den Postsack gesteckt. In Bad Gesundungen wird er in den Wind gelassen und buchstäblich als Luftpostsendung zugestellt. – »Ludwig« ist ein kleiner Junge, der von seiner Mutter jeden Montagmorgen ins Kinderheim gebracht wird. An einem Montag nimmt ihm ein anderer Junge die Wäschetüte weg und läßt sie mit Wasser vollaufen, bis sie platzt. Ludwig läuft quer durch die Stadt nach Hause zurück, um sich eine neue Tüte zu holen. Da er aber ein Trödler und Träumer ist, dauert das so lange, daß seine Mutter fürchtet, er sei verschwunden, und die Polizei benachrichtigt. Alle Suchaktionen bleiben ergebnislos. Ludwig schlüpft immer wieder ahnungslos durch die Maschen und taucht für die Öffentlichkeit erst zu Hause wieder auf. – Im »Märchen vom Dis« entläuft ein Ton aus dem Abendlied, wird von Grille, Katze und Frosch abgewiesen, schwebt in ein Orchester, wo er den Kapellmeister in Wut, und in die Oper, wo er eine Sängerin in Ohnmacht versetzt. Heimatlos schwebt er durch die Nacht, bis er am Morgen ein Mädchen ein Lied summen hört, in dem ein Ton fehlt. Es war das Lied, das es am Abend von der Großmutter gehört hatte und aus dem der Ton sich davongestohlen hatte.

In jedem dieser vier Märchen wird zwar durch ein unvorhersehbares Ereignis der Alltag gestört, aber am Ende ist jedesmal die Ordnung glückbringend wiederhergestellt. Es ist nicht ersichtlich, warum der Band für die DDR untragbar wäre. Das zweite Märchen, in dem eine Reinmachefrau den positiven Bescheid eines Minister vorwegnimmt, könnte sogar als märchenhafte Verwirklichung eines Leninschen Traumes interpretiert werden, der das kommunistische Gemeinwesen der Zukunft so sah, daß jede Köchin es regieren könnte. Oder sollte tatsächlich diese demokratische Utopie als lästig empfunden worden sein? Das dritte Märchen könnte durchaus der Bildung »sozialistischer Persönlichkeiten« dienen. Oder überschreitet es dieses Richtmaß bedenklich, wenn der Bube auf seinem Irrgang den suchenden Organisationen jedesmal wieder entschlüpft? Das erste Märchen könnte spielend dem Kampf gegen erstarrte Routine eingefügt werden. Oder ist ein Polizist, der sagt: »Er könnte aber Schaden anrichten, das genügt« eine zu verwegene Herausforderung? Das vierte Märchen schließlich erklärt, wie jedes nur an seinem Platz gedeihen kann. Könnte das nicht als eine Allegorie der »sozialistischen Menschengemeinschaft« betrachtet werden? Oder stehen in der DDR so wenige wirklich auf ihrem Platz, daß die Moral von der Geschicht' zum Aufruhr verlocken würde? Da diese Einwände wohl zu spitzfindig sind, um wahr zu sein, kann der Grund der Repression nicht im Text liegen. Hätte ein anderer, zum Beispiel Heinz Kahlau, diese Märchen geschrieben, wären sie vermutlich ohne Arg im Kinderbuch- oder Eulenspiegel-Verlag veröffentlicht worden.

Es scheint, daß die Schikane sich ausschließlich gegen die Person des Verfassers, gegen Reiner Kunze richtet. Er hatte einst so politisch stramm wie geistig konturlos als Aufbaulyriker begonnen. Noch 1958, am Beginn des Bitterfelder Weges, betätigte er sich eher sansculottisch als ästhetisch. Anfang der sechziger Jahre hielt er Einkehr, wovon sein Gedichtband »Widmungen« Zeugnis ablegte, der in Prag und Bad Godesberg erschien und ihn neben Bernd Jentzsch als eines der wenigen primär lyrischen Talente der jungen Schriftstellergeneration in der DDR präsentierte. Er hatte sich damit freilich aus der offiziösen Thematik hinausgedichtet. Sein Ende der sechziger Jahre in Hamburg erschienener Gedichtband »Sensible Wege« zeigte ihn auch politisch als Fremden im Land. Wenn Neles Vater im Zirkus sagt: »Ich wünschte, viele Menschen sähen Leopold. Wer lacht, verliert nicht so leicht den Mut«, so mag das Kunzes Leben in Greiz treffend umschreiben.

Die Kulturbehörden haben über Jahre stetig den politischen Abfall und die künstlerische Emanzipation des Dichters beobachten können und dabei mit der Hoffnung auch die Loyalität fahrenlassen. Deshalb die schwerverständlichen Repressalien gegen diese Märchen. Vor geraumer Zeit fragte Volker Braun zum Fall Kunze: »Darf auch nur ein Mensch verlorengehen? Hier?« Die Frage war, wie das bei Volker Braun immer geschehen ist, eine Provokation für sich allein. Die DDR-Behörden fanden offenbar: Ja.

Für den Verfasser selbst ist »Der Löwe Leopold« ein Ausbruch in die Phantastik, der für einen intakten Instinkt spricht. Wer die epigrammatische Schärfe der »Sensiblen Wege« bewundert, sollte nicht übersehen, daß die, wenn auch kritische Rückkehr zu vorwiegend politischer Thematik dem Stigma aller politischen Lyrik von heute nicht entging, in ausgebranntem Vokabular zu stochern. Indem er Märchen für seine Tochter Marcela schrieb, ihr Vorstellungsvermögen übernahm und zugleich beflügelte – sie malte den Löwen auf dem Titelblatt –, tauchte Reiner Kunze in eine Naivität ein, die neue Perspektiven bietet. Die Vorbemerkungen verraten, daß ihm die Niederschrift nicht geringe Plage kostete. Das Resultat zeigt, daß die kathartische Prozedur geglückt ist. Doch vor allem ist »Der Löwe Leopold« ein richtiges Kinderbuch.

(aus: Deutschland Archiv, Nr. 9, Köln, September 1971)

BARBARA VON WULFFEN

»Die Sonne brannte und brannte, und da spürte der Löwe Leopold, wie sich seine Tatzen vom Brettchen ablösten.« Damit ist in völliger sprachlicher Selbstverständlichkeit der Märchenraum offen. Stilisti- sche Schwierigkeiten des Übergangs sind nicht vorhanden: Die Kraft eines Dichters setzt die Dinge zueinander in Beziehung. Das Mädchen Nele ist nur einen Moment erstaunt, dann läßt es den Löwen ins Haus, »denn wenn man spielt, ist es ja dasselbe, ob einem ein Spiel- zeuglöwe nachgelaufen ist oder ob man sich nur denkt, er sei einem nachgelaufen.«

Die »Fast Märchen, fast Geschichten«, die Reiner Kunze so ganz ohne ersichtliche Mühe lebendig werden läßt in einer Sprache, deren kraft- volle Einfachheit vom mündlichen Erzählen und von der Umgangs- sprache herkommt, deren Komik in der Nähe des Kalauers beheimatet ist, ohne je aufdringlich zu werden, sind für Kinder voller Wärme und Heiterkeit, für Erwachsene voller Schwermut. In der Geschichte von »Ludwig« geht es um einen verträumten kleinen Buben, einen Tröd- ler, der nur halb absichtlich aus einem Kinderheim ausreißt und den es wie ein Herbstblatt durch die Stadt bis ins Boot eines Flußfischers treibt, bis er, ungeachtet allen wohlwollenden, aber hilflosen Eifers von Polizei, Feuerwehr und von allen Schornsteinfegern aus Verse- hen von selber zu seiner Mutter heimfindet.

Der »Drache Jakob« – aus Papier versteht sich – soll als Postkarte mit der Post zu einem kleinen Asthmabuben ins Kinderheim kommen. Schon im Briefkasten bringt er Wind in die ohnedies erregten Gesprä- che der Karten und Briefe, und erst recht am Postamt, wo Unterpost- mann Schreck, ein großer Künstler im Stempeln, völlig aus dem Rhythmus gerät. Die ganze Hierarchie bis zum Postminister kommt ins Schwanken, bis eine beherzte Putzfrau Drachenohren und -schwanz nachfrankiert und den Knoten, der die Bürokratie zu läh- men droht, löst. Es braucht kaum erwähnt zu werden, daß der Brief- träger mit einer alten Drachenschnurrolle Jakob steigen läßt, um ihn so in voller Pracht als Luftpost dem Geburtstagskind auszuliefern. Ein hintergründiges Märchen über die – Post ist entstanden, die ein eigenartiges, schließlich einleuchtendes Leitmotiv im Werk des ostdeutschen Lyrikers ist.

Die Wehmut des immer auf Botschaft wartenden Menschen ist in die Kindergeschichten eingegangen. Die Welt Kunzescher Kinderdichtung ist keine Idylle, sie kennt die Bedrohung, an die jegliches Besondere gebunden ist und der nur mit Mut, List und einer gewissen Bereitschaft zur Anpassung zu begegnen, zu entkommen ist. »Doch wer groß ist, der wird gesehen«, heißt es über den essenden und somit wachsenden Löwen Leopold, und schon stellt der herbeigeeilte Wachtmeister fest: »Der ist viel zu groß.« Zaubern ist verboten, »weil einer, der zaubert, mächtiger ist als die Polizei.« Nele, das erst so leichtfertige unordentliche kleine Mädchen, das keinen Tag mehr ohne seinen immer größer werdenden Freund leben zu können glaubt, findet selbst einen Ausweg, der Leopold vor dem Käfig bewahrt: den Zirkus. Hier, wo er, nicht mit dem Dompteur, sondern mit dem Clown Pepo, Zirkus spielt, gelingt ihm allabendlich die Erlösung der Welt aus dem Bann von Geboten und Verboten und totaler Herrschaft ins freie Spiel.

Straßen machen es möglich, »daß Menschen einander besuchen, um zu sehen, wie der andere lebt, ob er Kinder lieb hat und was für Bilder er malt und daß sie einander Märchen erzählen können. Denn das ist das Beste, wenn man einander kennenlernen will.« Leser von Reiner Kunzes Lyrik würden ihn um vieler seiner Gedichte willen nicht mehr aus den Augen verlieren; nun werden alle jungen und erwachsenen Leser, die ein Gespür für das Dichterische im Kinderbuch besitzen, hinzukommen. Der Deutsche Jugendbuchpreis 1971 hätte keinen Besseren auszeichnen können.

(aus: Süddeutsche Zeitung, München, 21. 10. 1971)

PETER BICHSEL

Ich lese Ihnen eine Geschichte von Reiner Kunze. Ich lese Ihnen eine Kindergeschichte von Reiner Kunze aus dem Buch »Der Löwe Leopold«, erschienen im S. Fischer Verlag. Ich lese Ihnen die Geschichte, weil ich sie nicht besprechen möchte, d. h. das Buch wurde mir in die Hand gedrückt von jemandem, den ich sehr mag, und ich habe das Buch gelesen, und das Buch hat mir gefallen. In diesem Buch »Der Löwe Leopold« stehen drei lange und eine ganz kurze Kindergeschichte. Geschichten für Kinder, die eigentlich all das enthalten, was ich an

45

Kindergeschichten in der Regel nicht mag. Ein Spielzeuglöwe wird lebendig, Briefumschläge beginnen zu sprechen, werden personifiziert, Beamte werden verniedlicht, und im Ganzen wird eine Welt vorgestellt, die stimmt. Eine Welt, die in Ordnung ist. Eine sogenannte Kinderwelt. Ich selbst glaube an diese Kinderwelt nicht. Ich glaube, daß die Kinderwelt eine Projektion der Erwachsenen ist, daß die Erwachsenen, die sich an ihre schöne, wunderbare Kindheit erinnern, hier etwas vorstellen und dann den Kindern eine Kinderwelt aufdrängen. An dieser Theorie halte ich fest, ich halte an ihr fest, auch nachdem ich dieses schöne Buch von Reiner Kunze gelesen habe, und ich möchte jetzt nicht sagen, daß dieses Buch »Der Löwe Leopold« mich in meiner Ansicht erschüttert hätte. Aber ich möchte es als die Ausnahme bezeichnen; denn es gibt noch etwas anderes, als von Kindern etwas zu wollen, es gibt auch die Möglichkeit, mit Kindern zu sprechen, Kindern etwas zu erzählen. Ich kenne ein Foto von Reiner Kunze aus dem Klappentext des Buches. Darauf sehe ich einen lachenden Mann, einen wirklich fröhlich lachenden Mann, und der sieht dann doch in seinem Lachen recht traurig aus; weil er nicht für sich selbst lacht, sondern er lacht für andere. Er lacht nicht über, er lacht für. Es gibt wohl Situationen, in denen nicht nur einem Schriftsteller, sondern jedem nichts anderes übrigbleibt, als zu erzählen. Und es gibt Situationen, in denen man mit jemandem sprechen muß. Vielleicht sind es Notsituationen. Die Araber, die Beduinen in der Sahara haben eine Formel, eine sehr schöne Formel, für den Zustand des Irrewerdens. Jemand, der nicht mehr richtig im Kopf ist, von dem sagt man, er spricht mit seinem Kamel. Jemand, der in einer Notsituation lebt, spricht also mit seinem Kamel. Wir kennen das alle, wir sprechen mit unseren Hunden, mit unseren Katzen, wir sprechen mit unseren Bildern, mit unseren Stofftieren in Notsituationen, wir sprechen mit uns selbst.

Reiner Kunze ist ein Autor aus der DDR. Er lebt in einer anderen Situation als wir. Das sei nicht zu seiner Entschuldigung gesagt, und das sei nicht zu unserer Entschuldigung gesagt. Aber die Situation ist eine andere, und Reiner Kunze scheint mir ein Mann zu sein, der es nötig hat, mit dem Kamel zu sprechen. Der, wenn er mit Kindern spricht, sich eine Welt aufbaut, in der man leben kann. Für uns, für mich ist eine solche Welt, in der man leben kann, sehr schnell eine reaktionäre Welt. Für Kunze ist dieses Erzählen ein Zusammensein mit Kindern. Wer so erzählt, so kindlich erzählt wie Kunze, verdirbt nach meiner Meinung in der Regel die Kinder, weil er sie mißbraucht. Das scheint mir bei Kunze nicht der Fall zu sein.

Was ich Ihnen jetzt gesagt habe, habe ich nicht aufgeschrieben, ich hätte das schriftlich nicht geschafft. Und Sie sehen, daß ich mit diesem Buch nicht zurechtkomme. Ich mag dieses Buch, und ich möchte anstelle einer Besprechung versuchen, Ihnen eine von diesen Geschichten vorzulesen. Vergessen Sie also, was ich bis jetzt alles gesagt habe.

(Sendung am 12. 11. 1970 im Norddeutschen Rundfunk, Hannover, in der Reihe »Zum Lesen empfohlen«)

Weitere Rezensionen zu »Der Löwe Leopold« in:
Die Zeit, Nr. 46, Hamburg, 13. 9. 1970 (Eckart Kleßmann) – Die Welt der Literatur, Nr. 20, Hamburg, 24. 9. 1970 (Lieselott Baustian) – Frankfurter Rundschau, Frankfurt/M., 26. 9. 1970 (Dieter Schlesak) – Der Spiegel, Nr. 29, Hamburg, 1971 (anonym) – Neue Zürcher Zeitung, Zürich/Schweiz, 31. 10. 1970 (E. H.) – Der Monat, Nr. 266, Berlin, November 1970 (Hans-Dieter Schäfer) – Literatur und Kritik, Heft 61, Salzburg/Österreich, 1972 (Sonja Henisch).

Fast Märchen,
fast Geschichten

Zoll und Zensur

Sind Löwen staatsgefährdend?

Ein Löwe verletzt die Staatsinteressen der DDR – ein Spielzeuglöwe! So jedenfalls hat die Zollverwaltung in Ostberlin entschieden. Bei S. Fischer hat der in Thüringen lebende, in der DDR systematisch boykottierte Lyriker Reiner Kunze soeben sein Kinderbuch »Der Löwe Leopold« veröffentlicht. Diese Publikation hatte Kunze erst einmal eine Geldstrafe von dreihundert Mark eingetragen, weil er das Buch im Westen erscheinen ließ, obwohl das Büro für Urheberrechte seine Genehmigung verweigert hatte. Jetzt bekommt Kunze auch nicht die ihm aus Frankfurt zugesandten Belegexemplare seines Buches ausgehändigt: der Zoll hat sie beschlagnahmt. Und auf des Autors Einspruch dagegen erfuhr er: Die Einfuhr von Literatur sei nur zulässig, »wenn der Inhalt nicht im Gegensatz zu den Interessen unseres sozialistischen Staates und seiner Bürger steht«; diesem Grundsatz aber entspreche »Der Löwe Leopold« nicht.
In dem Kinderbuch heißt es einmal: »Wer lacht, verliert nicht so leicht den Mut.«
Aber auch Brecht ist für die DDR gefährlich. Von der Anthologie »Von den Nachgeborenen / Dichtungen auf Bertolt Brecht« (Arche Verlag, Zürich), in der Kunze mit einem Text vertreten ist, erhält er ebenfalls keine Belege, denn – so der DDR-Zoll –: »Bei dem Gedichtband handelt es sich um ein literarisches Erzeugnis, welches nicht dazu beiträgt, die Kulturpolitik bzw. das kulturelle Geschehen in der DDR entsprechend den Prinzipien unseres Staates und seiner Bürger zu festigen. Aus diesem Grunde ist es nicht zur Einfuhr in die DDR geeignet.«
Besonders kurios mutet diese Entscheidung auch deswegen an, weil der Band – neben Gedichten u. a. von Celan, Fried und Enzensberger – auch Texte von anderen DDR-Autoren (wie Kahlau, Bartsch, Maurer, Schwachhofer und Kunert) enthält, für deren Abdruck die entsprechenden DDR-Verlage ihre Genehmigung erteilt hatten.
Reiner Kunze, so zeigen diese Maßnahmen wieder, wird in der DDR weiter schikaniert, boykottiert, kaltgestellt. Aber vielleicht tröstet ihn ein Wort von Wolf Biermann, der – durch die neo-stalinistische

Kulturpolitik in eine ähnliche Lage wie Kunze geraten – jüngst in einem Interview sagte: »Man stellt das kalt, was man später noch in frischem Zustand braucht.«

(P.v.B. in: Die Tat, Zürich/Schweiz, 14. 10. 1970)

REINER KUNZE
Mittel, einem Autor die Beteiligung an Anthologien abzugewöhnen

Lieber Herr Hülsmanns,
gern hätte ich etwas für Ihre Anthologie geschrieben, aber der Staat hat Mittel, einem Autor die Beteiligung an Anthologien abzugewöhnen.

Zuerst erläßt der Staat ein Gesetz, in dem verfügt wird, daß jede Vergabe von urheberrechtlichen Nutzungsbefugnissen nach jenseits der Grenzen genehmigungspflichtig ist, und er gründet eine Institution, durch die er die Genehmigung erteilen oder verweigern lassen kann. Wendet sich dann ein Autor an diese Institution und bittet um Genehmigung, sich an einer Anthologie beteiligen zu dürfen, erhält er beispielsweise vier Wochen lang keine Antwort. Dann wird ihm mitgeteilt, daß man, bevor man überhaupt zur Bearbeitung des betreffenden Vertragsentwurfs kommen könne, das Verzeichnis aller an der Anthologie beteiligten Autoren benötige. Der Autor schreibt dem Verlag, der Verlag schickt dem Autor das Verzeichnis (Laufzeit eines Eileinschreibens von Frankfurt am Main nach Thüringen bis zu drei Wochen, vorausgesetzt, daß es nicht verlorengeht), und der Autor sendet das Verzeichnis an die Institution. Daraufhin fordert die Institution das Manuskript des Beitrags an, den der Autor für die Anthologie geschrieben hat. Der Autor reicht es ein, worauf ihm mitgeteilt wird, die Überprüfung des Vertragsentwurfs habe ergeben, daß eine Genehmigung nicht erteilt werden kann. Inzwischen sind vier Monate vergangen, die Anthologie mit dem Beitrag ist im Druck, und der Autor steht vor der Entscheidung, den Vertrag ohne Genehmigung zu unterschreiben oder die Maschinen anhalten zu lassen. Er unterschreibt, vertrauend auf die Verfassung seines Staates, die keine Zensur vorsieht und das Recht auf freie und öffentliche Meinungsäußerung garantiert. Der Staat aber, den der Autor sofort unterrichtet und bei dem er, alle Vorschriften beachtend, seinen Devisenanspruch gegenüber dem Verlag anmeldet, eröffnet gegen den Autor ein Ver-

fahren und verurteilt ihn zur höchstmöglichen Geldstrafe, die unter
Umständen das Dreißigfache des Honorars betragen kann, das der
Autor für seinen Beitrag erhält. – Beteiligt sich der Gemaßregelte
weiterhin an Anthologien etc., obwohl ihm die Genehmigung verweigert wird und er Strafe zahlen muß, läßt man ihn eines Tages wissen,
daß er ab sofort auch nicht mehr als Übersetzer publizieren darf, und
man kündigt ihm die bereits abgeschlossenen Verträge. Die betreffenden Verlage schreiben ihm fast gleichzeitig Briefe, in denen es heißt:
»Wir bedauern, Ihnen heute mitteilen zu müssen, daß unser . . . ohne
Ihre Nachdichtungen erscheinen wird. Zu dieser Entscheidung haben
uns die von Ihnen . . . veröffentlichten Gedichte veranlaßt, die uns
zeigen, daß Sie mit den von unserem Verlag verfolgten kulturpolitischen Zielen nicht mehr übereinstimmen.« Oder es heißt: »Gedichte
von Ihnen, veröffentlicht in . . ., belehren mich, . . . daß Ihnen an
einer weiteren Zusammenarbeit mit uns unter bedingten Voraussetzungen nichts mehr liegt . . . Wir teilen Ihnen hierdurch mit, daß wir
Ihre Nachdichtungen der Werke von . . . nicht publizieren werden.«
Ich bitte Sie also um Verständnis, wenn ich für Ihre Anthologie
keinen Beitrag schreiben kann, und ich danke Ihnen für Ihre freundliche Einladung.
Lieber Herr Hülsmanns, Sie können sich sicherlich vorstellen, daß der
Staat noch andere Mittel besitzt, einem Autor die Beteiligung an
Anthologien abzugewöhnen, und so möchte ich es bei den angeführ-
ten Beispielen belassen.

Mit schönen Grüßen
Ihr gez. Reiner Kunze

(aus: Schaden spenden. Eine Anthologie, zusammengestellt von Dieter Hülsmanns und Friedolin Reske, Düsseldorf 1972. Vorabdruck in: Die Zeit, Nr. 26,
Hamburg, 25. 6. 1971)

Zimmerlautstärke

Rezensionen und Reaktionen

PETER W. GERHARD

Reiner Kunze, im Leipziger »Lexikon deutschsprachiger Schriftsteller« 1967 noch als Lyriker und Übersetzer gerühmt, kann seit dem Herbst 1968 in der DDR nichts mehr veröffentlichen. Der heute 39jährige Kunze, der im thüringischen Greiz lebt, war im Westen mit der im Frühjahr 1969 bei Rowohlt erschienenen Lyriksammlung »Sensible Wege« bekannt geworden: Sie zeigt ihn als einen Mann, der gegen die Stagnation der Revolution ankämpft, der die Rechte des einzelnen verteidigt, als einen engagierten Sozialisten, der sich in kritischer Liebe zu seinem Land bekennt, es aber verbessern, das Leben in ihm menschlicher für die Menschen machen möchte.

Aber man hat in der DDR nicht sehen wollen oder können, daß die Bekenntnisse kritischer Individualisten mehr Gewicht haben als alle wohlfeilen und lautstarken Loyalitätsbekundungen ergebener Polit-Poeten. Kunze wurde auf dem VI. Schriftstellerkongreß im Mai 1969 in Ost-Berlin von Max Walter Schulz zunächst öffentlich angegriffen; danach versuchte man (und versucht es bis heute), seine Arbeit zu behindern, ihm Publikationen unmöglich zu machen, seinen Namen im Bewußtsein der Öffentlichkeit auszulöschen. Kunzes Texte wurden aus Anthologien entfernt, Übersetzungsaufträge wurden ihm entzogen, für Veröffentlichungen im Westen wurde er mit empfindlichen Geldstrafen belegt.

Wird man jetzt, nachdem soeben bei S. Fischer (Frankfurt/M.) Kunzes Gedichtband »Zimmerlautstärke« erschienen ist, in der DDR wieder versuchen, Reiner Kunze als einen Gegner des Sozialismus und als verbitterten Querkopf hinzustellen, oder wird man merken, daß hier einer spricht, der vom Standpunkt sozialistischer Humanität aus Anspruch und Wirklichkeit in seinem Lande kritisch miteinander vergleicht?

Eines der neuen Gedichte Kunzes trägt den Titel »Gebildete Nation« und spielt damit an auf den lange Zeit in der DDR propagierten kulturpolitischen Slogan »Auf dem Wege zur gebildeten Nation«:

Gebildete Nation:

Peter Huchel verließ die Deutsche Demokratische Republik
(Nachricht aus Frankreich)

Er ging

Die zeitungen meldeten
keinen verlust

Der jetzt 69jährige Peter Huchel, den das DDR-Schriftstellerlexikon
noch 1967 »in die erste Reihe der deutschen Lyriker des 20. Jahrhunderts« gestellt hatte, lebte jahrelang in geistiger und physischer Quarantäne bei Potsdam, als »Staatsfeind« geächtet und überwacht. 1971
endlich hatte er, nach Intervention des PEN und durch die persönliche
Initiative Heinrich Bölls, in den Westen ausreisen können. Der Weggang des mit Reiner Kunze befreundeten Dichters war von der Presse
der DDR weder gemeldet noch kommentiert worden. Der Name Peter
Huchel wurde seit Jahren in der DDR totgeschwiegen – mit dem
Erfolg, daß sein Werk heute unter Schülern und Studenten der DDR
nahezu unbekannt ist. Dieses skandalöse Faktum – daß es sich nämlich eine auf Bildung erpichte Nation leistet, einen ihrer bedeutendsten Schriftsteller zu verschweigen und seinen Weggang nicht zu
diskutieren –, behandelt Kunze in seinem Gedicht, das in seiner
Aussage unangreifbar und in seiner Konfrontation von Anspruch und
Realität nicht zu widerlegen ist.
Derartige Gedichte machen deutlich, daß die Dinge, die Kunze be-
drücken, keine Ausflüsse privater Neurosen sind, sondern konkrete
Realität. Die diffamierende Behauptung, Kunze sei ein überängstli-
cher Psychopath, wird von interessierter Seite in der DDR verbreitet
und ist bedauerlicherweise auch gelegentlich schon in der Bundesrepublik nachgeplappert worden: so wurde etwa am 26. September 1970
in der »Frankfurter Rundschau« unwidersprochen Max Walter
Schulz mit seiner Behauptung zitiert, Kunze habe sich »als pathologischer Fall angstpsychologisch mit lyrischem und persönlichem Stacheldraht umgeben«. Bei derartigen Äußerungen sollte man sehr
hellhörig werden, könnten sie doch eine durchsichtige Methode sein,
die Öffentlichkeit auf eine mögliche künftige Zwangsbehandlung in
psychiatrischen Anstalten nach sowjetischem Vorbild vorzubereiten.
In Wirklichkeit trifft auch für Reiner Kunze zu, was Jean Améry so
formulierte: »Ich weiß, was mich bedrängt, ist keine Neurose, sondern die genau reflektierte Realität . . .«
Es ist nachweisbar unsinnig, das Bild eines verbitterten und psychopa-
thischen Reiner Kunze zu lancieren. In den drei letzten Jahren hat

Kunze die heiter-freundlichen Kindergeschichten des Buches »Der Löwe Leopold« und das Kinderbuch »Der Dichter und die Löwenzahnwiese« veröffentlicht. Seine bitteren – nicht verbitterten! – Gedichte stehen also in einem biographisch-literarischen Kontext, dessen Tenor Freundlichkeit und Humor ist. Und übrigens finden sich auch in dem neuen Band »Zimmerlautstärke« leichte, gelöste Gedichte, die durchaus keine Verbitterung zeigen.

Ferner: Verbitterung frustriert. Kunze aber hat in den vergangenen Jahren mehrere Bücher mit Lyrik und Übertragungen im Westen veröffentlicht, in westdeutschen Zeitschriften, Almanachen und Anthologien publiziert, hat Hunderte von Versen der Lyriker Illyés und Novomeský übersetzt, und er hat in der DDR auf zahlreichen Veranstaltungen vor Tausenden von Menschen, Studenten vor allem, gesprochen und aus seinen Arbeiten gelesen – freilich unter äußerst schwierigen Bedingungen für diejenigen, die Kunze einluden. All dies spricht für eine ungebrochene schöpferische Aktivität und straft all jene Lügen, die das Märchen von dem verbittert und resigniert im Thüringer Wald hockenden Dichter Reiner Kunze kolportieren.

Ein weiteres zentrales Thema neben der DDR-Wirklichkeit ist in Reiner Kunzes neuen Gedichten die Tschechoslowakei. Ein ganzer Zyklus unter dem Titel »wie die dinge aus ton« ist ihr gewidmet. Diesen Gedichten ist ein Zitat von Jean Améry vorangestellt: »Ohne das Gefühl der Zugehörigkeit zu den Bedrohten wäre ich ein sich selbst aufgebender Flüchtling vor der Wirklichkeit.«

Für Kunze, der mit einer tschechischen Ärztin verheiratet ist, sind die Bedrohten all die Freunde in der ČSSR, die sich seit dem 21. August, seit der Okkupation der Tschechoslowakei, immer stärkeren Repressionen unter dem Vorwand der »Normalisierung« ausgesetzt sehen. Kunzes Gedichte über die ČSSR sind nicht lyrische Argumentationen und Aggressionen eines Revisionisten, sondern Seismogramme der Erschütterung über das, was 1968 jenem Land angetan wurde, zu dem er besonders enge Beziehungen hat und dem er viel verdankt.

In den sechziger Jahren, als er in der DDR nur wenige Publikationsmöglichkeiten hatte, war Kunze ständiger Mitarbeiter tschechischer Zeitungen; viele seiner Gedichte erschienen zuerst auf Tschechisch im Druck. Kunze war häufig Gast von Kongressen in der ČSSR und konnte in Heimen des Tschechoslowakischen Schriftstellerverbandes zu Arbeits- und Erholungsaufenthalten sein. 1965 wurde er mit einem hohen Staatsorden ausgezeichnet, und im Frühjahr 1968 erhielt er den Preis für Nachdichtungen des Tschechoslowakischen Schriftstellerverbandes. Zahlreiche Rundfunksendungen und abendfüllende Veranstaltungen im »Theater der Poesie« stellten Kunzes Werk dem Publikum in der ČSSR vor.

Reiner Kunze hat, mit Erfolg, versucht, das Vertrauen der Tschechen für die jüngere deutsche Generation zu gewinnen – durch die eigene Lyrik, durch Nachdichtungen von Lyrik, Dramen und Hörspielen. In der ČSSR und in der DDR hat er viele Vorträge über die ČSSR-Literatur gehalten. Seine Mittlerrolle ist oft anerkannt worden, nicht nur offiziell, sondern auch von den Lesern und Kritikern.

Als einem subtilen Kenner der Verhältnisse war es Kunze also möglich, die Entwicklung in der ČSSR zu verfolgen. In seinen Gedichten spricht er als ein unmittelbar Betroffener – als ein Deutscher aus der DDR, deren Panzer in das Land seiner Freunde einrückten, als einer, der mitgeholfen hat, ein Vertrauen aufzubauen, das dann so jäh zerstört wurde. Dies erklärt die Intensität der Reflexion der Ereignisse im Jahre 1968 in Kunzes Dichtung, erklärt die Tiefe der Emotion. Das Gedicht »wie die dinge aus ton« beispielsweise spricht davon, wie der Glaube und das Vertrauen einer ganzen Generation endgültig zerbrochen worden ist. Es ist verständlich und nur logisch, daß Reiner Kunze – gerade als engagierter Sozialist – den Einmarsch in die Tschechoslowakei im August 1968 verurteilen muß. Nur nebenbei sei erwähnt, daß er sich damit in bester (auch kommunistischer) Gesellschaft – etwa der KP Italiens und Frankreichs – befindet. Hier sein Gedicht

»Der Weg zu Euch:

Es ist so leicht, den weg zu uns zu finden (Jan Skácel)

Es war so leicht den weg zu euch zu finden // Aus wolken und wäldern die / aus den nähten platzten fanden sie ihn / noch nachts // Über kimme und korn / kürzten sie ab, die tore standen / angelweit, verwunderung / bis an die schwellen // In der finsternis, die sie / vor sich herschoben, / verirrten sie sich // Sie richteten sich ein / auf den brücken // Und statt der achsen hörte man / im schlaf die menschen stöhnen // Nun ist es schwer den weg zu euch zu finden«

Schließlich noch zu einem weiteren Themenkomplex in der jüngsten Lyrik Reiner Kunzes: der Sowjetunion und dem Schicksal des Schriftstellers Alexander Solschenizyn. Solschenizyn gilt das Gedicht »8. Oktober 1970«, das sich auf das Datum bezieht, an dem Solschenizyn der Nobelpreis für Literatur zuerkannt wurde:

»Ein tag durchsichtig bis / Rjasan // Nicht verbannbar nach Sibirien // Die zensur kann ihn / nicht streichen // (In der ecke glänzt / das gesprungene böhmische glas) // Ein tag der die finsternis / lichtet //

Der ans mögliche erinnert: // Immer wieder einen morgen / auf sein gewissen nehmen«

In der DDR ist das Werk Alexander Solschenizyns niemals publiziert worden, und als dem russischen Romancier der Nobelpreis zuerkannt wurde, da verstand man das in der DDR nicht als eine hohe Auszeichnung für die sozialistische Literatur der Sowjetunion. Am 29. Oktober 1970 veröffentlichte das »Neue Deutschland« eine Erklärung des DDR-Schriftstellerverbandes, in der es heißt: »Wenn wir unseren guten Willen sehr bemühen, können wir die diesjährige Entscheidung der Schwedischen Akademie einen groben Irrtum nennen; was dann immer noch bleibt, ist die Wirkung ihres Schrittes: Er hat einer weitgespannten antisowjetischen und antisozialistischen Kampagne Vorschub gegeben; der Entspannung – und damit auch der Literatur, denn die eine gedeiht durch die andere – wurde ein übler Dienst erwiesen.«

Zu dieser Stellungnahme des Schriftstellerverbandes sagte Reiner Kunze damals in einem Gespräch: »Wenn Literatur durch Entspannung und Entspannung durch Literatur gedeiht – und ich wende mich gegen eine Entscheidung, durch die humanistische Literatur geehrt wird –, kann nur ich es sein, der der Entspannung und der Literatur einen üblen Dienst erweist . . . Und ›weitgespannte antisowjetische und antisozialistische Kampagne‹? Dagegen wüßte ich ein besseres Mittel, als Solschenizyn den Nobelpreis nicht zu verleihen. Ich würde seine Werke drucken. Allerdings nicht aus diesem Grund. Sondern der Wahrheit wegen. Denn Entspannung gibt es nicht ohne Wahrheit. Ohne Wahrheit gibt es höchstens Schein-Entspannung. Und Schein-Literatur.«

In der Nobelpreisverleihung an Solschenizyn sieht Reiner Kunze ein Ereignis, das »die finsternis lichtet«, das hilft, die Wahrheit über Solschenizyn und seinesgleichen sichtbar zu machen und damit die Barrieren einer sonst allmächtigen Zensur zu überwinden. Diese Preisverleihung signalisiert für Reiner Kunze eine Hoffnung – die Hoffnung, daß eine unheilvolle Vergangenheit bewältigt wird und es auch keine Zukunft mehr gibt für diese Vergangenheit, von der Kunze in seinem als Gespräch mit der Tochter angelegten Gedicht »nach der geschichtsstunde« spricht:

»Die damals, der / Tamerlan war der / grausam: zehntausende seiner gefangenen ließ er / binden an pfähle, mit mörtel und lehm / übergießen lebendig / vermauern // Tochter, die teilweise ausgrabung / jüngster fundamente / wird bereits / bereut«

In einer der drei kurzen Nachbemerkungen zu seinem Gedichtband

»Zimmerlautstärke« nennt Reiner Kunze das Gedicht einen Stabilisator, einen Orientierungspunkt des Ich; das Gedicht ist für ihn ein »akt der gewinnung von freiheitsgraden nach innen und außen«. Und er bezieht sich damit auf ein Zitat von Alexander und Margarete Mitscherlich, die schreiben, »daß es nicht leicht ist, Anweisungen des Kollektivs zu widerstehen, die bald Strafdrohungen sind, bald primitive Triebbefriedigungen enthemmen. Hier in kritischer Distanz zu bleiben, setzt Kaltblütigkeit, also einen hohen Grad stabiler Ich-Organisation voraus; noch schwerer ist es, die durch Kritik gewonnenen Einsichten dann auch als Richtlinien des Verhaltens beizubehalten.« Und zu seiner Bemerkung, daß Gedichte ebenso mißbrauchbar seien wie die Macht mißbrauchbar ist, zitiert Reiner Kunze Heinrich Böll: »Es gibt Künstler, Meister, die zu bloßen Routiniers geworden sind, aber sie haben – ohne es sich und den anderen einzugestehen – aufgehört, Künstler zu sein. Man hört nicht dadurch, daß man etwas Schlechtes macht, auf, ein Künstler zu sein, sondern in dem Augenblick, in dem man anfängt, alle Risiken zu scheuen.« Reiner Kunze gehört nicht zu den Künstlern, die das Risiko scheuen. Mit seinem Werk und mit seiner Existenz steht er ein für seine Überzeugungen und Erkenntnisse. Seinem Gedichtband »Zimmerlautstärke« hat er ein Wort von Seneca vorangestellt: ». . . bleibe auf deinem Posten und hilf durch deinen Zuruf; und wenn man dir die Kehle zudrückt, bleibe auf deinem Posten und hilf durch dein Schweigen.«

(aus: Deutsche Zeitung, Nr. 39, Stuttgart, 29. 9. 1972)

HANS EGON HOLTHUSEN

Der Verseschreiber Reiner Kunze, als Sohn eines Bergarbeiters 1933 im Erzgebirge zur Welt gekommen und neuerdings ansässig in der thüringischen Kreisstadt Greiz, gehört – wie Wolf Biermann und Robert Havemann – zu jenen politisch verfänglichen Autoren, die zwar in der DDR leben, dort aber nicht veröffentlichen dürfen, während der Westen, der sie druckt, aber nicht legal honorieren kann, in ihnen entweder die Opfer eines repressiven Regimes oder aber die Kronzeugen für das wachsende kulturelle Prestige eben dieses Regimes (oder auch beides zugleich) erkennen will. Kunze ist bei uns seit Ende der sechziger Jahre einigermaßen bekannt (1969 erschien sein

Gedichtband »Sensible Wege«, 1970 sein Märchenbuch »Der Löwe Leopold«), aber erst in jüngster Zeit, vor allem durch die neue, soeben vom S. Fischer Verlag veröffentlichte Sammlung »Zimmerlautstärke« ist sein künstlerisches und menschliches Format ganz deutlich geworden.

Wo ein Biermann trotz aller provozierenden Keckheit, mit der er seine Bonzenbeschimpfung betreibt, immer doch der systemimmanente Kumpel bleiben will, da sieht man den andern den Weg der Vereinzelung einschlagen, und zwar um jener Freiheit des Gedankens willen, die bei uns im Westen von sogenannten progressiven Intellektuellen gerne als spätbürgerlicher Ladenhüter denunziert wird. Man sieht ihn aufs Ganze gehen und Beobachtungen zu Papier bringen, die das System moralischerweise aus den Angeln heben: so daß es denn ein Ende hat mit der sozialistischen Gemütlichkeit und gründlich vorbei ist es mit dem ideologischen Mief, den der Biermann ja bis heute nicht losgeworden ist.

»Zimmerlautstärke«: Was will Kunze damit sagen? Dieser Titel scheint ein Programm zu enthalten: Absage an die Hypertrophie des Öffentlichen, die totale Vergesellschaftung der Angelegenheit Mensch, die der sozialistische Realismus verlangt hatte, und Rückzug, wenn das ein Rückzug ist, in diejenige Sphäre, die man die »private« nennen kann.

Schon in seinen frühen Gedichten (aus den fünfziger Jahren) hatte er, wiewohl im Thematischen und Formalen noch unsicher, zu verstehen gegeben, daß sein Enthusiasmus für politische Lebensordnungen sich in Grenzen hält. Seine Motive sucht er im persönlichen »Erlebnis«, zum Beispiel in einer für ihn epochemachenden Reise in die Tschechoslowakei (die zur Eheschließung mit einer tschechischen Zahnärztin führte); sein Stilwille orientiert sich an einem vorgefundenen Kanon des volkstümlich Schönen, aber auch des symbolträchtig Erlesenen: »Rose«, »Vogel«, »Wunde«, »Brunnen« sind Leitworte dieser Kunstübung. Mit der Liebe hat er es sehr ausgiebig (»Gedichte die mein Mädchen schwieg«), und die Liebe setzt er gegen den Verstand, gleichwie er – naiv, aber zwingend – das Bild der Rose ausspielt gegen die »Ordnung«. »Von einem brunnen weiß ich im süden mährens«: das ist die Erinnerung, mit der er 1961 in sein kahles Deutschland zurückkreist.

Neun Jahre später, in einem Gedicht zu Ehren Alexander Solschenizyns, findet sich der Passus: »In der ecke glänzt / das gesprungene böhmische glas«. Gesprungen – warum? Weil zwischen dem Damals von 1961 und dem Heute von 1970 der 21. August 1968 liegt, die

Zerstörung des Prager Frühlings, die Vergewaltigung der Tschecho-slowakei durch den sowjetischen Imperialismus.

Man muß diese beiden Stellen kontrapunktisch aufeinander bezie-hen: den mährisch-märchenhaften Locus amoenus, der jenseits der Grenzen des Gesellschaftlich-Politischen liegt, und die feine Glasme-tapher, die politische Betroffenheit erkennen läßt, Zorn und Schmerz. Dann begreift man, daß hier nicht ein unpolitischer Bruder Sorgenfrei sich hinter seiner poetischen Lizenz als Rosen- und Liebesdichter aus der Affäre zieht, sondern daß hier jemand versucht, das Öffentliche und das Persönliche miteinander zu vermessen, das heißt, auf öffent-liche Fragen persönliche Antworten zu geben und in der Zimmerlaut-stärke der Vox humana das Kriterium der Wahrheit zu finden.

Seine Sprache ist mit den Jahren immer »prosaischer«, wortkarger geworden, sie hat eine starke Dosis Brecht, späten Brecht in sich verarbeitet, hat jenen offenbar unumgänglichen Ausnüchterungspro-zeß durchlaufen, der auch in Westdeutschland in letzter Zeit bei so vielen verschiedenen Autoren zu beobachten war, daß man wohl von einer allgemeinen (»gesamtdeutschen«) Entwicklung sprechen darf. Das Ergebnis ist eine eigene, Kunzesche Version des Sinn- und Spruchgedichts, die allenfalls mit weniger als einem Dutzend Wörter auskommen kann. Diese lyrische Aphoristik will nicht mehr singen oder träumen, sondern: zeigen, Nachdenklichkeit artikulieren, Poin-ten setzen. Ihre geläufigste Spielart ist das dialektisch pointierte Bonmot, das mit vielsagenden Aussparungen arbeitet, das heißt, den Leser zur kritischen Mitarbeit herausfordert.

Das Muster ist auch bei uns im Westen wohlbekannt, denn hüben wie drüben gibt man sich ja heute mit Vorliebe dialektisch. Der Unter-schied liegt darin, daß diese Art von systemkritischer Zielübung bei uns billig zu haben ist und noch literarische Lorbeeren einbringt, drüben aber kostet es die »Existenz« (im doppelten Sinne): Man kann nicht veröffentlichen, lebt mehr oder weniger mittellos und ständig überwacht, muß sich von den Sicherheitsbehörden Dummheiten an den Kopf werfen lassen, muß für jeden mit einem westdeutschen Verleger unterschriebenen Vertrag Geldstrafe zahlen, und wenn dann die Belegexemplare kommen, werden sie vom Zoll nicht heraus-gegeben, weil es – so Kunze kürzlich in einem Interview mit dem westdeutschen Wochenblatt »Stern« – »wahrscheinlich gefährlich ist, wenn ich lese, was ich geschrieben habe«.

Der neue Band enthält vier Gruppen von Texten; die erste heißt »Monologe mit der Tochter« und zeigt den Autor in der Rolle des Vaters, der einem sehr jungen Menschenkind Auskunft gibt über die

64

Bedeutung von Worten, Erfahrungen, Situationen, die ohne ein gewisses Maß von kritisch-dialektischer Beschlagenheit nicht zu verstehen sind. Eine Art pädagogischer Kasuistik sieht man sich da entfalten, bezogen auf Situationen wie: »nach der geschichtsstunde«, »erster Brief der tamara a.«, »nach einer unvollendeten mathematikarbeit«, »siebzehnjährig«, »selbstmord« unter anderem: freundlich bis zärtlich im Ton, aber kühl und scharf durchdacht in der Sache, denn die politischen Druckverhältnisse, denen dieser Vater mit seiner Tochter ausgesetzt ist, erlauben keinerlei Fahrlässigkeit im Denken und Verhalten.

Die zweite Gruppe nennt sich – in Anlehnung an eine briefliche Äußerung des tschechischen Dichters Jan Skácel – »wie die dinge aus ton« und ist Überlegungen gewidmet, welche die schon erwähnte 68er Katastrophe der ČSSR betreffen, direkt oder indirekt (»Rußlandreise 1968«, »Rede auf Rußland«), jene mit sanft-grimmiger Ironie apostrophierte »Historische Notwendigkeit«, deren düsterer Sinn sich in zwei Worten zusammenfassen läßt: »also / panzer«. Der dritte Teil steht gewissermaßen im Zeichen des kritischen Vermittelns zwischen öffentlichen und persönlichen Angelegenheiten, er enthält ein paar höchst unzahme Xenien an die Adresse der Machthaber, dialektisch zugespitzte Solidaritätserklärungen für schreibende Zeit- und Leidensgenossen wie Biermann, Huchel und den verstorbenen Johannes Bobrowski, eine Szene mit den Eltern, Mitmenschliches aus erster Hand.

Den stärksten Eindruck machen mir diejenigen Stücke, in denen die ausgesprochen »kritischen« Denkschemata abgelöst und überspielt erscheinen durch poetische Figuren höheren Ranges: Bilder, Gleichnisse von jenem Zauber, durch den etwas Unableitbar-Ursprüngliches zu uns spricht. »Meditieren«, so behauptet (zum Beispiel) das Eingangsgedicht, sei folgendes:

»Gegen morgen / noch am schreibtisch sitzen, am hosenbein / einen nachtfalter der / schläft // Und keiner weiß vom anderen«

Das ist entzückend, ein Einfall von »japanischer« Delikatesse, aber wie kommt er darauf? Nicht durch das dialektische Kalkül. Merkwürdig auch das Gedicht »Grenzkontrolle«, vor allem dessen letzte vier Zeilen:

»Zwischen front- und heckscheibe des wagens / im blickfeld des wachturms: // mikroben unterm mikroskop // erreger mensch«

Hier allerdings ist der dialektische Impuls, wiewohl gleichsam absorbiert in der Bildkraft eines metaphorischen Volltreffers, nicht zu überhören, und hier erreicht die kritische Aggressivität des Autors sogar ihre äußerste Schärfe. Mit zwei Worten bezeichnet er das ganze

Ausmaß der im Namen des Sozialismus möglich gewordenen Selbst-
entfremdung der menschlichen Person: nicht zur »Ware«, sondern
zum Ungeziefer sieht sie sich degradiert. Diesen Mikrobenstatus des
Menschen umzudeuten in den Ehrenstand des mündigen Subjekts,
das aufgrund seines Freiseins von allen »Erregern« der erregendste
ist, das ist für Kunze die Aufgabe des Gedichts. »Das gedicht als
stabilisator«, so lautet eine seiner theoretischen Notizen am Schluß
des Bandes, »als orientierungspunkt eines ichs. Das gedicht als akt der
gewinnung von freiheitsgraden nach innen und außen.«
Letzte Frage: Freiheit in dieser Lage, was ist das? Es ist die Freiheit, die
aufdringliche Lebensordnung des Animal sociale auf sich beruhen zu
lassen und zum Beispiel in die elementare Schwärze des Waldes
unterzutauchen:
»Im ohr das rauschen der fichten: das tonband das / im kopf schrillt,
wird // gelöscht«
Es ist die Freiheit, »Zuflucht noch hinter der Zuflucht« zu suchen.
Zuflucht steht hier für das Begreifen von Sinn, der nun schlechter-
dings nicht mehr gesellschaftlich interpretiert werden kann: also
nicht einmal das »private« Gefühl, mit dem man einer Frau seine
Liebe beteuert, sondern etwa »dahinter«. So ist es in dem Vierzeiler
»Auf dich im blauen Mantel« nicht eigentlich die angeredete Elisabeth
als Person, die Zuflucht bietet, sondern ihre Epiphanie oder Signatur,
der blaue Mantel, der »alles« sagt:
»Von neuem lese ich von vorn / die häuserzeile suche // dich das blaue
komma das / sinn gibt«
Parallel dazu das Schlußgedicht: wieder ein Du, aber ein größeres,
wenn man will, ein noch geheimnisvolleres, und anstatt der Liebeser-
klärung haben wir die Situation des – Gebets. Der Name Gottes wird
zum ersten und einzigen Male genannt: Gott, der sich in einer
Regenlandschaft offenbart. Ihm gegenüber der sinnsuchende Men-
schensinn: »Herr, sag ich, es / regnet, was / soll man tun«. Das ist vor
dem allgemein geläufigen Problemhorizont der systemkritischen Ge-
sellschaftsspiele eine ganz unerhörte, eine beinah sensationelle Frage.
Eine Frage hinter dem Wortlaut des Fragens. Wie wird die Antwort
sein? Hier ist sie:
»Und seine antwort wächst / grün durch alle fenster«
Unerhört auch dieser Schlußeffekt, dicht verrätselt und vielsagend
wie jener schlafende Nachtfalter am Hosenbein, aber ein sanguini-
scher Ton von Hoffnung und Freiheit ist darin: Zuflucht hinter der
Zuflucht. Ein großartiges Finale.

(aus: Die Welt, Hamburg, 9. 11. 1972)

Das Motto, welches Reiner Kunze an die Spitze der Gedichte gestellt hat, die unter dem Titel »Zimmerlautstärke« erschienen sind, sagt (nach Seneca): ». . . bleibe auf deinem Posten und hilf durch deinen Zuruf; und wenn man dir die Kehle zudrückt, bleibe auf deinem Posten und hilf durch dein Schweigen.« Zwischen Zuruf und Schweigen – das ist der Ort dieser Gedichte.

Reiner Kunze stammt aus einer Arbeiterfamilie; er ist 1933 geboren in Oelsnitz, im Erzgebirge. In Leipzig studierte er Philosophie und Journalistik, wurde wissenschaftlicher Assistent; er verließ dann die Hochschule und arbeitete in einer Maschinenfabrik. Seit 1962 lebt er als Schriftsteller in Greiz, Deutsche Demokratische Republik, Kreis Gera. Er ist verheiratet mit einer Tschechin. Sein erster Gedichtband ist 1955 erschienen. Unter den Bänden, die folgten, haben besonders zwei dem Namen des Autors Gewicht gegeben: »Widmungen« (1965) und »Sensible Wege« (1969).

Durch den Band »Sensible Wege« ist ein Strafverfahren gegen Reiner Kunze ausgelöst worden. Fritz J. Raddatz teilt mit (in seinen »Materialien zur Literatur der DDR«), man habe Kunze wegen »Verletzung der sozialistischen Gesetzlichkeit« zu einer Geldstrafe von fünfhundert Mark verurteilt. Und weiter: aus einem vom Verlag Neues Leben vorbereiteten Bande mit Nachdichtungen zu Laszlo Nagy wurden Kunzes Beiträge herausgenommen: Kunze stimme mit den kulturpolitischen Zielen des Verlages nicht mehr überein. Was hätte man von dem Lyriker gern erfüllt gesehen? Im Zusammenhang mit der Sammlung »Lyrik der DDR« ist es gesagt worden: »Die Subjektivität der Lyrik bewährt sich nach unserer Ansicht in ihrer Wahrheit und Notwendigkeit. Auch das Schöne eines Gedichtes ist nur schön, wenn es zugleich wahr und gut ist, das heißt zur Verwirklichung des historisch Notwendigen beiträgt.«

Gefragt sind: »volksverbundene«, »realistische«, »aktiv parteiliche Gedichte«. Solcher Forderung hat Reiner Kunze nicht genügt – wie Wolf Biermann nicht, wie Peter Huchel nicht. Aber Reiner Kunze und seinesgleichen sind keine Feinde der Gesellschaft, in der sie leben; sie sind Kommunisten und möchten den Kommunismus in der Praxis so bereinigt sehen, wie er es in der Idee ist, die sie von ihm haben. So spricht einer aus Kunzes Generation, Volker Braun (geboren 1939 in Dresden), für die meisten andern, wenn er sagt: »Wir schreiben nicht mehr gegen die bestehende Gesellschaft, sondern für sie, für ihre immanente Veränderung.« Der Schreiber hat in seinem Schreiben

Anteil am Heranwachsen der sozialistischen Gesellschaft zu sich selbst. In manchen Fällen artikuliert sich dieses Anteilhaben als Kritik, als Widerstand. Werner Brettschneider sagt (»Zwischen literarischer Autonomie und Staatsdienst«) »... Die Generation derer, die als junge Menschen in den sozialistischen Staat hineinwuchsen und das Neue als das Ihre mit Enthusiasmus begrüßten, ist, zur Enttäuschung der führenden Alten, welche diesen Staat unter Schmerzen schufen, zu einem kritischen Selbstbewußtsein erwacht, sieht sich in gesellschaftliche Zwänge und Forderungen verstrickt und setzt sich zur Wehr ...« Die Generation setzt sich aber nicht gegen, sondern für den sozialistischen Staat zur Wehr. Was damit an Qual des Denkens und an Trauer verbunden ist, in was für Listen sich die Heiterkeit und der Scherz da begeben: an manchen Gedichten aus der Deutschen Demokratischen Republik ist es abzulesen. Auch an Gedichten Reiner Kunzes – an diesem Reden zwischen Zuruf und Schweigen.

Die erste Gruppe der Gedichte Reiner Kunzes in der Sammlung »Zimmerlautstärke« ist überschrieben: »monologe mit der tochter«. Monolog heißt Selbstgespräch; Monolog mit jemandem – Selbstgespräch mit jemandem: ich rede vor mich hin, und dieses Vor-mich-hin-Reden ist ein Anreden, doch das Gegenüber, das ich anrede, ist leibhaft nicht da. Selbstgespräch mit jemandem ist das Lautwerden – nicht der Einsamkeit, sondern des Schlimmeren: des Alleinseins. Das Anreden ohne leibhaftes Gegenüber ist ein Laufen durch maßlose Entfernungen.

»monologe mit der tochter«; ob Tochter oder Sohn, das ist so nicht wesentlich; Tochter oder Sohn stehen für ein Dasein, welches von mir ausgeht und von mir am gründlichsten mitbestimmt ist – das mir Nächste. Und Selbstgespräch mit dem mir Nächsten, das macht das Alleinsein durch den Anschein der Vertraulichkeit schlimm.

Das erste Stück in der Reihe »monologe mit der tochter« heißt »meditieren«:

»Was das sei, tochter? // Gegen morgen / noch am schreibtisch sitzen, am hosenbein / einen nachtfalter der / schläft // Und keiner weiß vom anderen«

In diesem Gedicht sind die Leerzonen redend: zwischen dem Titel »meditieren« und der erinnerten Frage »was das sei, tochter?« ist die gegenwärtige Frage des Kindes »Was ist das, Meditieren?« Hat das Kind aber so gefragt, so daß man die Frage erinnernd wiederholen kann? Oder fragt man sich selber so und wünscht sich ein Gegenüber, das die Frage hörte und ihr ein Ziel, einen Sinn gäbe? Das alles ist in den Leerstellen des Gedichtes untergebracht. In der Nacht sind die

Gedanken wach mit einem und um einen gewesen; da der Tag näher kommt, da die Leute aufstehen, da der eine dem andern zum Gegenüber werden könnte: da verweigern die Gedanken den Flug – sie haben sich beim Suchen des andern erschöpft. Auch der Denkend-Sinnende und seine Gedanken haben sich aneinander erschöpft – »und keiner weiß vom andern«.

Der Schluß ist die Antwort auf den Anfang: Meditieren? Das ist nicht nur ein Fördern, sondern auch ein Aushalten der weiteren Erfahrung, daß keiner vom andern weiß: wie sehr er sucht, wie sehr er wartet.

Das Gedicht »meditieren« ist in seiner Bildlichkeit nicht metaphorisch entworfen; aber das Reden in seinen Leerstellen setzt der Bildlichkeit zu und macht sie metaphorisch durchlässig; im Einfachsten sinnreich.

Zu den Gedichten »monologe mit der tochter« gehört auch »nach der geschichtsstunde«:

»Die damals, der / Tamerlan war der / grausam: zehntausende seiner gefangenen ließ er / binden an pfähle, mit mörtel und lehm / übergießen lebendig / vermauern // Tochter, die teilweise ausgrabung / jüngster fundamente / wird bereits / bereut«

Da braucht die Sprache Zeit, bis sie sich findet und sagen kann, was gesagt sein will. »Die damals, der / Tamerlan war der / grausam«: die Wörter erscheinen herumgejagt; sie suchen verstört ihre Stelle im Satz, in der Zeile; sie laufen am Doppelpunkt auf, ergießen sich breit in die Mitteilung. Ein Wort scheint sich, Halt suchend, nach dem anderen umzusehen (das eine »lebendig« ist rückwärts und vorwärts gebunden, an »übergießen« und an »vermauern«). Mehr und mehr versickert dann die Sprache im Schrecken, bis auf den Rest »vermauern«, und danach ganz. Ein Zurückweichen ins Schweigen. Dasselbe Zurückweichen zeigt die Sprache in der Schlußgruppe des Gedichtes, nun aber kein Zurückweichen vor dem Gräßlichen des Damals, sondern ein Zurückweichen nach dem Blick auf »jüngste fundamente«, nach dem Einblick in den Grund, auf dem man steht. Im Schriftbild des Gedichtes sind keine graphischen Machenschaften; das Schriftbild selbst entspricht dem Gestus der im Schrecken versickernden Sprache.

Von Schrecken reden die Gedichte Reiner Kunzes in »Zimmerlautstärke«, nicht aber vorsichtig, sondern unverhüllt in der kritischen Zone des Leidens zwischen Zuruf und Schweigen. Von was für Schrecken? Es gibt nur den einen, in welchem alle andern zusammenlaufen: der Schrecken darüber, daß das redende Ich in seiner Einzigkeit von der Gesellschaft nicht nur nicht verstanden, sondern abgelehnt, ausgestoßen und in die Innerlichkeit verbannt werden könnte –

damit es sich dort verzehre, ohne Beziehung zur Gesellschaft, für die es doch denkt und wirkt. Dahin gehören Sätze eines Mannes aus der Generation vor Reiner Kunze, Sätze René Schwachhofers: »Nichts kann ich euch bieten / als den mageren Sand / meiner Worte – / mit Wünschelruten / geht ihr / durch meine Wüste. / Ich aber bin / unendlich und / hoffnungslos. / Nichts kann ich euch bieten / als den Durst und / den mageren Sand meiner Worte.«

Aber die Generation Reiner Kunzes reklamiert nicht nur Integration in die sozialistische Gesellschaft, sie reklamiert Integration in die Welt. »Es lebe das Weltbild« – Reiner Kunze sagt es bitter; in der Bitterkeit scheinen die Wörter wider von Trauer, Sarkasmus, Enttäuschung und Hoffen. »Weltbild«, das heißt: Summe erfahrener Gegenden und gefundener Menschen. Und »Weltbild« heißt: Weltanschauung, in System und Dogma gefangenes Denken, welches einen hindert, jene Welt zu gewinnen; Denken, durch Vor-Entscheidungen behindert. Davon redet Reiner Kunze im Gedicht mit dem Titel »siebzehnjährig«:

Wir sind jung / die welt ist offen (lesebuchlied)
»Horizont aus schlagbäumen // Verboten / der grenzübertritt am bildschirm ein bild / von der welt sich zu machen es lebe / das weltbild // Bis ans ende der jugend // Und dann?«

Reiner Kunzes Texte in der Sammlung »Zimmerlautstärke« lassen einen nachprüfen, was das heißt: »Gedicht als stabilisator, als orientierungspunkt eines ichs.« Und was das heißt: »Gedicht als akt der gewinnung von freiheitsgraden nach innen und außen.« Reiner Kunzes Texte sind nicht nur bedeutende Meldungen aus der Literatur der Deutschen Demokratischen Republik; es sind Beispiele von Zeitgenössischem, das über seine Daten hinausweist. Kunst des verbindlich redenden, des geprüften und prüfenden Menschen.

(aus: Neue Zürcher Zeitung, Zürich/Schweiz, 18. 2. 1973)

Weitere Rezensionen zu »Zimmerlautstärke« in:
Nürnberger Nachrichten, Nürnberg, 7. 9. 1972 (Yaak Karsunke) – Stern, Nr. 40, Hamburg, 24. 9. 1972 (anonym, Manfred Leier) – Rheinischer Merkur, Nr. 39, Köln, 29. 9. 1972 (Hans-Jürgen Heise) – Stuttgarter Zeitung, Stuttgart, 21. 10. 1972 (Uwe Herms) – Frankfurter Allgemeine Zeitung, Frankfurt/M., 11. 11. 1972 (Helmut Scheffel) – Neue Rundschau, Nr. 4, Frankfurt/M. 1972 (Hans-Dieter Schäfer) – Deutschland Archiv, Nr. 11, Köln, November 1972 (Hans-Dietrich Sander) – Deutsches Allgemeines Sonntagsblatt, Nr. 3, Hamburg, 21. 1. 1973 (Bernt Richter) – Die Zeit, Nr. 9, Hamburg, 23. 2. 1973 (Jost Nolte) – Neue Westfälische, Bielefeld, 10. 3. 1973 (Walter Neumann) – Süddeutsche Zeitung, München, 21./22. 4. 1973 (Barbara Bondy) – Westermanns Monatshefte, Nr. 5, Braunschweig, Mai 1973 (Peter Jokostra) Frankfurter Allgemeine Zeitung, Frankfurt/M., 4. 12. 1976 (Hans Mayer).

JÜRGEN P. WALLMANN
Gespräch mit Reiner Kunze

Wie fühlt sich ein Schriftsteller in der DDR, der nur noch im Ausland gedruckt wird?

Ich schreibe nicht für eine bestimmte Gruppe von Menschen. Wenn ich durch mein Schreiben Menschen helfe, bestimmten Dingen gegenüber eine Haltung zu gewinnen, so ist es für mich ein glücklicher Umstand. Reaktionen, die ich aus der BRD und aus dem Ausland erhalte, deuten darauf hin, daß es auch dort Menschen gibt, für die meine Bücher nicht völlig ohne Belang sind. Die Dinge, hinter die ich schreibend kommen möchte, sind den Menschen in der DDR aber näher. Deshalb bedaure ich sehr, daß ich meine Bücher vorerst nur noch in der BRD und im Ausland publizieren kann.

Wie wirkt sich der Boykott gegen Sie heute in der DDR aus?

In der »Frankfurter Rundschau« hieß es, von mir würden in Kürze zwei Bücher in der DDR erscheinen. Dafür gibt es im Augenblick noch keine konkreten Anhaltspunkte. Es gibt vorerst nur allgemeine Gespräche mit offiziellen Stellen, die bisher fast keine Auswirkungen hatten. Allerdings gibt es Anzeichen dafür, daß man derzeit besondere Härte vermeiden möchte.

Eines Ihrer neuen Gedichte gilt Solschenizyn. Kann man sich als Schriftsteller in der DDR mit diesem Autor in fairer Weise auseinandersetzen?

Sie wissen, daß Solschenizyns Werke in der DDR nicht publiziert werden. Ich halte es aber nicht nur für ein Recht, sondern für die Pflicht eines jeden Schriftstellers, in das Gespräch hineinzuhören, das die bedeutenden Geister seiner Zeit miteinander führen. Niemand wird Ihnen in der DDR verbieten, ein Buch von Solschenizyn zu lesen . . .

. . . wenn er eines in die Hand kriegt.

Das ist Sache eines jeden einzelnen.

Solschenizyn ist in der UdSSR aus dem Schriftstellerverband ausgeschlossen worden. Das kommt einer Ächtung gleich. Wie groß ist Ihr Risiko, wenn Sie einem solchen Schriftsteller ein Gedicht widmen?

Man wird nicht dadurch ein schlechter Autor, daß man einmal ein

71

schlechtes Buch schreibt, sondern wird es in dem Augenblick, da man beginnt, jedes Risiko zu scheuen, wie Heinrich Böll einmal sagte.

Dennoch müssen Sie Ihr Risiko kalkulieren. Wo ist die äußerste Grenze?

Ich bin zu vielen Kompromissen bereit, solange sie nicht an die Substanz gehen. Solschenizyn hat Furchtbares erlebt, und ein Mensch ist nur bis zu einem gewissen Grade psychisch und physisch belastbar. Ich habe Sorge um den Menschen Solschenizyn. Ihm in seiner jetzigen Situation keine Solidarität erweisen zu wollen, würde an die Substanz gehen.

(aus: Die Tat, Zürich/Schweiz, 14. 10. 1972)

FRANÇOIS BONDY
Exportliteratur

Die DDR exportiert zweierlei Literatur: solche, deren Erscheinen sie im eigenen Staat zuläßt – etwa die Romane Hermann Kants –, und solche, die ihrer Zensur zum Opfer fällt, deren Publikation in der Bundesrepublik sie jedoch gestattet. Hier ist die ältere Generation mit Stefan Heym vertreten – sowohl sein Defoe-Buch »Die Schmähschrift« wie sein »König David Bericht« ist nur im Westen zugelassen; die jüngere der etwa Vierzigjährigen durch einige der besten Autoren, Reiner Kunze, Volker Braun, Günter Kunert, Wolf Biermann, um nur einige bedeutende Namen zu nennen. Hier wiederum ist ein Unterschied zu machen. Es gibt Autoren, von denen Werke, Aufsätze, Gedichte in der DDR erscheinen, während andere Ausfuhrgut bleiben, und Autoren wie Biermann nur im Westen gedruckt werden.
Über das Schicksal von Gedichtbänden Reiner Kunzes und eines bedeutenden Erzählbandes von Volker Braun – der erstgenannte bei S. Fischer, der zweite bei Suhrkamp erschienen, hat Fritz J. Raddatz öfter und unlängst Jürgen P. Wallmann in den »Neuen Deutschen Heften« ausführlich berichtet. Reiner Kunze, Sohn eines Grubenarbeiters aus dem Erzgebirge, also so proletarisch und volkseigen, wie nur ein Schriftsteller im Sozialismus sein kann, wird zuweilen der »Solschenizyn« der DDR genannt. In Kunzes Gedichtband »Zimmerlautstärke« steht folgendes Gedicht:

»Dann die / zwölf Jahre / durfte ich nicht publizieren sagt / der mann im radio // ich denke an X / und beginne zu zählen«

Volker Braun hat seine Solidarität mit Kunze in einem Gedicht namens »R« bekundet, das 1965 auch in einem Band in Halle erschienen war. In einer neuen Anthologie, die beim DDR-Reclam in Leipzig 1972 erschienen ist, war die Widmung an Reiner Kunze gestrichen, und sogar der Titel »R« wurde – so berichtet Wallmann – durch den Titel »Einer« ersetzt. Nunmehr ist aber auch dieser Bericht zu ergänzen, denn inzwischen sind einige Gedichte des »Verfemten« in Ostberlin erschienen, und in einem Kommentar wurde erwähnt, man müsse einen Dichter wie Kunze gar nicht erst vorstellen. Auf sowjetische Verhältnisse übertragen hieße das etwa: Solschenizyns Romane erscheinen im Westen, aber auf einmal sind wieder kurze Texte von ihm in »Novy Mir« zu lesen, und in einem Kommentar der »Literatnaja Gazeta« stünde: »Solschenizyn muß unseren Lesern nicht erst vorgestellt werden.« Gegenwärtig können wir uns eine solche Wende der sowjetischen Kulturpolitik nicht vorstellen; das bestätigt, wie differenziert wir die Problematik der Zensur in jedem Oststaat einzeln untersuchen müssen.

Bemerkenswert, daß die Westveröffentlichung verbotener Bücher nicht nur »toleriert«, sondern durch die DDR-Instanzen abgewickelt wird. Gebüßt werden nur jene Schriftsteller, die diese Instanzen umgehen, etwa ein Gedicht mehr in einen Band geben, als zuvor angemeldet. Die Zusammenarbeit kann noch enger sein, wie bei Brechts »Arbeitsjournal«, das im Ostberliner Brecht-Archiv vorbereitet worden ist. Wird dieses bedeutende Zeugnis in der DDR überhaupt erscheinen?

Diese Kulturpolitik hat zwei Gesichter: Einmal kann es für Sozialisten wie Braun und Kunze demütigend sein, daß sie vor allem im »kapitalistischen Deutschland« erscheinen. Sodann aber muß man ihre Lage mit derjenigen anderer Schriftsteller des Ostens vergleichen, die kein »zweites Land« in der eigenen Sprache als Hintergrund haben. Dann erkennen wir, daß die DDR-Autoren mit Zensurschwierigkeiten von ihren Kollegen anderer sozialistischer Staaten beneidet werden können. Wünschenswert bleibt allerdings, was Heinrich Böll beim Erscheinen von Stefan Heyms letztem Buch formuliert hat: daß die von der ganzen Welt anerkannte Literatur der DDR endlich von der eigenen Regierung anerkannt werde.

(aus: Die Weltwoche, Nr. 8, Zürich, 21. 2. 1973)

Kein Preis
für Opposition
München 1973

Bayerischer Akademie-Preis für Reiner Kunze

Die Bayerische Akademie der Schönen Künste hat ihren diesjährigen Literaturpreis, der mit 8000 Mark dotiert ist, dem in der DDR lebenden Lyriker Reiner Kunze verliehen. Kunze wurde in Oelsnitz, Erzgebirge, als Sohn eines Bergarbeiters geboren.

Reiner Kunze ist ein großer, der Sprache und der Gesellschaft gegenüber verantwortlicher, sensibler Lyriker und Schriftsteller. Die ideologische Literaturpolitik der DDR machte ihn leider zum »Fall«. Allerdings, so wurde am 13. März 1972 vom stellvertretenden DDR-Kulturminister Bruno Haid auf eine Journalistenfrage, ob das über Kunze in der DDR verhängte Publikationsverbot aufgehoben sei, geantwortet, gäbe es für Kunze »unter Umständen gewisse Möglichkeiten«. Doch sei ein »Minimum an staatsbürgerlicher Grundhaltung« zu verlangen. Haid erklärte: »Wir wünschen nichts mehr, als daß Kunze in unserem Sinne in Verlagen der DDR publiziert.«

Nun hatte Kunze bis 1968 ja alle seine Manuskripte durchaus zuerst den DDR-Verlagen angeboten – bis man ihm mitteilte, sein Name werde in der DDR nicht mehr gedruckt, und die Verträge mit ihm annullierte. (Genaueres darüber in Jürgen P. Wallmanns sorgfältigem Aufsatz: »Der Fall Reiner Kunze«, Neue Deutsche Hefte 136, Jahrgang 19.) Das heißt, einerseits hatte man dem Autor Reiner Kunze, nach Erscheinen des Kinderbuchs »Der Löwe Leopold« – für das Kunze übrigens den »Deutschen Jugendbuchpreis 1971« erhielt –, bedeutet, dieses Buch sei »antisozialistisch«, andererseits warf man ihm vor, er habe es dem S. Fischer Verlag angeboten, obwohl es, so Bruno Haid, auch in der DDR Chancen gehabt hätte, wenn es dort angeboten worden wäre. Das DDR-Büro für Urheberrechte – und damit also das Kulturministerium Bruno Haids – verurteilt also einen Autor und räumt ihm dann nachträglich Chancen fürs eben noch verurteilte, nur leider im Westen angebotene Produkt ein?

Wenn solche Schikanen einen Unbegabten träfen, dann (und das ist natürlich ungerecht, denn auch Unbegabte haben ein Recht auf Gerechtigkeit) würde man wahrscheinlich von alledem gar nichts erfahren. Nur: Kunze ist ein großer Autor. Ein Schriftsteller freilich, von dem die »Frankfurter Rundschau« weiß, er habe sich »als pathologischer Fall angstpsychologisch mit lyrischem und persönlichem Stacheldraht umgeben« (so Walter Schulz am 26. September 1970; zitiert nach Jürgen P. Wallmann). Denn es gibt ja keine realen Gründe für Angst und Pathologie ausgerechnet in der DDR. Kunze wagt es, sich zu wehren. Es gibt von ihm, im Gedichtband »Zimmerlautstärke« kann man es nachlesen, die folgende lakonische Zusammenfassung in dem Gedicht »Auf einen Vertreter der Macht oder Gespräch über das Gedichteschreiben«:

»Sie vergessen, sagte er, wir haben / den längeren arm //dabei ging es / um den kopf«

Wirklich zu hoffen wagt dieser Künstler, und das ist wieder typisch für einen pathologischen Fall angstpsychologischen Stacheldrahtziehens, merkwürdigerweise nicht. Dabei hatte er doch nur Pech mit der Post, schrieb aber gleichwohl in dem Gedicht »Nach dem ersten verlorengegangenen Brief im neuen Jahr« (für Heinz Piontek):

»Wie das mißtrauen überfliegen? // Brieftauben? // Man würde den himmel mit netzen bespannen / Man würde den himmel mit leim bestreichen / Man würde die sonne löschen im meer // Für die sicherung der macht / auch ewige finsternis!«

Der Preis der Bayerischen Akademie ist an einen Würdigen, einen Tapferen gefallen, an einen Künstler, dessen Ansehen dieser Preis hoffentlich stärkt und dessen unnachgiebige Hoffnung er hoffentlich beflügelt. SZ

(aus: Süddeutsche Zeitung, München, 14. 3. 1973)

HANS EGON HOLTHUSEN
Laudatio auf Reiner Kunze

In Reiner Kunze ehrt die Akademie einen Lyriker, der seinen geschichtlichen Standort als Bürger der DDR nicht nur nicht verleugnet, sondern auf freimütige Weise zum Thema gemacht hat. Dieser Dichter hat uns gezeigt, daß es möglich ist, mit unbeirrbarer Konsequenz den Weg der Vereinzelung zu gehen und eben dadurch der Pflicht zu mitmenschlicher Solidarität gerecht zu werden. Hatte er sich in seinen Anfängen an einem vorgefundenen Kanon des volkstümlich Schönen und symbolisch Erlesenen orientiert, so ist seine Sprache mit den Jahren immer sachlicher, präziser und trockener geworden und hat unter dem Einfluß des späten Brecht und anderer zeitgenössischer Meister einen Ernüchterungs- und Verknappungsprozeß durchlau-

fen, der für seine ganze Generation sowohl in West- als auch in
Ostdeutschland charakteristisch ist. Mit der von ihm entwickelten
Spielart des Sinn- und Spruchgedichts, die nicht nur dialektischen
Scharfsinn, sondern auch ein außerordentliches Maß an moralischer
und intellektueller Entschiedenheit, an Wahrhaftigkeit und Leidens-
fähigkeit erkennen läßt, hat er aber die meisten seiner Altersgenossen
übertroffen und es zu einer Art von repräsentativer Bedeutung gebracht. In dem 1972 erschienenen Band »Zimmerlautstärke« erscheint das Gedicht, um mit des Autors eigenen Worten zu sprechen,
als ein »Akt der Gewinnung von Freiheitsgraden nach innen und
außen«. Hier wird versucht, das Öffentliche und das Persönliche
miteinander zu vermessen, d. h. auf öffentliche Fragen persönliche
Antworten zu geben, aber auch dem stummen Zuspruch der Dinge
Gehör zu verschaffen und dem Numinosen, das aus ihnen spricht,
Verehrung zu erweisen.

(Ansprache vom 5. 7. 1973. Nach dem Manuskript gedruckt)

REINER KUNZE
Kunst ohne Kompromiß

Opposition, verstanden als starre Gegenhaltung, die es sich nicht
leisten kann, sich durch Staunen verunsichern zu lassen, und die das
Wenige an Objektivität, dessen der einzelne fähig ist, häufig unmöglich macht, ist poetischem Denken immer abträglich. Da unsere Zeit
jedoch zu politischen Allergien inkliniert und sich diese auf die Chancen, in der Welt ein wenig mehr Vernunft durchzusetzen, verhäng-
nisvoll auswirken können, bitte ich Sie, klarstellend sagen zu dürfen:
Für mich gibt es in der Kunst, im Kunstwerk, keine Kompromisse.
Wenn also in meinen Gedichten nicht nur von Licht die Rede ist, das
die Fenster nachts nicht verschweigen müssen, sondern auch von
Finsternis, die nicht verschwiegen werden darf, von Finsternissen in
jenem Teil der Welt, der auch mein Teil der Welt ist, so können nur
Poesieunkundige annehmen oder Böswillige unterstellen, ich schrie-
be aus Opposition. Meine Damen und Herren, die es angeht: Diese
Gedichte entstehen nicht, weil ich – wie es des öfteren heißt – ein
Oppositioneller bin, sondern sie entstehen, weil ich ein Schriftsteller
bin oder mich zumindest bemühe, im Rahmen meiner Fähigkeiten
und Möglichkeiten das zu tun, was nach meiner Meinung ein Schriftsteller tun sollte. Diese Gedichte entstehen, weil ich eben dort – und

dieses ›dort‹ weist über die Grenzen der DDR hinaus – von meinem Herzen investiert habe. (Vielleicht wird dem einen oder anderen das Wort ›Herz‹ pathetisch klingen. Ich meine das Organ in seiner Sezierbarkeit und seine Funktion, die sich an Elektrokardiogrammen ablesen läßt.) Und: Diese Gedichte entstehen, weil nicht nur ich dort von meinem Herzen investiert habe, sondern weil vor allem viele andere Menschen von sich selbst investieren, Menschen, die ich kenne oder auch nicht kenne, deren Energie sich mir aber als menschliche Wärme mitteilt. Um es anders zu sagen: Hier nimmt kein Oppositioneller einen Preis für Opposition entgegen, sondern ich habe die große Freude, als Schriftsteller den Literaturpreis der Bayerischen Akademie der Schönen Künste entgegennehmen zu dürfen, so, wie er gemeint ist, und ich danke mit einer Bewegtheit des Herzens, der zumindest die Internisten beider deutscher Staaten ihre Zustimmung nicht versagen könnten.

(aus: Frankfurter Allgemeine Zeitung, Frankfurt/M., 12. 7. 1973)

CURT HOHOFF
Jedes Wort steht allein. Begegnung mit Reiner Kunze

Die Ansprache vom Vormittag hatte einen schwer beschreibbaren Eindruck hinterlassen. Da stand auf dem Podium Reiner Kunze, Empfänger des Literaturpreises der Bayerischen Akademie der Schönen Künste. Vor ihm hatte Hans Egon Holthusen als Präsident den Jahresbericht der Akademie gegeben; nach ihm sprach Adolf Portmann über »Grenzen des Wachstums«. Kunze sprach nur drei Minuten lang, sechs oder sieben Sätze. Er dankte für den Preis. Aber man spürte in seinen wenigen, freundlich-höflichen Sätzen einen harten Kern, etwas Unüberwindbares. Dieser Kern, das »Herz«, von dem er sprach, ist offenbar auch die Mitte seines Schaffens. Er schreibt nicht nur für ein In- oder Ausland, nicht für das Publikum oder für die Sterne, sondern für sich selbst . . . Seine Opposition, so ließ er durchblicken, sei keine Gegenhaltung, sondern Kompromißlosigkeit.
Im Gespräch mit Kunze verstärkt sich unser erster Eindruck. Er ist mit seiner Frau aus der DDR gekommen. Die Verleihung des Preises war im März bekanntgegeben worden, und man war gespannt gewesen, ob Kunze nach München kommen könne – ob er kommen dürfe. Er hatte also gedurft, sogar mit seiner Frau. Sie haben ein Kind, und das bleibt dort, das Kind ist das Pfand.

Wenn Kunze spricht, tritt ein dunkler Schimmer in die Augen, im Ton zittert Erregung. Kunze ist 40 Jahre alt. Als Huchel die DDR verlassen durfte, schrieb Kunze ein Gedicht in drei Zeilen:
»Er ging // Die zeitungen meldeten / keinen verlust.«
Die Überschrift des Gedichtes heißt »Gebildete Nation«.
Kunze erzählt wenig, und er braucht uns nichts zu erzählen. Auf die Frage, wovon er lebe (denn von Lyrik und ein paar Kindermärchen kann man auch dort nicht existieren), wirft er seiner Frau einen Blick zu: Sie ist Ärztin!
Das erinnert mich an jenes »Blaue, Blaue, das Sinn gibt«. Mit Übersetzungen könne er auch dort genügend verdienen, meint Kunze. Seine Artikulation ist deutlich und sorgfältig, zugleich frei und ohne Spur von Mißtrauen, so daß man sich der Gedichte erinnert: »Was machst du, fragt gott«. Die Antwort: »Herr, sag ich, es / regnet, was / soll man tun«.
Die Skelettierung der Mitte gibt Kunzes Spruchgedichten den Charakter sprachlicher Skulpturen. Und so wirkt auch der Mann, fest und dicht bei aller Freundlichkeit und Zartheit seiner Natur.
Jedes Wort steht da wie ein Block, eins getrennt vom anderen, und jedes erfüllt mit Gegenwart. Seine Gedichte sind ein Gegensatz zur melodischen Lyrik. Ihre Instanz ist das Gewissen, dieses »Gott helfe mir. Hier stehe ich und kann nicht anders«, das dem »Internisten« nicht fremd ist. Diese Vokabel hatte Kunze vormittags, als er vom »Herzen« des Schriftstellers sprach, benutzt, und jeder verstand sie.
Kunze wehrt sich gegen das Schema. Er spricht von Finsternissen, die man nicht verschweigen darf. Er stellt das Radio auf »Zimmerlautstärke« – das ist der Titel seines letzten Gedichtbandes. Zimmerlautstärke hatte im Dritten Reich einen ähnlichen Nebensinn, wie er ihn drüben heute noch hat. Jene Zeit dauerte 12 Jahre, während es jetzt heißt: »Ich denke an X / und beginne zu zählen«. Ein Ende ist nicht in Sicht.
Über Politik wird nicht gesprochen. Ihre Vordergründe sind allen klar. Das Volk ist nicht so dumm, wie es verkauft werden soll. Jedoch: »Nichts / währt / ewig.« Da man die Worte liest wie Kunze, alle drei mit großen Abständen, begreift man die panische Angst der Funktionäre vor einer freien Literatur und begreift, warum Kunze durch einen Preis wie diesen drüben gestärkt wird. Der Schutz westlichen Ruhms, wie bei Solschenizyn, zügelt immerhin die politische Triebbefriedigung.

(aus: Die Welt, Hamburg, 7. 7. 1973)

KARL CORINO
Gespräch mit Reiner Kunze

Seit vielen Jahren können Sie erstmals wieder in den Westen reisen.
Worauf führen Sie es zurück, daß Sie jetzt nach München kommen
konnten?

Erstens darauf, daß ich in den Jahren, in denen ich nicht in den Westen
reisen durfte, einflußreiche Verleger, hervorragende Lektoren, ausgezeichnete Übersetzer und viele Freunde hatte, denen ich die Ehre
verdanke, heute den Mitgliedern der Bayerischen Akademie der
Schönen Künste bekannt zu sein. Zweitens darauf, daß die Öffentlichkeit eine Instanz ist, die unter bestimmten Umständen nicht auf die
Dauer ignoriert werden kann. Drittens darauf, daß solche Umstände
nicht nur Ergebnisse weltpolitischer Konstellationen sind, also Folgen
von Sach- oder Machtzwängen, sondern auch von Menschen geschaffen oder gefördert werden. Ich weiß in der DDR neuerdings Menschen, die gewiß nicht nur aus Zugzwang, sondern mit aufrichtigem
Engagement das ihnen Mögliche tun, um eine für die Kunst günstigere Atmosphäre zu schaffen, und in der Kompetenz dieser Menschen
hatte es gelegen, unsere Reise nach München zu genehmigen.

Sie sagten »günstigere Atmosphäre«. Beziehen Sie das »günstiger«
nur auf die Vergangenheit, oder ist es eine Relativierung an sich?

Es ist auch eine Relativierung an sich. Eine Atmosphäre ist ebensowe-
nig nur von administrativen Entscheidungen abhängig, wie sie nur
von der Intensität des Bedürfnisses nach geistiger Offenheit, Sensibilität, Mut, Ehrlichkeit usw. abhängig ist. Da gibt es viele Bedenken,
Befürchtungen, Verdächtigungen, Mißverständnisse und Ängste –
vom Mangel an Kunstverstand ganz zu schweigen. Und es gibt den
mehr oder weniger geschickt getarnten Widerstand derer, die wissen,
daß ihre Stunde als Künstler geschlagen hat, wenn die Stunde der
Kunst schlägt.

Der Vizepräsident des Deutschen Schriftstellerverbandes der DDR,
Professor Max Walter Schulz, sagte in einem Interview mit der
Illustrierten »Stern«, es sei eine »Legende«, daß man Sie nach dem
Schriftstellerkongreß 1969 in der DDR mundtot gemacht habe.

Auch eine Möglichkeit, bewußt oder unbewußt den Versuch zu un-
terhöhlen, eine günstigere, also auch ehrlichere Atmosphäre zu schaffen. Ich würde Max Walter Schulz das Buch empfehlen »Die Unfähigkeit zu trauern«.

Mußten Sie den Text der Ansprache, die Sie bei der Entgegennahme des Literaturpreises gehalten haben, Ihren behördlichen Stellen zur Genehmigung vorlegen, bevor Sie in die BRD reisen durften?

Hätte ich den Text genehmigen lassen müssen, hätte ich es vorgezogen, nicht zu reisen.

Wie erklären Sie es sich, daß vorerst nur von Ihnen eine Auswahl Gedichte in der DDR erscheinen wird und nicht auch von Wolf Biermann?

Ich habe Wolf Biermann seit anderthalb Jahren nicht gesprochen, weiß aber, daß er ein Mensch ist, der immer sein gesamtes geistiges Lebendgewicht in die Waagschale werfen möchte. Man fürchtet wohl vorerst noch um die Waage. – Und ich eben glaube, daß unter Umständen auch eine Publikation, an der sich das spezifische Gewicht ablesen läßt, schon einen Wert haben kann.

Von Ihnen gibt es die Gedichte »Lied vom Biermann« und »Wolf Biermann singt«, und von Wolf Biermann gibt es das Gedicht »Selbstporträt für Reiner Kunze«. Wie ist es zu verstehen, daß Sie einander anderthalb Jahre nicht gesprochen haben?

Wenn zwei noch so verschiedenartige Vögel Morgenarbeiter sind, und sie sitzen beieinander, rufen alle Eulen sofort nach der Nacht.

Wer hat die Gedichte ausgewählt, die in Ihrem Buch bei Reclam, Leipzig, erscheinen werden, und wann ist mit dem Band zu rechnen?

Die Gedichte habe größtenteils ich selbst ausgewählt. Der Verlag hatte es für angezeigt gehalten, zusätzlich einige ältere Gedichte aufzunehmen, womit ich mich einverstanden erklären konnte. Im übrigen haben sich mein Lektor, Herr Hubert Witt, dessen Erfahrungen und Ideen bei der Zusammenstellung des Buches mir besonders wertvoll waren, und die Verlagsleitung in achtenswerter Weise für das Zustandekommen dieses Bandes eingesetzt. Die Auswahl wird unter dem Titel »Brief mit blauem Siegel« als 553. Band der Universalbibliothek im September dieses Jahres erscheinen.

Sie haben sechs eigenständige Buchpublikationen mit Lyrikübertragungen aus dem Tschechischen veröffentlicht, Sie haben 1968 den Übersetzerpreis des Tschechoslowakischen Schriftstellerverbandes erhalten, und bereits 1964 erschien ein Band Ihrer Gedichte in tschechischer Übersetzung. Wie geht es heute den Dichtern, die von Ihnen ins Deutsche oder von denen Sie ins Tschechische übersetzt worden sind?

Auf einer Postkarte vom 15. Juni 1973 wurde mir mitgeteilt, daß in der Tschechoslowakei der 7. Band der Werke Bertolt Brechts mit dem Vermerk erschienen ist: »Übersetzt nach den deutschen Originaltexten«. Nicht genannt wird der Autor, der die Prosa übertragen hat. Nicht genannt wird der Nachdichter der Verse und Verfasser des Nachworts. Beide sind die autorisierten Editoren des Gesamtwerks von Bertolt Brecht für die Tschechoslowakei, doch auch in dieser Eigenschaft werden sie nicht erwähnt. Ihre Namen und Geburtsdaten sind gelöscht worden. Wie ich weiß – und ich nenne die Namen bewußt, damit sie im Bewußtsein bleiben – handelt es sich um den Übersetzer Rudolf Vapenik, der bis 1969 Direktor des Hauses der Tschechoslowakischen Kultur in Berlin war, und um den Dichter und Übersetzer Ludvik Kundera. Das Streichen von lebenden Menschen aus dem Register der Lebenden empfinde ich als einen Alp.

Haben Autoren, die in ihrem eigenen Land nicht gedruckt werden, die Möglichkeit, in einem anderen sozialistischen Land zu publizieren, vorausgesetzt, daß sie einen Übersetzer finden?

In seiner Eigenschaft als Autor ist dann für einen solchen Dichter das gesamte sozialistische Lager ein Riesengrab. Wenn nicht irgendwo ein Wunder der Auferstehung geschieht, bevor es entdeckt wird (– ein solches Wunder kann durch Unkenntnis oder durch den Salto mortale eines Zeitschriftenredakteurs beziehungsweise – wenn auch wesentlich seltener – Verlagsdirektors geschehen). Das Wort »Riesengrab« wird mir nicht nur von denen, die nicht zu Ende denken wollen, können oder dürfen, verübelt werden, sondern möglicherweise auch von denen, die sehr wohl zu Ende denken und deshalb wissen, daß sich nichts halsüberkopf ändern läßt – eine Einsicht, die ich weitgehend teile. In diesem Fall geht es aber um Hälse und Köpfe – wenn auch nicht in physischer Hinsicht (– zumindest nicht mehr in physischer Hinsicht oder nur insofern, als es sich dann um nicht durch Obduktion nachweisbare Folgen des lebendig Begrabenseins handelt). Ich habe in diesem Riesengrab gelegen und werde – auch auf die Gefahr hin, wegen vermeintlichen Mangels an Geduld wieder hineingelegt zu werden – zu dieser Art sozialistischer Kooperation nicht schweigen. Jede sozialistische Regierung sollte so souverän sein, sich von den Dichtern, Übersetzern und Verlegern ihres Landes beraten zu lassen, welchen Schaden die eigene Literatur nimmt, wenn das Werk eines bedeutenden fremden Dichters nicht übersetzt und rezipiert wird, und Druck auf diplomatischer Ebene, der andere sozialistische Regierungen nötigt, ihrerseits auch eine Schaufel Schweigen auf einen

Dichter zu werfen, weil dieser in seiner Heimat momentan gewisse Schwierigkeiten hat, sollte der Vergangenheit angehören. Denn unter dieser Praxis leiden ja nicht nur Dichter, sondern auch die Literaturen der Völker. Ich möchte, um ihn genannt zu haben, nur Jan Skácel nennen, einen der besten zeitgenössischen tschechischen Dichter. Einer Literatur, in deren Sprache die Gedichte Jan Skácels fehlen, fehlt ein Stück menschlichen Horizonts. Ich bedaure, daß wir in München, also im Westen, auf diese Problematik zu sprechen kommen. Ich hätte lieber in Leipzig oder Greiz darüber gesprochen, um zusätzliche Mißverständnisse zu vermeiden. Aber ich bin gefragt worden, und man wird von mir nicht verlangen können, daß auch ich noch eine Handvoll Schweigen auf meine Freunde werfe. Ich sage Ihnen aber genauso offen: Wenn für die Beteiligung an obengenannter Kooperation ein Geschäft winkt, beerdigt mancher westliche Verleger skrupellos mit.

Welche Erwartungen setzen Sie in die Kulturpolitik der DDR für die nächste Zukunft?

Ich weiß nicht, was morgen sein wird, ich weiß nur, was heute ist (zum Teil folgere ich die Zusammenhänge auch nur aus einzelnen, mir bekannten Tatsachen). Das aber, was ist oder zu sein scheint, ist ermutigend. In den vergangenen Monaten habe ich Gespräche geführt, die nach meinen Erfahrungen in den letzten zehn Jahren undenkbar gewesen wären. Undenkbar insofern, als es auf der Ebene, um die es sich hier handelt, Gespräche gar nicht gegeben hat, sondern nur Aussprachen. In einer Aussprache sind diejenigen, die mit Ihnen sprechen, Subjekt, und Sie sind Objekt. Ich fühle mich heute erstmals wieder als Bürger geachtet, und in den erwähnten Gesprächen gewann ich den Eindruck, daß man wünschte, dieses Gefühl wäre bereits eine gegründete Selbstverständlichkeit – was sich nicht nur auf meine Person bezieht. Und unter solchen Voraussetzungen könnte möglicherweise genügend Stabilität gewonnen werden, kulturpolitisch weittragendere Bögen zu spannen.

Was darf die neuakzentuierte Kulturpolitik der DDR von Ihnen erwarten? Werden Sie Ihre Bücher nun so schreiben, daß sie in Verlagen der DDR erscheinen können?

In der Kunst gelten – substantiell und formal – nur künstlerische Kriterien. Ich kann also nur wiederholen, was ich in meiner Dankrede bei der Entgegennahme des Preises gesagt habe: Für mich gibt es in der Kunst, im Kunstwerk, keine Kompromisse. – Selbstverständlich werde ich unter den neuen Bedingungen mein nächstes Buch, wenn es in zwei, drei Jahren fertig sein sollte, zuerst einem Verlag der DDR anbieten, und zwar nicht nur, um dem geltenden Urheberrecht zu genügen, sondern weil ich das Bedürfnis habe, auch und in erster Linie in der DDR ein verlegerisches Zuhause zu finden. Außerdem wäre ich bereit – selbst bei dem Opfer, daß ein Buch weniger entsteht –, in Lesungen, Vorträgen über Poesie und in Diskussionen zu versuchen, meinen Teil zur Verbesserung der Atmosphäre beizutragen. In den letzten Jahren war mir das fast ausschließlich nur intern unter dem Doppeldach der Kirchen, also in Studentengemeinden usw., möglich gewesen. Vielleicht läßt sich noch etwas mehr tun.

(aus: Die Tat, Zürich/Schweiz, 21. 7. 1973)

Brief mit blauem Siegel

Interview und Rezensionen

Gespräch mit Reiner Kunze

*Reiner Kunze, in einer ganzen Reihe von Reclam-Bänden haben
sozialistische Autoren der DDR versucht, eine Art Bestandsaufnah-
me ihres lyrischen Werkes zu geben: Becher, der seinen Band noch
selbst zusammenstellte, Brecht, der damals die Auswahl sanktionier-
te, Maurer, Hermlin, Kunert u. a., zuletzt Braun und Wiens. Ihre
Auswahl »Brief mit blauem Siegel« (RUB Band 553) ist eine Zwi-
schenbilanz. Was kann sie nach Ihrer Meinung leisten?*

Ich hoffe, in ihr kommt die Daseinsbejahung zum Ausdruck, die
meinem Naturell entspricht, der Internationalismus, für den ich mich
engagiere, und mein Bedürfnis, mich an der Suche nach Glücksmög-
lichkeiten für die Menschen zu beteiligen, was stets mit der Suche
nach sprachlichen Möglichkeiten verknüpft ist. Vielleicht wird auch
etwas von dem Spektrum sichtbar, das zwischen den großen Farben
Schwarz und Weiß liegt. Zwischen Gedichten von physisch-existen-
tieller Bedrängnis wie den »Nocturnes« und so heiteren, fast übermü-
tigen Gedichten wie »Bei E. in Vřesice« oder »Die kunstbeflissenen
Hähne von Leiningen« gibt es Gedichte von den unterschiedlichsten
Farbwerten. Und schließlich glaube ich, daß die Proportionen in bezug
auf die Themen stimmen, für die wir uns in dieser Auswahl entschieden haben, so daß sie in sich ausgewogen sein und innerhalb des
gewählten Rahmens ein scharfes Bild zeigen dürfte.

*Sohn eines verdienten Bergmanns, Studium der Philosophie und
Journalistik in Leipzig, wissenschaftlicher Assistent an der Karl-
Marx-Universität, dazwischen Arbeit in der Landwirtschaft und im
Schwermaschinenbau, seit 1959 freischaffender Schriftsteller . . .
Eine schwere Herzerkrankung . . . Ihre bisherige Entwicklung verlief
nicht ohne Krisen, und Volker Braun schrieb dazu in einem seiner
Gedichte: »Er ist kein Krieger, kein Lohnsklave, kein Konzernschrei-
ber / Und doch kennt er den Kampf und Not und Qual / Er lebt unter
uns . . . / Darf auch nur ein Mensch / Verlorengehn? // Hier?«
Reiner Kunze, wir freuen uns, daß Sie nicht verlorengegangen sind.*

Ich werde mich auch hüten, verlorenzugehen. Ich gehöre hierher, in
dieses Land, in diese Gesellschaft. Im Gedicht ist der Dichter den

anderen Menschen am nächsten. Ich möchte vor allem hier den anderen Menschen am nächsten sein.

Was selbstverständlich zu einem Engagement für die Menschen in Vietnam nicht im Gegensatz steht.

Keinesfalls. Nur resultiert diese solidarische Nähe – von Ausnahmen abgesehen – nicht aus der Kommunikation durch Gedichte. Hier muß der Dichter aus der Dichtung heraustreten, wie die fortschrittlichen Künstler immer auch außerhalb ihrer Kunst gegen die Barbarei aufgetreten sind, ich denke zum Beispiel an die Proteste, die der Überfall auf die Sowjetunion 1941 unter Dichtern, Malern und Komponisten von Weltrang hervorgerufen hatte.

Sie schließen aber nicht aus, daß solche solidarische Nähe auch aus Kommunikation durch Gedichte entsteht. Sie selbst haben ja dafür ein Beispiel gegeben: Ihr Gedicht »Puschkins Michailowskoje« hat, wie wir erfuhren, bei sowjetischen Kollegen einen tiefen Eindruck hinterlassen:

> *»Die front ging hier / durch den garten«*
> *Beklommen, doch / ohne schuldgefühl // Verzeiht // Wer immer / die angreifer*
> *wären hier jetzt zum gegner hätten sie / mich . . .*

Dafür, daß ein Gedicht entsteht, durch das jene spezifische menschliche Kommunikation, jene Verringerung der inneren Entfernungen möglich wird, bedarf es einer poetischen Bildinspiration. Ein poetisches Bild ist nicht konstruierbar. Doch auch größte Erschütterungen müssen nicht oder nicht in dem Augenblick, in dem es aus außerkünstlerischen Gründen wünschenswert wäre, zu einem poetischen Bild inspirieren. Außerdem ist nicht jede Erschütterung geeignet, jeden Dichter zu inspirieren. Insofern meine ich, daß der Künstler gegebenenfalls auch außerhalb der Kunst wirksam werden muß.

Wenn also – wie geschehen – ein nicht unbedeutender amerikanischer Politiker es wagte, den Vietnamesen mit einem Atomschlag zu drohen, so werde ich meiner Stimme dadurch Gewicht zu geben versuchen, daß ich sie den vielen Millionen Stimmen hinzufüge, die diesen ungeheuerlichen Gedanken anprangern. Solch ein Gedanke darf niemals und nirgendwo auf der Erde verwirklicht werden können. Er sollte nicht einmal gedacht werden können! Wir müssen uns jeder imperialistischen Aggression entgegenstellen. Ich wünschte, daß dazu auch alle Gedichte beitrügen, indem sie der Abstumpfung durch Gewöhnung entgegenwirken.

(aus: Das Reclam-Buch. Mitteilungen des Verlages Philipp Reclam jun., Heft 41, Leipzig/DDR, Frühjahr 1973)

Das »Poesiealbum« Nr. 11, ein Heftchen von dreißig Seiten, das im Sommer 1968 in der populären Lyrikreihe des Verlags Neues Leben erschienen war, sollte für lange Zeit die letzte Publikation Reiner Kunzes in der DDR bleiben. Beinahe ein halbes Jahrzehnt versuchten die verantwortlichen Bürokraten das von ihnen über den unbotmäßigen Autor verhängte Urteil zu vollstrecken. Er ließ sich nicht durch grobe Beschimpfungen einschüchtern. Er solidarisierte sich auch in den schweren Zeiten nach dem August 1968 mit seinen tschechischen und slowakischen Freunden. Er veröffentlichte neben einigen Kinderbüchern die Gedichtbände »Sensible Wege« (Rowohlt, 1969) und »Zimmerlautstärke« (S. Fischer, 1972) – in der Bundesrepublik. Die Antwort der Mächtigen, die sich gern ihres längeren Armes bedienen, wenn es (nur?) um den Kopf geht, hieß totschweigen!

Einer der willfährigsten Wortführer vor und hinter den Kulissen war der Vizepräsident des DDR-Schriftstellerverbandes, Max Walter Schulz, der vor einiger Zeit den Lesern des »Sterns« weismachen wollte, es sei eine Legende, daß Kunze mundtot gemacht worden sei. Reiner Kunze sieht in dieser Tatsachenverdrehung den bewußt oder unbewußt unternommenen Versuch, das Aufkommen einer ehrlicheren, günstigeren Atmosphäre für die Kunst zu hintertreiben. Er empfahl dem Kulturfunktionär öffentlich – in einem westdeutschen Rundfunkinterview – die Lektüre des Mitscherlich-Buchs »Die Unfähigkeit zu trauern«.

Die zwischen Vorwärtsverteidigung und Rückzugsgefechten hin- und hergerissenen Exponenten des repressiven Kurses mußten sich an eine Situation anpassen, in der jene vernünftigen Kräfte sich durchsetzten, die den »Fall Kunze« bereinigen wollten. Der im thüringischen Greiz beheimatete Lyriker durfte die DDR auf einem Schriftstellertreffen in Budapest vertreten, es wurde nicht gegen die Verleihung eines angesehenen westdeutschen Literaturpreises polemisiert, Kunze durfte sogar die Auszeichnung in München entgegennehmen und dort eine Dankrede halten, deren Text die DDR-Behörden nicht zur vorherigen Genehmigung vorzulegen verlangt hatten.

In diesen Wochen wird die veränderte Lage nun endlich auch in einer Veröffentlichung sichtbar. Der Verlag Reclam in Leipzig liefert den als Nr. 553 von Reclams Universal-Bibliothek angekündigten Auswahlband »Brief mit blauem Siegel« aus. Der Titel entstammt dem als verhalten optimistisch deutbaren Text »fast ein frühlingsgedicht«. Jener angedeutete Brief enthält die in der Bedrängnis Mut machende

Mitteilung: »Nichts / währt / ewig«. Das so herausgehobene Gedicht aus dem Jahr 1968 ist Stephan Hermlin gewidmet, der seine Autorität immer wieder für authentische neue Kunst abseits der bequemen, eingefahrenen Wege eingesetzt hat. Von den 93 Gedichten, die in fünf Abteilungen, aber nicht chronologisch geordnet wurden, sind mehr als die Hälfte in der DDR bisher nicht gedruckt worden. Die Auswahl stammt vom Autor, der einem Wunsch des Verlags, zusätzlich einige ältere Arbeiten aufzunehmen, entsprach.

Ohne Zweifel stellt die hier möglich gewordene Zusammenstellung einen Kompromiß dar. Leicht hätte Kunze, wenn er auf dem Abdruck einiger brisanter Stücke politischen Klartexts hätte bestehen wollen, etwa der Solidaritätsbekundungen für Solschenizyn und Biermann oder mancher epigrammatischer Zuspitzungen des Bändchens »Zimmerlautstärke«, das Projekt zu Fall bringen können. Er hat aber mehrfach betont, daß er, um Kunst unter die Leute zu bringen – und die Leserschaft in der DDR ist ihm am wichtigsten –, zu Kompromissen bereit sei, wenn sie nicht an die Substanz gingen. Sein Realitätssinn ist stark genug entwickelt, um einschätzen zu können, was erreichbar ist. Laute Demonstrationen nach dem Motto »alles oder nichts!« sind seine Sache nicht.

Hierin unterscheidet er sich von Wolf Biermann, von dem er sagt, er wolle »immer sein gesamtes geistiges Lebendgewicht in die Waagschale werfen«. Gewiß respektiert Kunze Biermanns Haltung, den die Sorgen derer nicht kümmern, die ängstlich fragen, ob die Waage das aushält. Aber für sich hat Kunze unter den hier und heute gegebenen Umständen anders entschieden, wobei freilich betont werden muß, daß er sich nicht von einem einzigen der zwischen 1968 und 1971 entstandenen Gedichte distanziert, die nicht aufgenommen werden konnten.

»Brief mit blauem Siegel« zeigt im gegebenen Rahmen einen reichen Querschnitt durch Themen und Ausdrucksweisen des Lyrikers Reiner Kunze. Was er an Fragen zum Verhältnis von Individuum und Gesellschaft aufwirft, was er über die Erziehung der Kinder in Schule und Elternhaus ins nachdenkliche Bewußtsein ruft, was er den Hurra-Optimisten entgegensetzt, wird einem Publikum sehr wichtig sein, das gelernt hat, zwischen, neben und hinter den Zeilen zu lesen.

Die Verteidigung der Poesie durchdringt alle Arbeiten Kunzes. Diesem großen Thema hat er auch die menschheitsgefährdende Bedrohung durch Barbarei und Krieg zugeordnet. Sein Gedicht »Puschkins Michailowskoje« geht von einer Bemerkung des Museumsführers aus, die Frontlinie des 2. Weltkrieges sei hier mitten durch den Garten verlaufen:

»Wer immer / die angreifer wären hier jetzt zum gegner hätten sie /
mich // Wer immer einfallen wird / in die offenen gärten der dichter«
Die Metaphorik der Schutzlosen: die Gärten der Dichter sind offen.
Aber wer ohne Festung und Schutzwall lebt, muß doch standhaft
bleiben gegenüber dem Eingriff, der Einschüchterung, dem Verbot.
Das Erscheinen des »Briefs mit blauem Siegel« ist ein Zeichen der
Hoffnung – aber vieles steht noch aus. Von den einundzwanzig
»variationen über das thema ›die post‹« lagen in der DDR bisher elf
gedruckt vor; jetzt sind zwei weitere hinzugekommen. Nach den
fehlenden acht Stücken wird man drüben weiter zu fragen haben. Ein
Gedichtband von 133 Seiten, gedruckt in einer Auflage von 15 000
Exemplaren, in der DDR zu haben für eine Mark fünfzig, ermöglicht
Entscheidungen in einem unentschiedenen kulturpolitischen Prozeß.
Ein Boykott ist zu Ende. Wird man in eine sachliche literarische und
literaturkritische Diskussion eintreten oder in die sattsam bekannten
Tiraden zurückfallen, es sei ein schwerer politischer Fehler gewesen,
ein solches Buch zu publizieren?

(aus: Deutsches Allgemeines Sonntagsblatt, Nr. 35, Hamburg, 2. 9. 1973)

LOTHAR CREUTZ

Im Verlag Philipp Reclam jun., Leipzig, sind als Band 553 der Universal-Bibliothek jetzt Gedichte von Reiner Kunze unter dem Titel »Brief
mit blauem Siegel« erschienen. Der Band enthält viele Poesien Kunzes, die in der BRD eher erschienen sind als in der DDR, und zwar
verständlicherweise, wie ich meine. Ich weiß nicht, ob das 1966
verdichtete Werk »morgen in Marienbad« auch zu den hierorts bisher
kaum bekannten Dichtungen Kunzes gehört. Immerhin ist es als
unfreiwillige Selbstparodie des Dichters recht charakteristisch. Die
Überschrift wage ich zunächst so zu deuten, daß »morgen« keineswegs den morgigen Tag, sondern den Morgen eines Tages bedeutet,
während zu Marienbad »Meyers Neues Lexikon« bemerkt: »s. Ma-
riánske Lázne«. Nun aber das Gedicht:
»Parkrasen geschoren wie / gräberkissen // – – – // Am sanften seil des
quells / läutet die galle«
Am stärksten wird natürlich die Phantasie durch die drei Gedanken-
striche angesprochen. Und doch ist es nicht dieses Gedicht, weswegen
Lesern wie mir bei diesem Buch die Glocke überlaufen könnte. Eher
schon könnte derlei passieren bei »blickpunkt« (1968) oder bei »zwei-

93

tes gedicht über das fensterputzen« (1967) und bei vielen anderen, die auf eine elegische beziehungsweise wehleidige Art »politisch« sind.

Hier erklärt einer immer wieder, daß die historische Notwendigkeit ihn mehrfach enttäuscht habe, weshalb er ihr denn auch mit dem Ausdruck tiefsten Bedauerns die Einsicht verweigern müsse. Das ist seiner Lyrik aber gar nicht gut bekommen.

Ganz abgesehen davon, daß Kunzes Rückzug auf die eigene Individualität in vielen Gedichten der späteren sechziger und der siebziger Jahre schon in Eigenbrötelei ausartet, hat seine lyrisch dokumentierte Selbstisolierung auch zu einer stofflichen und formalen Verarmung geführt, in der Sprachkunst zur Chiffrierkunst wird. Mit allem elitären Hochmut übrigens gegen jene, die in der Kunst des Dechiffrierens unbewandert sind oder weder Lust noch Zeit dazu haben.

Je nun – zum Glück sind in dem Band auch frühere Gedichte von Reiner Kunze enthalten, die nichts Duckmäuserisches an sich haben; und auch Gedichte jüngeren Datums gibt es etliche, aus denen sich der großen Begabung dieses Dichters eine positive Prognose stellen läßt.

(aus: Eulenspiegel, Berlin/DDR, 2. Oktoberheft 1973)

FRANZ HODJAK

Das besondere Interesse des Rezensenten an der jüngeren DDR-Lyrik beruht nicht allein auf seiner subjektiven Überzeugung, daß die Leistungen ihrer bedeutendsten Vertreter zum Besten gehören, was die deutsche Lyrik in den letzten Jahren hervorgebracht hat, sondern auch auf einigen Gemeinsamkeiten mit der jüngeren rumäniendeutschen Lyrik, denn mindestens zwei Faktoren, die immerhin wesensbestimmend wirken, sind den beiden Literaturen gemeinsam, nämlich: die Sprache und das Gesellschaftssystem. Dialektisch betrachtet, läßt sich aber leicht erkennen, daß in diesen zwei Faktoren nicht nur das Gemeinsame, sondern auch ein Unterscheidendes liegt. Denn das gleiche Gesellschaftssystem beinhaltet auch verschiedene Realitäten, aus denen es selbst erwachsen ist und die es seinerseits gezeitigt hat. Und ebenso liegen in der gleichen Sprache in gewissem Maße auch verschiedene Traditionen aufgespeichert, die ihrerseits geschichtsbedingt sind. Wenn sich nun dem Rezensenten bei Betrachtungen über DDR-Lyrik Parallelen zu unserer Lyrik geradezu aufdrängen (auf die dann letztlich doch nur angespielt wird), so kommt das nicht gerade von ungefähr, sondern eben von diesen Gemeinsamkeiten, die durch Sprache und Gesellschaftssystem gegeben sind und die viel mehr als bloß eine Möglichkeit komparatistischer Überlegungen bieten. Die Ähnlichkeiten in der Verschiedenheit und die Verschiedenheiten in der Ähnlichkeit der DDR- zur rumäniendeutschen Lyrik sind, unserer Meinung nach, das ergiebigste Bezugssystem überhaupt für die Beurteilung der DDR-Lyrik hier und heute.

Der entschiedene und entscheidende Einfluß Brechts auf die deutsche Lyrik wurde von der jüngeren Lyrikergeneration in der DDR dialektisch neu verarbeitet und zu einer ihr unverkennbar eigenen Ausdrucksweise weiterentwickelt. In dieser schöpferischen Assimilation und Weiterführung der durch Brecht eröffneten Möglichkeiten in der lyrischen Sagweise lassen sich grundsätzlich zwei Tendenzen aktivisierender Lyrik – selbstverständlich mit noch unzähligen Spielarten – erkennen, deren Hauptvertreter einerseits Kunert und andererseits Kunze sind.

Kunert verwertet den aphoristischen Zug, die Distanz zum Objekt, vor allem aber das Prinzip der Gegensätzlichkeit aus Brechts Lyrik für sich und verarbeitet dieses im Gedicht zu unverkennbar prägnanter Wortakrobatik und Denkgymnastik, zu dialektischen Purzelbäumen (». . . und kein Tod / holt den Widerspruch, dessen Unsterblichkeit / der Tod beweist«, NDL 6/73, S. 38), die er mit einer äußerst nüchternen, unterkühlten Metaphorik mixt.

Kunze hingegen übernimmt einerseits die schlichte Ausdrucksweise Brechts, die auch bei ihm durch ihre Treffsicherheit einfach verblüffend wirkt, und andererseits den melancholisch-bitteren Unterton vieler früher und einiger späterer großer Gedichte des Meisters und verschmilzt diese mit einer ebenfalls unverwechselbaren, aber sensibilisierten metaphorischen Sprechweise (die zuweilen an Huchel erinnert), die sich jedoch – und das sei besonders betont, man weiß schon warum – in keinerlei spekulative Metaphysik einläßt.

Hat der eine also aus den Dur-Akkorden, so hat der andere aus den Moll-Akkorden Brechts gelernt, und was bei Kunert aggressiv, mit Verfremdungseffekten vermittelt wird, wird bei Kunze verhalten, aber unmittelbarer vorgetragen. Was aber beiden, und auch vielen andern jungen DDR-Lyrikern, ob sie sich nun in die eine oder andere Tendenz oder in Interferenzzonen hineinschreiben, gemeinsam ist, das ist das besonders ausgeprägte Bewußtsein ihrer Verantwortung vor der Zeit, aber auch vor der Zeit danach. Alle beschäftigt – wie Brecht es schon treffend benannt hat – das Einfache, das schwer zu machen ist. (Dabei wird dies oder jenes befürwortet, das eine oder andere beanstandet, so oder so gesagt – doch wird Stellung genommen, Evasion gibt es nicht.)

Zu den in den letzten Jahren vom Reclam Verlag herausgebrachten Auswahlbänden von Vertretern der jüngeren DDR-Lyrik, die sich zu wahren geistigen Erlebnissen für den Leser gestalteten, kann man neben denen von Günter Kunert und Volker Braun nun auch den von Reiner Kunze zählen. Die bewährte Universal-Bibliothek-Reihe bietet in diesem Band erstmals anhand einer Auswahl von 81 Gedichten eine reichere Übersicht über die lyrische Produktion dieses eigenwilligen Dichters.

Einen wesentlichen Teil des Bandes machen die Landschaftsgedichte aus, denen auch im gesamten Schaffen des Dichters eine erstrangige Bedeutung zukommt. Die Landschaften in Kunzes Gedichten sind nicht allgemeine Naturentwürfe, sondern konkret lokalisierte Landschaftsbilder, auch dann, wenn sie als Zeichen für geistige oder seelische Vorgänge oder Zustände stehen. Die Landschaftselemente werden nicht aus ihren konkreten geographischen, geschichtlichen, zivilisatorischen Zusammenhängen herausgelöst und zu Allerortslandschaften zurechtstilisiert, sondern, im Gegenteil, Kunze ist bemüht, die eigene Physiognomie einer erlebten Landschaft in den Besonderheiten ihrer Details festzuhalten: »Noch nie war der fuß des felsens golden, / zwischen dessen zehen die bierfässer ruhen / im gasthof Tisá . . .« (Trinkgeld); ». . . // Die Margareteninsel, / entbunden des keuschheitsgelübdes, spreizt / die schenkel ihrer brücke, der himmel / ein männerauge // Zwischen ferse und schulter / ein einziger bogen, erinnert ans lieben / die brücke der brücken // mit deinem namen« (Die brücken von Budapest, für Elisabeth); »Kronstadt, angeschmiedet / an den fuß der Karpaten . . .« (Kleine reisesonate, Adagio); »Bei Mělnik lädt die Moldau / ihr stück himmel in die Elbe ab . . .« (Nach einem regen in Mělnik); »Die zeit / fällt aus den fichten als / reine zeit // Die losung des wildes ist / die einzige« (Kottenheide).

Es geht Kunze nicht um spekulative Reflexion über gewisse Probleme schlechthin, sondern um ihre exakte Beleuchtung aus konkreten historischen Gegebenheiten und Bedingtheiten heraus, ein Problem wird nicht abstrakt, zu einem Ewigkeitswert stilisiert abgehandelt, sondern in seinen spezifischen Formen, die es jeweils durch die bestimmten Gesellschafts- und Zeitumstände annimmt, untersucht. Und dadurch, daß allgemeine Allerortslandschaften links liegengelassen werden, werden erfolgreich auch »allgemeine« und »ewige« Probleme oder Allerweltweisheiten vermieden. Und durch die Konkretheit und das Spezifische einer Landschaft werden suggestiv auch ihre konkreten und spezifischen Probleme artikuliert, die Einmaligkeit der Aussage liegt in der Einmaligkeit der Landschaft: »Häuserhänge wie /

von naiven gemalt, längs / der dächer führen straßen schornsteine stehn / wie kilometersteine // Am schloßturm / fahnen, ausgehängt nach / ost und west, zwei / taube ohren // Der kirchturm, eine schusterale / für die schuhe gottes // Wälder wälder, auszuschweigen / das wort« (Erinnerung an Greiz).

Die Landschaftsgedichte Kunzes sind aber keine Naturlyrik im herkömmlichen Sinn, die Landschaft wird zur dynamischen Umwelt des Menschen verlebendigt und läßt sowohl die geistigen und moralischen als auch physischen Determinationsfaktoren durchblicken, von denen die Existenz des Menschen in dem betreffenden geschichtlichen und geographischen Raum bedingt und bestimmt wird. Und darin sehen wir den vielleicht bedeutendsten zeitgemäßen Zug von Kunzes Lyrik, daß der Dichter eben nicht nur auf die Beschaffenheit menschlicher Existenz, sondern auch auf deren Bedingtheiten eingeht. Und so sind die typischen Landschaften letzlich lyrische Vorwände für das Aufgreifen typischer Problematik.

Der Einfluß Brechts macht sich vielleicht am deutlichsten bemerkbar in den Liebesgedichten. Die Liebe wird bei Kunze nicht zum Anlaß spielerisch-zweideutigen Augenzwinkerns, wie etwa bei Kunert, sie wird aber auch nicht verklärt, in abstrakten »ewigen« Modellen versinnbildlicht, sondern schlicht, in den gewöhnlichen Erscheinungsformen des Alltags gestaltet: »Von neuem lese ich von vorn / die häuserzeile suche // dich das blaue komma das / sinn gibt« (Auf dich im blauen mantel, für Elisabeth). Gerade die Schlichtheit in Sprache und Bild und die geradezu verblüffende Selbstverständlichkeit in Ton und Geste machen die Tiefe dieses Gedichtes aus. Ohne zuerst ein entsprechendes, Stimmung schaffendes Dekor zurechtzuzimmern, wird hier ungekünstelt eine Liebesbegegnung geradewegs von der Straße weg und ins Gedicht geholt. Die Echtheit des Erlebnisses wirkt überzeugend gerade durch den Schein des Alltäglichen, der der Liebesbegegnung gegeben wird.

Wie bei Brecht liegt auch bei Kunze die ungewöhnlich tiefe Wirkung, die Überzeugungskraft und Echtheit der Liebeserlebnisse darin, daß sie mitten in den Alltag gestellt und nicht aus dem Alltag in irreale Räume herausgehoben werden. Und ebenso wie bei Brecht wird auch bei Kunze die Liebe nicht mehr ver-, sondern entgöttert und endgültig vermenschlicht: »An der Thaya, sagst du, überkomme dich / undefinierbare sehnsucht // Gehn wir in den fluß, / die sehnsucht definieren« (Philosophie, für Elisabeth).

Der schlichte Ton der Liebeslyrik wird auch in Gedichten, die Märchenmotive oder Legenden aufnehmen, angeklungen und zuweilen mit dem der Volksdichtung synchronisiert. Ebenfalls, um die direkte Wirkung und Lebendigkeit zu steigern, wird aus der Volksdichtung oft auch die Anrede übernommen. Dadurch, daß im Gedicht ein fiktives (wenn reell auch wahres) Gegenüber angesprochen wird, gewinnen die Texte außerordentlich an Unmittelbarkeit:

»O ist / die marke schön: der wolf und / die sieben geißlein und / seine pfote ist / ganz weiß . . . Wer / hat den brief geschrieben? // Vielleicht / die sieben geißlein / vielleicht / der wolf // . . . der wolf ist tot! / Im märchen, tochter, nur / im märchen« (aus: variationen über das thema »die post«, 4).

Bekannte Gestalten aus der Märchentierwelt werden zu Objekten lehrhafter Demonstrationen in parabelartigen Gedichten, die zwar einen betont moralisierenden Charakter haben, doch nicht in höherem Maße, als Fabeln oder Parabeln allgemein moralisierend zu sein haben. Es gelingt Kunze ausgezeichnet, der Gefahr des Didaktizismus auszuweichen. Der Tod der Fabel in der modernen Lyrik wird paradoxerweise gerade in einer Fabel deklariert, was nun nicht für ihren Tod, sondern gegen ihre eigene Aussage für die Möglichkeit ihrer Existenz spricht:

»Es war einmal ein fuchs . . . / beginnt der hahn / eine fabel zu dichten // Da merkt er / so geht's nicht / denn hört der fuchs die fabel / wird er ihn holen // Es war einmal ein bauer . . . / beginnt der hahn / eine fabel zu dichten // Da merkt er / so geht's nicht / denn hört der bauer die fabel / wird er ihn schlachten // Es war einmal . . . // Schau hin schau her / Nun gibt's keine fabeln mehr« (Das ende der fabeln).

Als Verfasser von Fabelgedichten, deren Funktion auch bei ihm dieselbe ist wie eh und je, steht Kunze eigentlich einzig und eigenartig in der modernen deutschen Lyrik da. Doch ist die Neigung Kunzes zum Fabelgedicht, eine beliebte Gattung vor allem der Aufklärung, nicht so zufällig und unerklärlich, entspricht sie doch einem gewissen Hang Kunzes zu einer Art Aufklärertum: »Du darfst nicht, sagte die eule zum auerhahn, / du darfst nicht die sonne besingen / Die sonne ist nicht wichtig // Der auerhahn nahm / die sonne aus seinem gedicht // Du bist ein künstler, / sagte die eule zum auerhahn // Und es war schön finster« (Das ende der kunst). Die wahre Kunst, als Sonne verbildlicht, bietet eine Möglichkeit der Bewahrung vor Obskurantismus, und ihre Preisgabe bedeutet zugleich auch die Preisgabe der Welt überhaupt. Auf die fernere oder nähere Vergangenheit bezogen, gestaltet Kunze im Fabelgedicht »Gespräch mit der amsel« die Absurdität, in die die Kunst durch Parolen getrieben wurde, wobei die Verlagerung dieser Problematik in die Tierwelt dem Dichter das

Groteske der Lage nur noch mehr zu unterstreichen ermöglicht: »Ich klopfe an bei der amsel / Sie / zuckt zusammen / Du? fragt sie // Ich sage: es ist still // Die bäume loben die lieder der raupen, sagt sie // Ich sage: . . . der raupen? / Raupen können nicht singen // Das macht nichts, sagt sie, / aber sie sind grün«. Für die Wahrung der Kunst als menschliches Sensibilisierungs- und Kommunikationsmittel und gegen jedwelche Mißbrauchsversuche ihrer Funktion spricht das Gedicht »Puschkins Michailowskoje«: »›Die front ging hier / durch den garten‹ // Beklommen, doch / ohne schuldgefühl // verzeiht // Wer immer / die angreifer wären hier jetzt zum gegner hätten sie / mich // Wer immer einfallen wird / in die offenen gärten der dichter.«

Die Frage des gegenseitigen Vertrauens, die bis in ihre feinsten Implikationen und Komplikationen verästelt wie ein rotes Gewebe durch Kunzes Lyrik leuchtet, gehört zweifellos zu den bedeutendsten Problemen der Kunzeschen Dichtung wie auch der Menschlichkeit überhaupt: »Den rahmen säubern / von der möglichkeit des gitters, den wirbel / von der möglichkeit des galgens, den sims / von der möglichkeit des letzten schritts // Die scheiben putzen, nichts / trübe den blick // Atem / den frieden der fenster die / nachts nicht verschweigen müssen / ihr Licht.« Die Bewahrung des Vertrauens unbegründeter Vorbehalte gegenüber erfordert aber eine gründliche Abrechnung mit allen Reminiszenzen bürgerlicher, vorurteilsbeladener Denkweise, die sich auch – dann allerdings schwerer erkennbar – in einer ungemäßen Rezeption des Marxismus-Leninismus selbst äußern können: »1. D., schüler der siebenten klasse, hatte / versehen mit brille und dichtem haupthaar / das bildnis Lenins // Öffentlich // So / in gefährliche nähe geraten / der feinde der arbeiterklasse, der imperialisten ihr / handlanger fast, mußte er stehn / in der mitte des schulhofs // Strafe: / tadel, eingetragen in den schülerbogen der / ihn begleiten werde / sein leben lang // 2. Du fragst warum / sein leben lang // Lenin kann ihm nicht mehr helfen, tochter«. Um das gerechte Mißtrauen von dem ungerechtfertigten richtig zu trennen, dazu gehört schon ein allergrößter Aufwand an Menschlichkeit, und dafür plädiert und setzt sich Kunze mit all seinen schöpferischen Kräften ein.

(aus: Neue Literatur, Nr. 5, Bukarest/Rumänien, Juli 1974)

Weitere Rezensionen zu »Brief mit blauem Siegel« in:
Die Weltwoche, Nr. 37, Zürich/Schweiz, 12. 9. 1973 (Heinz Klunker) – Deutschland Archiv, Nr. 9, Köln, September 1973 (Jürgen P. Wallmann) – Rheinischer Merkur, Nr. 47, Köln, 23. 11. 1973 (Jörg Bernhard Bilke) – Die Horen, Nr. 92, Hannover, 1973 (Walter Neumann) – Ich schreibe, Nr. 2, Berlin/DDR, 1974 (Jürgen Engler).

Offensive Verteidigung
der Poesie

Eine Analyse von Manfred Jäger

Der 1933 in Oelsnitz geborene Reiner Kunze ist längst kein erzgebirgischer Lokalfall mehr. Spätestens nach seinen Übersetzungen aus dem Tschechischen, für die er 1968 einen Preis des Tschechoslowakischen Schriftstellerverbands erhielt, gewann er internationale Anerkennung. Auch für seine eigenen Arbeiten bedeutete die Freundschaft mit Autoren aus Böhmen und Mähren sehr viel. Ohne Milan Kundera oder Jan Skácel hätte er es sicher noch schwerer gehabt, einen Weg aus seinen politischen und persönlichen Krisen zu finden. Der Sohn eines Bergmannes und einer Kettlerin, die sich mit Heimarbeit durchschlug, brachte die sozialen und psychologischen Voraussetzungen mit, ein Lieblingskind der offiziellen Kulturpolitik zu werden. Die Deutsche Demokratische Republik ermöglichte ihm den Besuch der Oberschule, und der achtzehnjährige Abiturient war bereit, diesem Staat naiv und enthusiastisch in ewiger Dankbarkeit zu dienen. Er schwankte, ob er an der Dresdner Kunstakademie oder am Leipziger Institut für Publizistik studieren sollte, sein Interesse am Journalismus setzte sich durch. Nach dem Staatsexamen war Kunze dann auch zeitweilig Assistent an der inzwischen zu einer Fakultät für Journalistik aufgeblasenen Ausbildungsstätte der Leipziger Karl-Marx-Universität. Von dem, was er in den fünfziger Jahren geschrieben und gesagt hat, läßt Kunze heute kaum noch etwas gelten. Seinerzeit wurde Kunze verhätschelt und für dumme Reimereien hochgepriesen. Ein Kinderlied hielt er 1962 noch für geeignet, ein Bändchen mit heiteren Texten zu zieren. Der vollständige Text geht so:

»Der Soldat braucht einen Helm. / Wozu braucht ihn der Soldat? / Der Helm schützt seinen Kopf, / und der Kopf ersinnt die Tat, / die den Kindern der Welt / alle Blumen erhält / und das Glück, und das Glück / unsrer Republik. // Der Soldat ist unser Freund. / Warum ist es der Soldat? / Weil er klug und tapfer kämpft / und mit Mut vollbringt die Tat, / die den Kindern der Welt / alle Blumen erhält / und das Glück, und das Glück / unsrer Republik.«[1]

Diese Zeilen werden hier nicht zitiert, um dem Autor Vergangenes um die Ohren zu schlagen. Peinlich kann die Erinnerung auch ans Peinliche nur dem sein, der sein Leben nachträglich in die Einlinigkeit pressen will und die eigene Biographie zu einer Form »mit Konsequenz« stilisiert. Ein großer Teil der Verantwortung für derlei gelehrige Fleißarbeiten fällt auf die Lehrer und Vorbeter zurück, die familiär-anhängliche Wendungen (»sprach die Partei wie eine Mutter«[2]) als emotional bewältigte Parteilichkeit rühmten.

Ein Enthusiast wie Kunze hatte schließlich nur die Wahl zwischen opportunistischer Anpassung ans jeweils Verlangte und der Preisgabe errungener sozialer Positionen. Nach heftigen politischen Angriffen brach er die akademische Laufbahn ab, verzichtete auf die Promotion, zu der man ihn wahrscheinlich nicht mehr zugelassen hätte, hielt sich aus der journalistischen Tagespraxis heraus. Kunze arbeitete als Hilfsschlosser in einem Leipziger Betrieb, der Verlade- und Transportanlagen herstellt. Nach mehreren Aufenthalten in der Tschechoslowakei siedelte er ins thüringische Städtchen Greiz über, in seine »grüne Zuflucht«, wie er es in dem Gedicht »Dreiblick« bezeichnet. Dort nämlich konnte seine Frau, eine tschechische Zahnärztin, Arbeit finden.

Ohne das Beispiel Kunze überstrapazieren zu wollen, scheint es mir zu beweisen, daß die überfällige Brechung des alten Bildungsprivilegs in den kommunistischen Ländern Veränderungen bringt, die über den kurzfristigen Zweck, dankbare machtkonforme Kader heranzuzüchten und das bestehende Gesellschaftsgefüge zu stabilisieren, weit hinaus führen.

Die Verteidigung der Poesie durchdringt die Arbeiten Kunzes bis in die letzte Zeile. Pragmatische Technokraten und auf Politik im beschränktesten Sinne fixierte Sektierer sehen in der Dichtung kein schutzbedürftiges Gut. Der Dichter, der nicht hauptsächlich mit Hilfe der Poesie für Zwecke aller Art, sondern für sie selber kämpft, muß sich nicht erst Gegner suchen. Ob man ihn des bürgerlichen Luxus im Geiste bezichtigt oder ihn des volksfremden Formalismus zu überführen sucht, ob man ihn nach dem quantitativen Nutzen (bitte möglichst in Tonnen angeben!) für die rasche Entwicklung der Volkswirtschaft oder nach der Anzahl der Kämpfer befragt, die durch seine agitatorische Kraft für die auf der jeweiligen historischen Tagesordnung stehende Sache gewonnen wurden – immer wird der Dichter in die Situation eines Außenseiters gedrängt, der sich bitte schön um plausible Rechtfertigungsgründe für seine Existenz bemühen möge. »Entschuldigung« heißt ein Gedicht Kunzes[3]:

»Ding ist ding / sich selbst genug // Überflüssig / das zeichen // Überflüssig / das wort // (Überflüssig / ich)«

Das Stichwort »Verteidigung der Poesie« stammt von Johannes R. Becher, der in mehreren Bänden tagebuchartiger Betrachtungen über literarische und kulturpolitische Probleme neben mancherlei Füllstoff viele »anstößige« Reflexionen mit Langzeitwirkung in die öffentliche Diskussion eingebracht hat. Die Bedeutung dieser Bücher, von denen das im Jahre 1952 erstmals erschienene »Verteidigung der Poesie« heißt, wird im Westen unterschätzt, wo man ein Becher-Bild gemalt hat, in dem beinahe ausschließlich die literarischen Schwächen und persönlichen Eitelkeiten des Dichters und Kulturministers anekdotisch aufgeputzt wurden. In der DDR ermöglichten aber gerade diese Schriften subjektive Fragestellungen unter Berufung auf Bechers »klassische« Autorität auch in schwierigen Perioden durchzuhalten oder wiederaufzugreifen.

Das gilt auch für Reiner Kunze, der bei Becher erste Ermutigungen für die Emanzipation von der standardisierten, veräußerlichten Auftragsliteratur im Sinne nirgends faßbarer Volksmassen fand. In einem Vortrag[4] aus dem Jahre 1959 zitiert Kunze mehrfach aus Bechers »Verteidigung der Poesie«. Wichtig ist vor allem die Stelle: ›»Für wen schreibst du?‹ Nicht die Frage ist es, die an den Dichter gerichtet wird, wie einige in der Dichtung unerfahrene Leute nach wie vor annehmen [. . .]. ›Wer bist du, der du schreibst?‹ Diese Fragestellung geht tiefer und ist die eigentliche Lebensfrage jedes Dichters. Man schreibt für diejenigen, deren Wesen so tief in das eigene eingegangen ist, daß man gar nicht anders kann, als für sie schreiben.«[5] Wie auch immer Becher am Schluß durch den Hinweis auf die Verinnerlichung der »Träume des Volks« in dessen Repräsentanten, den Dichtern, mit der einen Hand wieder zurücknimmt, was er mit der anderen gerade gegeben hat – die Bemerkungen ermutigen zum Nachdenken über sich selbst, sie werten die Persönlichkeit des Dichters auf. Bechers Hauptmotiv war es, darauf hinzuwirken, daß der Autor sich wieder »frei im Stoff« bewegen kann, ohne durch ein inneres Kontrollämpchen gelähmt zu werden, das bei jedem Wort in Form eines Fragezeichens aufleuchtet: »Ist das, was ich schreibe, auch verständlich genug?« Denn dies steckt ja genaugenommen hinter der fordernden Frage, für wen einer eigentlich schreibe.[6]

Ein tschechischer Übersetzer, Luboš Přihoda, hat, ohne Becher zu erwähnen, geschrieben, Kunze sei aufgrund musikalischer Vorbilder, vor allem durch Beethoven, statt zu der Frage »Für wen schreibst du?« zu der »Wer bist du?« geführt worden. Mir scheint aber gerade in diesem Punkt die direkte Ableitung aus kulturpolitischen Diskussionen im Zusammenhang mit der Becher-Rezeption möglich. Wie das auch sein mag – Přihoda hat mit seinen Schlußfolgerungen ohne Zweifel recht: »In den Intentionen dieser Konzeption wird das Schreiben zum eigenen Klärungsprozeß, [. . .] zu einem ständigen Vollenden des ästhetischen Prinzips bei der Selbstvollendung in einen ganzen Menschen, zu seiner Selbstverwirklichung . . .« Kunze hat in der Nachbemerkung zu seinem Bändchen »Zimmerlautstärke« unter Berufung auf Margarete und Alexander Mitscherlichs Wort, zum Widerstand gegen die Anweisungen des Kollektivs benötige man eine starke und stabile Ich-Organisation, dem Gedicht eine solche Funktion zugemutet: »Das gedicht als stabilisator, als orientierungspunkt eines ichs. Das gedicht als akt der gewinnung von freiheitsgraden nach innen und außen.«[7]

Hieraus folgt aber nicht, daß, wie enthusiastische Tatmenschen vereint mit Gleichgesinnten so gern arrogant vermuten, damit der »selbstvergessenen Nabelschau« das Wort geredet wird. Der Leser war für Kunze niemals eine zu vernachlässigende Größe. Gerade dem Leser oder Hörer von Gedichten hat Kunze – wiederum im Anschluß an Becher – ein derart intensives Eindringen in die poetische Aussage zugemutet und zugetraut, wie sie der Konsument von Erzählungen, Romanen oder Dramen nicht zu leisten imstande sei. Der Grund liege darin, daß in diesen Formen Figuren dazwischengeschaltet seien, die die Identifizierungsenergien absorbieren. Der Leser von Lyrik versetze sich dagegen unmittelbar in die Gedanken- und Formenwelt des Autors, jedenfalls dann, wenn er einen Zugang findet und die Zustimmung nicht versagt. Die von Kunze herangezogene Stelle in Bechers »Verteidigung der Poesie« lautet: »Das Wesen des lyrischen Dichters besteht darin, durch seine Dichtung sich selbst Gestalt werden zu lassen, und diese Gestalt ist eine ebenso erfundene Gestalt wie die Hauptfiguren im Roman oder im Drama. Das ›Ich‹ des lyrischen Dichters ist danach nicht eine unmittelbare private Aussage, sondern es gestaltet sich eine poetische Figur, indem ein Ich von sich aussagt. [. . .] Der Romancier und der Dramatiker leben in ihren Gestalten weiter, der Lyriker aber ist selbst Gestalt [. . .].«[8] Kunze leitet daraus ab, daß in dieser subjektivsten Form dem Leser keine sichtbare Gestalt entgegentritt, die die geäußerten Worte als eigene beanspruchen könnte. Er schrieb 1959: »Die Gedanken und Gefühle, die lyrisch ausgedrückt werden, empfindet der Leser – auch wenn er vorher nie so gedacht oder gefühlt hat – meist unmittelbar als seine eigenen Gedanken und seine eigenen Gefühle, sobald sie seinem Denk- und Gefühlsvermögen entsprechen. In der Lyrik werden die Erkenntnisse über den Menschen und das Leben nicht durch eine fremde poetische Gestalt vermittelt. Der Leser geht selbst in die poetische Gestalt der Lyrik ein.« Der Vortrag schließt mit dem Satz: »Diese Macht des Lyrikers muß erkannt werden, zuerst von ihm selbst.«[9] (»Macht der

Poesie« hatten Bechers 1955 erschienene Aufzeichnungen geheißen.)
Diese Erhöhung seines Mediums brauchte Kunze als Durchgangsstu-
fe zu einem Selbstbewußtsein, das Sicherheit genug besaß, um zu-
rücknehmen und relativieren zu können. Die Möglichkeiten des Gedichts werden heute von ihm noch für genauso wichtig, aber nicht
mehr für so weitreichend gehalten. Das Kommunikationsangebot
bleibt bestehen. Was der Dichter von sich preisgibt und schutzlos dem
identifizierenden oder vernichtenden Zugriff ausliefert, womöglich
auch nur der gleichgültigen Verweigerung, ist eine Vorgabe, die,
wenn sie angenommen und vom Empfänger durch seinen Anteil am
sozialen Verständigungsprozeß ergänzt und vervollständigt wird, viel
und wenig zur Humanisierung der Welt beitragen kann. Kunze hat in
einer zweiten, an Max Frisch anknüpfenden Nachbemerkung zu
»Zimmerlautstärke« mit zwei knappen Sätzen zusammengefaßt, was
ich eben zu erläutern versucht habe: »Das gedicht als äußerster punkt
möglichen entgegengehens des dichters, als der punkt, in dem auf
seiner seite die innere entfernung auf ein nichts zusammenschrumpft. Das gedicht als bemühung, die erde um die winzigkeit
dieser annäherung bewohnbarer zu machen.« [10]
Ehe Kunze wußte, was er selbst wirklich wollte – und dies erwies sich
als ein langwieriger schmerzlicher Prozeß –, war er den irritierenden
Bestätigungen und Verwerfungen eines desorientierten Publikums
und einer desorientierenden Kritik ausgesetzt. Es scheint, als ob das
Wichtignehmen der Dichtung vieler Länder und Zeiten, vor allem des
deutschen klassischen Erbes und der tschechischen Volkspoesie, es
ihm ermöglichten, den vorgestanzten Klischees der Besserwisser zu
entkommen, die wußten, wie ein schönes sozialistisch-realistisches
Gedicht auszusehen hatte. Er war nicht sicher genug, den Zumutungen polemisch zu begegnen, und er war zu sensibel, als daß er auf
Meinungen nichts gab, selbst wenn er ahnte, daß sie ihn nicht weiter-
bringen konnten. So fragt er in einer Strophe des 1959 geschriebenen
Prologs [11] zu dem Bändchen »Widmungen« von 1963, das er Opus eins
nennt, wodurch früher Erschienenes wenn nicht annulliert, so doch
gründlich »ausgesiebt« wird:
»Gedicht, es sammelt sich dein publikum. / Kundgebung wimmelnder
gestalten! / Ein urteil bringt das andre um. / An welches urteil wollen
wir uns halten?«
Sechs Jahre später, 1965, hat Reiner Kunze in fünf Anmerkungen
selbstinterpretatorischen Klartexts eine Antwort gegeben, die über
die im Prolog versuchten Ansätze hinaus geht. Vor allem legt er den
Maßstab der Verständlichkeit beiseite, der als besonders klobige Waf-

fe bei der Disziplinierung der Künstler benutzt wurde, unter Miß-
brauch der alte Bildungsprivilegien angreifenden Losung, die Kunst
gehöre dem Volke. Kunze fragt nach der Beschaffenheit des Verstan-
des und des Willens, der dem Verstand zur Seite steht. Das unter-
schiedliche Vermögen der einzelnen relativiert die Kategorie der Verständlichkeit. Gesucht werden muß ein Maßstab, der für die Poesie
selbst nicht sekundär, sondern konstitutiv ist. Statt der Verständlichkeit empfiehlt Kunze die Genauigkeit. Seine These zwei heißt lapidar:
»Poesie soll einfach sein. Sie kann aber nicht einfacher sein, als es die
Genauigkeit erlaubt.«[12] Meinungen über Poesie sind situationsbe-
dingt, interessengebunden, bildungsabhängig usw. Eine Ansicht als
die gültige Ansicht aller oder der Mehrheit auszugeben, widerspricht
diesem unbestreitbaren Sachverhalt. Hält der Dichter sich nicht an
diese Norm, wird ihm arrogante Verachtung des überwiegenden Teils
der Gesamtbevölkerung, einige der Basis entfremdete Außenseiter
abgerechnet, unterschoben. Kunze hierzu: »Man kann [. . .] auf den
Dichter eine Art öffentlicher Nötigung ausüben, indem man eine
bestimmte Meinung als ›Massenmeinung‹ oder Meinung des Volkes
deklariert (was natürlich eine Fiktion ist, denn das Verhältnis zur
Poesie ist ein zutiefst *individuelles* Verhältnis). Der Dichter möchte
nicht bezichtigt werden, die Meinung *unserer Menschen* oder *des*
werktätigen Menschen zu mißachten.«[13]
Widerwillig und wider die eigene Einsicht die gängigen »gesell-
schaftsfähigen« Urteile zu übernehmen, um als Person belohnt und
belobigt zu werden, beschädigt oder zerstört die Poesie. In einem dem
tschechischen Dichter Jan Skácel, von dem in deutscher Sprache eine
Gedichtsammlung[14] in Kunzes Übersetzung vorliegt, gewidmeten
Satz wird ein Endpunkt dieser Reflexionen bezeichnet: »Das bedürfnis des dichters, nach außen hin etwas zu gelten, bricht in dem
augenblick zusammen, in dem er begreift, was poesie ist.«[15] Der
Verzicht auf die Vorteile der Anpassung erhöht die Verteidigungs-
kraft im Streit mit den Verächtern und Bekämpfern der Poesie. Um
bei militärischer Metaphorik, die Kunze sehr fernliegt, zu bleiben: der
Poet muß einen Mehrfrontenkrieg mit unregelmäßig verlaufenden
Gefechtslinien bestehen.
Da muß man reagieren auf die besserwisserische und unhistorische
Abkanzelung »dummer« Gedichte aus der Vergangenheit, die angeblich den neuen Menschen nichts mehr oder doch nur Falsches zu sagen
hätten, weil diese inzwischen so unendlich viel weiter gekommen
seien. Diese überhebliche Zurückweisung, zu der die kritische Aneig-
nung des Kulturerbes gelegentlich pervertierte, hatte natürlich auch

Folgen für die Beurteilung zeitgenössischer Werke, die nach Irrtümern und Fehlhaltungen abgesucht wurden. Wie Kunze in seiner schwierigen »Übergangsphase«, als er schon »Treuhänder des Poetischen« und noch »Erzieher« im Sinne der gewünschten Normen war, in dieser Frage freies Feld zu gewinnen suchte, läßt sich dokumentieren. In dem schon mehrfach erwähnten, an Becher anknüpfenden Aufsatz aus dem Jahre 1959 hatte Kunze das »Abendlied« des Matthias Claudius erwähnt. Genauer gesagt, handelt es sich um ein Referat, das Kunze im April 1959 auf einem »Lehrgang für junge Lyriker« gehalten hat (es lohnt nicht, im einzelnen darauf einzugehen, da es vorwiegend aus Banalitäten besteht, die dem Anlaß kongruent sind). Ein Lehrgangsteilnehmer machte Einwände geltend gegen Kunze, der die erste Strophe (»Der Mond ist aufgegangen [. . .]«) zitiert und ihres Natur- und Heimatgefühls wegen gerühmt hatte: »Claudius, meine ich, war bestimmt ein begabter Mann, aber er war ungenial. Und ich möchte sagen, seine Lyrik hat etwas ›Allgemein-Menschliches‹ [. . .].«[16] Dem jungen Lyriker kam das Ganze »dumm-religiös« vor, und es sei »irgendwie typisch« für Claudius, »daß er sich in seinen Gedichten oft so hinterwäldlerisch ins allzu eigene Ich zurückzieht«. Kunze reagierte heftig, »da mir die folgenschwere Anmaßung, mit der heute manchmal noch über die Geistesgüter unserer Nation gesprochen wird, für die Haltung einiger, die in der Literatur noch nichts vollbracht haben, symptomatisch erscheint; das zeigte sich auf dem Lehrgang auch darin, daß sich eine Reihe von Autoren wohl in der Lage fühlten, ein Gedicht wie das ›Abendlied‹ von Claudius mit kühner Geste zu verurteilen, nicht aber, es sich in einer historisch-konkreten Betrachtung kritisch anzueignen«.[17]

Bedroht wurde die Poesie zweitens von denen, die mit der herablassenden Gebärde des pragmatischen Aufbau-Organisators die beliebte Frage nach dem Nutzen stellten. Kunze hat darauf mit dem Gedicht »Vom Unwert der Lerche«[18] reagiert, das freilich nur einen schwachen Aufguß von Brechts Kinderlied »Die Vögel warten im Winter vor dem Fenster« darstellt, in dem der Anspruch der Amsel, die »nur« gesungen hat, auf Lohn und Korn bekräftigt wird. Das (bescheidene) Ziel dieser seiner Einreden faßte Kunze 1965 in den Satz: »Manchem, der glaubt, über Poesie den Stab brechen zu dürfen, sollte zumindest die Hand ein wenig zittern.«[19]

Kunze ordnet die menschheitsgefährdende Bedrohung durch Barbarei und Krieg ebenfalls dem großen Thema der Verteidigung des Poetischen zu. In seinem, wie man hört, in der Sowjetunion stark beachteten Gedicht »Puschkins Michailowskoje«, das von einer Bemerkung des Museumsführers ausgeht, die Frontlinie des 2. Weltkrieges sei hier mitten durch den Garten hindurch verlaufen, schreibt Kunze: »Wer immer / die angreifer wären hier jetzt zum gegner hätten sie / mich // wer immer einfallen wird / in die offenen gärten der dichter«[20] Die Gärten der Dichter sind offen – Metaphorik der Schutzlosen. Standhaftigkeit gegenüber dem Eingriff, der Einschüchterung, dem Verbot kann die Waffen der »verfügenden« Gegner auf Dauer doch stumpf werden lassen. Das Seneca-Motto der »Zimmerlautstärke« bekräftigt das: ». . . bleibe auf deinem Posten und hilf durch deinen Zuruf; und wenn man dir die Kehle zudrückt, bleibe auf deinem Posten und hilf durch dein Schweigen.«[21] Wer nicht resignieren will, muß dieser Überzeugung sein. Als Kunze 1960 begann, in einem Zyklus von Fabeln, »Die Kunst der Tiere«, gegen engstirnige Funktionäre Sturm zu laufen, war ihm der Blick noch durch einen allzu heiteren Optimismus der Art, daß die fröhlich schmetternde Kunst schon nicht totzukriegen sei, getrübt: Die Nachtigall triumphiert, auch wenn die Uhus den Gesang mißbilligen. Sein Gedichtband von 1962 trug diese Überschrift: »Aber die Nachtigall jubelt.« Aus dem Zyklus läßt Kunze wohl nur mehr die beiden radikalsten Texte, »Das Ende der Fabeln« und »Das Ende der Kunst« gelten; diese beiden übernahm er jedenfalls in den Band »Sensible Wege« von 1969. In neueren Arbeiten zum gleichen Thema verzichtet Kunze auf die Absicherung durch die der Tierfabel angemessene satirische Übertreibung. Knappe Pointen haben die weitschweifigen, penetrant schelmischen Geschichten von einst ersetzt. Als Beispiel sei genannt: »Auf einen Vertreter der Macht oder Gespräch über das Gedichteschreiben«:

»Sie vergessen, sagte er, wir haben / den längeren arm // Dabei ging es / um den kopf«[22]
Oder das Titelgedicht der Sammlung »Zimmerlautstärke«:
»Dann die / zwölf jahre / durfte ich nicht publizieren sagt / der mann im radio // Ich denke an X / und beginne zu zählen«[23]
»Zimmerlautstärke«, ein Wort, das ein Bündel vielgestaltiger Assoziationen weckt. In der guten alten Zeit, als man noch wußte, was Lärm war, erinnerte die freundliche Stimme des Radioansagers die lieben Hörer noch öfters daran, daß man aus Rücksicht auf mithörunwillige Nachbarn sein Gerät auf einen angemessenen Pegel einstellen möge. Als es im Krieg Feindsender gab, deren Abhören bei Todesstrafe verboten war, mußte der informationshungrige Hörer die Zimmerlautstärke auf »Ohrenlautstärke« bei enger Berührung mit der Membran drosseln. Die Zimmerlautstärke kam in der DDR zu neuen

Ehren, als dort das Abhören der Westsender mindestens politisch und moralisch angeprangert wurde, von terroristischen Übergriffen und den exemplarischen Bestrafungen im Falle des »Gemeinschaftsempfangs« nicht zu reden. All diese Beschränkungen der »Kommunikation« mitsamt dem Mißtrauen gegenüber der Kritikfähigkeit des Bürgers gehen in Kunzes Metapher ein. Aber es schwingt wohl noch etwas anderes mit: Die Auffassung nämlich, daß Dichtung nicht laut sein muß, wenn sie sich Gehör schaffen will. Daß sie inmitten des Lärms paradoxerweise intensiver wirkt, klarer vernommen wird, wenn sie auf Auftrumpfen, auf Geschrei verzichtet. Die Apologie der Stille hat hier ihren Platz. Als Beispiele seien nur die Gedichte »Die Bringer Beethovens«[24] und »Einladung zu einer Tasse Jasmintee«[25] genannt.

Weniges leise zu sagen, gehört zur dichterischen Eigenart Kunzes, der sich dadurch nach Temperament und Wirkungsmethodik erheblich von seinen Generationsgenossen Braun oder Biermann unterscheidet. Für eine kurze Begrüßungsrede auf einem internationalen Schriftstellertreffen, das im April 1973 in Budapest stattfand, hat Kunze »die Poesie« personifiziert, um ihr – und nicht nur ihrem Schöpfer – eine Haltung zum Gerede über sie zuordnen zu können. Es heißt da: »Die Poesie ist schüchtern. Ich glaube, daß die Gefühle der Poesie gegenüber einer Konferenz, die sich mit ihr beschäftigt, ambivalent sind. Sie freut sich und sie ängstigt sich zugleich. Sie freut sich, weil manchmal das passende Wort gefunden wird. Und sie ängstigt sich vor dem überflüssigen Wort. Um niemanden zu kränken, verläßt sie den Saal, bevor einer von uns zu sprechen beginnt. Hinter der Tür lauscht sie. Dann entscheidet es sich: Entweder sie geht in eines der angenehmen Budapester Espressos und lächelt vor sich hin. Vielleicht auch setzt sie sich auf eine Donauboje, schaukelt und wartet. Das ist eine Möglichkeit. Die andere Möglichkeit ist, daß sie unbemerkt in den Saal zurückgeht – etwas verlegen, weil sie den Dichtern zu wenig vertraut hat – und in einer Ecke bis zu Ende zuhört [. . .].«[26] Diese Unterscheidung zwischen »Worten« und dem »Gedicht« hatte schon den »Prolog« von 1959 zu den »Widmungen« bestimmt.

Bei alledem wird von der Person des Dichters nicht abgesehen, der sich nicht unsichtbar machen, der sich kein »dickes Fell« zulegen, der sich nicht verstecken kann. »An R. K., Dichter« heißt ein Gedicht, das sich der Autor wie eine Tarnkappe aufstülpt:

»Ich bin K. / und wohne / hier // Der dichter / ist verzogen // Anschrift / unbekannt«[27]

Treten in Kunzes Märchen Dichter auf, sind sie den Mächtigen lästig, die seine Spuren und Hinterlassenschaften gern löschten: »Nichts sollte mehr an den Dichter erinnern. Er hatte von den Menschen erzählt, und ihre Träume und Gedanken waren für die Mächtigen nicht schmeichelhaft gewesen.«[28] An den Dichter kann man sich halten; er ist »verantwortlich im Sinne des Urheberrechts«. Wie ein Schutzschild legt er sich vor die Poesie. Der »Prolog« (1959) schließt mit den Strophen:

»Flieg, mein gedicht! Und fliehe dessen zeichen, / der dich verkennt! Und legt er an auf dich, / er wird dich nicht erreichen, / er trifft nur mich. // Ich doch ertrag, vom fieber schlagerhitzt / das herz, aus dem du dringst, / wenn du nur in den zweigen sitzt / und singst.«[29]

Man muß wiederum daran erinnern, daß dies 1959 geschrieben worden ist. Die Mischung aus Pathos und Sentimentalität mit einem gewissen Hang zur Larmoyanz ist längst einer genaueren Sprache gewichen. Kunze hat Sicherheiten gewonnen, nach innen wie nach außen. Die »Zuflucht noch hinter der Zuflucht«, wie ein Peter Huchel gewidmetes Gedicht heißt, ist gewiß. In solchem Kontext zitiert Kunze Jean Amérys Bemerkung, man müsse Heimat haben, um sie nicht nötig zu haben.[30] Die unverrückbare Basis, von der aus auch abenteuerliche und riskante Entdeckungsfahrten ohne Zittern und Zagen unternommen werden können, hat Kunze in dem Gedicht »Blickpunkt« thematisiert:

»Frau nicht / die möbel verrücken // Wer / im kopf umräumt dessen / schreibtisch muß // feststehn«[31]

Trotz solcher »Verankerung« der Widerstandsfähigkeit des einzelnen finden sich Stellen, die einen Rückzug auf die Position »Die Gedanken sind frei« signalisieren.
Zwei Beispiele dafür:

»Retuschierbar ist / alles // Nur / das negativ nicht / in uns«
(in: »Von der Notwendigkeit der Zensur«[32])
»Nur die erinnerung in ihm / ist belichtet«
(in: »Macht und Geist«[33])

Das Gedicht »Kottenheide« ist von einer »Wirf-deine-Sorgen-in-die-Natur«-Stimmung erfüllt, die – durch die wortspielerische Abwehr allgegenwärtiger lästiger politischer Losungen verstärkt – unvermittelte Privatheit suggerieren könnte, wäre da nicht ein genauer geographischer, situationsbedingter Bezugspunkt, der dem Gedicht die Schwere (und auch die Fatalität) eines weltanschaulichen Bekenntnisses nimmt (das gleiche gilt für das Gedicht »Rückkehr aus der Versammlungsstadt«). Kottenheide ist eine abgelegene Gegend im Vogtländischen; das Gedicht lautet:

»Die zeit / fällt aus den fichten als / reine zeit // Die losung des wildes ist / die einzige«[34]

Das zweiteilige Gedicht »Die Antenne«, dessen zweiter Teil aus einem einzigen Wort besteht, liefert die Kritik an der Illusion mit, es gebe Unantastbares, und stärkt durch solch nüchternes Eingeständnis auf dialektische Weise die Widerstandskraft. »Die Antenne«[35] geht von einer Kampagne gegen den Empfang des Westfernsehens aus (»sie abzusägen, drohte / die straße«). Der erste Teil endet mit der Apotheose des unzerstörbaren Gedankens: »Die antenne flüchtete / in den kopf, er / bot sicherheit«. Die Scheinhaftigkeit dieser angenommenen Garantie wird durch das isoliert stehende »vorerst« des zweiten Teils einbekannt.

Das Insistieren auf der Subjektivität und Integrität des einzelnen hat bei Kunze nichts von der Verachtung des Hochmütigen, der sich pharisäisch der Einsamkeit ergibt. In der Solidarität mit den Gefährten und im unstillbaren Bedürfnis nach Kommunikation widersteht Kunzes Dichtung jeder Esoterik. Das »Lied vom Biermann« ist ein Echo auf Wolf Biermanns Gedicht »Frühzeit«, das Titelgedicht der Sammlung »Sensible Wege« nimmt die Metaphorik vom Roden der Wurzeln aus Peter Huchels »Garten des Theophrast« auf. Das Gedicht »Deutschland, Deutschland« ist Alexander Solschenizyn gewidmet, dessen Buch vom Lagerleben des Iwan Denissowitsch während der Chruschtschow-Ära in der Sowjetunion Aufsehen erregte, auf Weisung der SED aber nicht in der DDR erscheinen durfte:

»Der standhaftigkeit, als einzige / verschwiegen zu haben / das buch eines standhaften // hörte ich sie sich / rühmen«[36]

Hier wie auch in manchen anderen Gedichten zeigt sich der Einfluß des späten Brecht. Die ironische Andeutung, der Gestus des Beobachtens, die epigrammatische Zuspitzung sind Beispiele einer Differenzierung von Kunzes Ausdrucksmitteln, die sich allmählich von der Vorherrschaft des Emotionalen befreien. Kunzes Herkunft von der Tradition der Volkspoesie mit ihrer Vogel- und Blumenmetaphorik hat ihn nicht immer vor weitschweifigen Lyrismen bewahrt. Manchmal entstehen Leerstellen. Der Vergleich der Anfänge zweier Wintergedichte auf Greiz kann das verdeutlichen. In »Dezember« heißt es: »Stadt, fisch, reglos / stehst du in der tiefe.«[37] Die kunstlos-kunstvolle Reihung macht den Vergleich selbstverständlich. Das Gedicht »Fischritt am Neujahrsmorgen« beginnt dagegen:

»Stadt, schlüpfrige, halt / still // Ah, jetzt erkenn ich's, du / bist ein fisch.«[38]

Das eingeschobene »schauende Subjekt« verdirbt mit dem »ah, jetzt erkenn ich's« das Gedicht, dessen neckischer Märchenton auch im folgenden gezwungen wirkt.

Die Rezeption der Volkspoesie und vor allem der tschechischen Lyrik, in der volkstümliche Traditionen selbstverständlicher fortleben als in der deutschen, war für die »Subjektwerdung« des Dichters Kunze von entscheidender Bedeutung. Nur die sture, zeitweise recht einseitige Behauptung der Bildhaftigkeit der Dichtung, die das wichtigste Unterscheidungsmerkmal gegenüber anderen Formen der Wirklichkeitsaneignung sei, ermöglichte es Kunze, die Zumutungen abzuweisen, sogenannte »wichtige« Inhalte (über deren Wichtigkeit andere entschieden hatten) direkt zu transportieren. Im Hintergrund stand anfangs eine schematische Entgegensetzung von Rationalem und Emotionalem ; nur dieses hielt Kunze für poesiefähig. Die Schlußstrophe des Gedichts »Das Quartett« aus dem Zyklus der Fabeln macht dies augenfällig:

Die Nachtigall sagt schlicht: / »Die Kunst – sie flieht Befehle. / Verstand allein regiert sie nicht. / Sie will des Künstlers Seele.«[39]

Zwar werden hier schon die von außen herangetragenen Anweisungen verworfen, aber der Zusammenhang von »Befehl« und »Verstand« erscheint nicht plausibel. Auch die Auftraggeber wünschen sich doch die volle Identifizierung des Künstlers, sie wollen Herz, Kopf und Hand, also auch seine »Seele«. Sonst müßte bei ihnen der Verdacht des »inneren Vorbehalts« aufkommen. Den Zeilen fehlt Genauigkeit.

Kunzes Leistung besteht nicht zuletzt darin, aus der Sackgasse der falschen Alternativen herausgefunden zu haben, etwa auch der von Rose und Ordnung (»In der Thaya«).[40] Seine epigrammatische Dichtung erliegt der Gefahr einer dürren Didaktik deswegen nicht, weil sie auf einem Fundament aus Anschaulichkeiten aufgebaut wird. Der Autor vertraut auf den konkreten Wortwitz der Sprache und bettet ihn in eine einfache Bildlichkeit ein, die nun nicht mehr in »Gefühligkeiten« ausufert. Erst in der Synthese hat Kunze seinen eigenen Ton gefunden, gleich weit entfernt von gefühlsgeladener Symbolik wie von unpersönlicher Direktheit. Politisches existiert nur als Poetisches. Die Naturmetaphorik wird »vergesellschaftet« (Beispiel: »Der Hochwald erzieht seine Bäume«[41]). Die Qualität der Gedichte läßt sich nicht anhand des benutzten Vokabulars bestimmen, als sei dieses bei »privaten« oder allgemeinmenschlichen Sujets ursprünglich, bei politischen aber abgeleitet und folglich ausgebleicht.[42] Wenn ein politisches Thema dem Dichter Kunze nicht poetisierbar im Sinne einer imaginativen Inspiration erschiene, verzichtete er – trotz der Notwendigkeit der Kritik – auf dessen Behandlung eher, als daß er an einer passenden Imitation herumbastelte, die zu verbergen hätte, daß eine gefügte Struktur sich nicht wie von selbst herstellt.

Die Sehnsucht nach Kommunikation durchdringt die unter der Überschrift »Hunger nach der Welt« zusammengestellten Gedichte des Bands »Sensible Wege« und die 21 Variationen über das Thema »Die Post«. Aber je mehr er sich unzumutbaren Ansprüchen verweigerte, desto schwerer wurde es für ihn, in der DDR noch eine Tribüne zu finden. Für einige Jahre wurde es ihm nach 1968 ganz und gar verwehrt, in der DDR noch etwas zu publizieren.[43] Dennoch gilt auch für Reiner Kunze, daß er zum Nutzen der sozialistischen Gesellschaft schreibt, daß von seiner Seite die Solidarität mit den in der DDR lebenden Menschen nie aufgekündigt worden ist, auch wenn er Kompromisse, die an die Substanz gingen, nicht zu schließen gewillt war. In dem Gedicht »Dreiblick« heißt es:

»Ausgesperrt aus büchern / ausgesperrt aus zeitungen / ausgesperrt aus sälen // eingesperrt in dieses land / das ich wieder und wieder wählen würde«[44]

Man darf dieses prinzipielle Bekenntnis zur DDR nicht übersehen, wie es in jenen Kreisen im Westen allzu gern geschieht, die Kunze als »Partisan der Wahrheit« ans Herz drücken möchte. »Gedichte sind mißbrauchbar wie die macht«[45], heißt die dritte kommentierende Anmerkung zu dem Bändchen »Zimmerlautstärke«. Auch ein Gedicht wie »Düsseldorfer Impromptu« mit den drei Schlußzeilen: »Der mensch / ist dem menschen / ein ellenbogen«[46]

sollte man in der Bundesrepublik nicht überlesen. Reiner Kunze, der sich die Gegenstände seiner Kritik und den Grad ihrer Schärfe von niemandem diktieren läßt, hat in einem Interview, das er im Herbst 1972 einem westlichen Journalisten gab, seine Primärleserschaft weiterhin in der DDR gesehen: »Ich schreibe nicht für eine bestimmte Gruppe von Menschen. Wenn ich durch mein Schreiben Menschen helfe, bestimmten Dingen gegenüber eine Haltung zu gewinnen, so ist es für mich ein glücklicher Umstand. Reaktionen, die ich aus der BRD und aus dem Ausland erhalte, deuten darauf hin, daß es auch dort Menschen gibt, für die meine Bücher nicht völlig ohne Belang sind. Die Dinge, hinter die ich schreibend kommen möchte, sind den Menschen in der DDR aber näher. Deshalb bedaure ich sehr, daß ich meine Bücher vorerst nur noch in der BRD und im Ausland publizieren kann.«[47] Im Frühjahr 1973 erschien in der Hauszeitschrift des Reclam-Verlags in Leipzig ein Interview mit Reiner Kunze, in dem der Befragte sich ganz ähnlich ausdrückt: »Ich gehöre hierher, in dieses Land, in diese Gesellschaft. Im Gedicht ist der Dichter den anderen Menschen am nächsten. Ich möchte vor allem hier den anderen Menschen am nächsten sein.«[48]

Das ist keine Abgrenzung, keine Abqualifizierung von Lesern außerhalb der DDR. Sie werden nicht zu Zaungästen gestempelt, die nur »mitlesen« dürfen. Sein Wille zur Kommunikation und zur Solidarität, Kunze spricht in dem letztgenannten Interview von seinem »Internationalismus«, stünde in einem unaufhebbaren Widerspruch zu einer Selbstbeschränkung auf die engere Umgebung des eigenen Lebenskreises. Auch zu dieser Position gehört der Gedanke, die Heimat sei nötig, um sie überschreiten zu können. Es ist daher nur folgerichtig, daß Kunze Literaturpreise aus der Bundesrepublik, z. B. den Jugendbuchpreis des Jahres 1971 oder auch den Preis der Bayerischen Akademie der Schönen Künste angenommen hat, daß er jedoch ein Stipendium, durch das ihn die Jury für die Verleihung des Kunstpreises Berlin im Frühjahr 1973 auszuzeichnen gedachte, aus eigenem Entschluß und ohne äußeren Druck »mit aufrichtigem Dank und Respekt« ablehnte, nicht etwa, weil die Ehrung aus Westberlin kam, sondern weil er künftigen Fehlinterpretationen, auch böswilligen Unterstellungen vorbeugen wollte: »Ein Preis ist eine Auszeichnung eines bereits existierenden Werkes, ein Stipendium eine Vorleistung. Einen finanziellen Betrag angenommen zu haben, der mit dem ausdrücklichen Vermerk vergeben wird, er diene der Förderung neuer Arbeiten, könnte zu Mißverständnissen in bezug auf das Bewußtsein führen, in dem diese Arbeiten entstehen.«[49]

Reiner Kunze hat in dem Interview mit einem Lektor des Leipziger Reclam-Verlags auch einige aufschlußreiche Bemerkungen über das weltpolitische Engagement des Dichters gemacht. Darin bekräftigt er die Auffassung, daß Gedichte – auch wenn sie sich nicht direkter appellativer Formen bedienen – gegen Aggression und Barbarei antreten, schon weil sie der »Abstumpfung durch Gewöhnung entgegenwirken«. Dem Prinzip, dem Gedicht die Last aufzuladen, den jeweils aktuell notwendigen Protest ästhetisch stimmig und wirksam zu strukturieren, kann Kunze jedoch nicht zustimmen. »Hier muß der Dichter aus der Dichtung heraustreten, wie die fortschrittlichen Künstler immer auch außerhalb ihrer Kunst gegen die Barbarei aufgetreten sind, ich denke zum Beispiel an die Proteste, die der Überfall auf die Sowjetunion 1941 unter Dichtern, Malern und Komponisten von Weltrang hervorgerufen hatte.«[50]

Auch größte Erschütterungen müßten nicht oder nicht in dem Augenblick, in dem es aus außerkünstlerischen Gründen wünschenswert

wäre, zu einem poetischen Bild inspirieren. Kunze hat über das Problem in dem Gedicht »Fanfare für Vietnam« bereits in ähnlichem Sinne reflektiert:
»Meine worte will ich schicken gegen / bomber / bomber / bomber // Mit meinen worten will ich auffangen / bomben / bomben / bomben // Meine worte aber haben / handschellen«[51]
Übrigens gilt sicher auch für die Verteidigung der Poesie, daß sie nicht nur durch sich selber betrieben werden kann. Der Dichtung Freiräume zu schaffen, kann nicht durch Dichtung allein bewirkt werden. Um Kunst durchzusetzen, bedarf es kräftiger »außerkünstlerischer Mittel«. Auch hier läßt sich der Bogen zurück zu Bechers Buch von 1952 schlagen, in dem es heißt: »Eine Verteidigung der Poesie kann nicht aus einer ›verinnerlichten‹ Position heraus erfolgen. In solch einer ›Igelstellung‹ wird das Poetische wehrlos überrannt. Eine Verteidigung der Poesie kann nur außerhalb des Poetischen selbst erfolgreich durchgeführt werden: man muß aus seiner Haut fahren, um sich seiner Haut zu erwehren.«[52] Daß sie nur außerhalb des Poetischen erfolgreich verteidigt werden kann, mag übertrieben sein, aber das Einbekennen der »Machtlosigkeit« des schutzbedürftigen Guts kann vor idealistischen Höhenflügen und Omnipotenzräuschen bewahren.
»Das aktuelle Interview« mit Kunze entstand anläßlich der Herausgabe einer Gedichtauswahl, die 1973 als Band 553 von Reclams Universalbibliothek in Leipzig unter dem Titel »Brief mit blauem Siegel« erscheint. In »Fast ein frühlingsgedicht«[53] wurde der Text dieses Briefes dechiffriert. Er lautet:
»Nichts / währt / ewig«
Auch der Boykott währt nicht ewig. Kunze hofft, daß in der Auswahl etwas von dem sichtbar wird, was »zwischen den großen Farben Schwarz und Weiß liegt«.[54] Er spielt damit auf sein Gedicht »Horizonte« aus der Sammlung »Widmungen« an, das mit der Zeile »Ich bin des regenbogens angeklagt«[55] beginnt. Die Poesie zu verteidigen, heißt für Kunze, auf ihrem vollen Spektrum zu bestehen.

Anmerkungen:

[1] Aber die Nachtigall jubelt, Halle 1962, S. 37.
[2] Die Zukunft sitzt am Tische, Halle 1955, S. 29.
[3] Neue Rundschau, Frankfurt/M., 2/1969, S. 240.
[4] Über die Lyrik als dichterisches Heldendasein des Lyrikers und des Volkes, in: Fragen des lyrischen Schaffens, Halle 1960 (= Beiträge zur Gegenwartsliteratur, Heft 18).
[5] Johannes R. Becher, Gesammelte Werke, Band 13, Berlin und Weimar 1972, S. 400 f.
[6] Widmungen, Bad Godesberg 1963, S. 58.
[7] Zimmerlautstärke, Frankfurt/M. 1972, S. 65.
[8] Becher, S. 65 f.
[9] Über die Lyrik als dichterisches Heldendasein . . ., S. 15 f.
[10] Zimmerlautstärke, S. 66.
[11] Widmungen, S. 8.
[12]/[13] Maß-Stab und Meinung. Fünf Anmerkungen, in: Neue deutsche Literatur, Berlin, 7/1965, S. 112 ff.
[14] Jan Skácel, Fährgeld für Charon, Hamburg 1967.
[15] Widmungen, S. 50.
[16] Über die Lyrik als dichterisches Heldendasein . . ., S. 20.
[17] Über die Lyrik als dichterisches Heldendasein . . ., S. 21.
[18] Aber die Nachtigall jubelt, S. 79.
[19] Maß-Stab und Meinung, S. 114.
[20] Sensible Wege, Reinbek 1969, S. 64.
[21] Zimmerlautstärke, S. 7.
[22] Zimmerlautstärke, S. 40.
[23] Zimmerlautstärke, S. 38.
[24] Sensible Wege, S. 10 ff.
[25] Sensible Wege, S. 55.
[26] Unveröffentlichtes Manuskript.
[27] Sechs Variationen über das Thema ›Die Post‹ und drei Gedichte, Reinbek 1968 (Sonderdruck), S. 11.
[28] Der Dichter und die Löwenzahnwiese, Berlin (West) 1971, o. S.
[29] Widmungen, S. 9.
[30] Zimmerlautstärke, S. 23.
[31] Neue Rundschau, 2/1969, S. 239.
[32] Sensible Wege, S. 37.
[33] Sensible Wege, S. 32.
[34] Almanach 4 für Literatur und Theologie (Redaktion: Jürgen P. Wallmann), Wuppertal-Barmen 1970, S. 49.
[35] Sensible Wege, S. 38.
[36] Sensible Wege, S. 36.
[37] Sensible Wege, S. 45.
[38] Sensible Wege, S. 20.
[39] Aber die Nachtigall jubelt, S. 76.
[40] Widmungen, S. 28.
[41] Sensible Wege, S. 9.

[42] Vgl. die Rezensionen von Hans-Dietrich Sander, in: Deutschland Archiv, Köln, 7/1969, 9/1971 und 11/1972. Sander kann für sich Unabhängigkeit des Urteils beanspruchen, da er auch bei Autoren, die in der DDR Repressionen ausgesetzt sind, auf deutliche ästhetische Kritik nicht verzichtet. Die Beschränkung des »Epigonalverdachts« auf politische Lyrik ist aber wenig überzeugend; unverbrauchtes Vokabular wird nirgends mehr vorrätig gehalten. Auch die Zurückführung literarischer Kleinformen auf die Psychologie der Einsamkeit (»Im Verlies der Abbreviatur«) ist wenig plausibel. Deuten lange Monologe etwa auf ein Höchstmaß an Geselligkeit?

[43] Ich bin im einzelnen darauf nicht eingegangen und verweise auf die sehr informative Dokumentation, die Jürgen P. Wallmann in »Der Fall Reiner Kunze. Ein Beispiel Literaturpolitik der DDR« (Neue deutsche Hefte, Berlin [West] 136 = 4/1972, S. 93–115) gegeben hat.

[44] Sensible Wege, S. 19.

[45] Zimmerlautstärke, S. 67.

[46] Sensible Wege, S. 57.

[47] Interview mit Reiner Kunze, in: Die Tat, Zürich, Nr. 241, vom 14. 10. 1972.

[48] Das aktuelle Interview, in: Das Reclam-Buch. Mitteilungen des Verlags Philipp Reclam jun., DDR, Leipzig. Frühjahr 1973, Heft 41, o. S.

[49] Brief vom 16. 2. 1973.

[50] Das aktuelle Interview.

[51] Sensible Wege, S. 67.

[52] Becher, S. 258.

[53] Zimmerlautstärke, S. 37.

[54] Das aktuelle Interview.

[55] Widmungen, S. 50.

(aus: Manfred Jäger, Sozialliteraten. Funktion und Selbstverständnis der Schriftsteller in der DDR. R. Bertelsmann Universitätsverlag, Düsseldorf 1973)

Über alle Grenzen

Mölle, Berlin und Bonn

Ein Preis aus Schweden

I.

Der Gedichtband »Brief mit blauem Siegel«, den, wie gemeldet, der DDR-Schriftsteller Reiner Kunze nach fünfjährigem erzwungenem Schweigen Anfang September im Leipziger Reclam-Verlag in fünfzehntausend Exemplaren veröffentlichen konnte, ist bereits vergriffen. Während das Buch mit den brisanten Texten des kritischen Sozialisten Kunze nun bereits zu Schwarzmarktpreisen gehandelt wird, scheint man in der mittleren und unteren Schicht der Kulturfunktionäre wenig Verständnis für die von staatlichen Stellen geförderte kulturpolitische Liberalisierung zu haben. So hat das SED-Zentralorgan »Neues Deutschland« Kunzes Buch bislang nicht einmal in der Rubrik »Neuerscheinungen« seiner Literaturbeilage erwähnt. Außer einem kurzen Hinweis in der FDJ-Zeitung »Junge Welt« brachte die DDR-Presse bisher erst eine ausführliche Rezension: In der Zeitschrift »Eulenspiegel« beschuldigt Lothar Creutz den Lyriker in hämisch-polemischem Ton des »elitären Hochmuts«, der »Eigenbrötelei« und der »Selbstisolierung«. Diese Behauptungen, die der Wahrheit widersprechen – nicht Kunze hat sich isoliert, vielmehr wurde ihm jahrelang jede Publikationsmöglichkeit genommen –, sind nicht literarische Polemik, sondern politische Angriffe, die für Kunze gefährlich werden könnten. Daß der Kritiker des »Eulenspiegel« nicht allein steht mit seiner Furcht vor einem kulturpolitischen Tauwetter, beweist die Tatsache, daß Reiner Kunze nicht am 7. DDR-Schriftstellerkongreß teilnehmen darf, der vom 14. bis 16. November in Ost-Berlin stattfinden wird. Gerhard Henniger, 1. Sekretär des DDR-Schriftstellerverbandes, hatte sich direkt gegen die Teilnahme Kunzes ausgesprochen. Offenbar verübelt man Kunze noch immer seine Solidarität mit Solschenizyn und sein Eintreten für bedrängte Kollegen in der ČSSR. Henniger war es auch, der durch seinen Einspruch verhindert hatte, daß Reiner Kunze und Bernd Jentzsch aus der DDR kürzlich zur 2. Internationalen Schriftstellerkonferenz nach Mölle in Schweden ausreisen durften, obwohl das Kulturministerium der DDR bereits die Genehmigung erteilt hatte. Auf den Protest der Schriftstellerkonferenz hin teilt Claus Wolf, Kulturattaché bei der DDR-Botschaft in Stockholm, u. a. mit, die Einladung an Kunze und Jentzsch habe die Souveränität der DDR verletzt, weil in ihr von der Teilnahme von Autoren aus »Deutschland (BRD / – / DDR)« die Rede gewesen sei, statt nur von BRD und DDR. Soeben ist in Schweden, wo man Kunze in Abwesenheit den »Preis der 2. Internationalen Schriftstellerkonferenz Mölle« zuerkannt hatte, im Verlag des schwedischen Schriftstellerverbandes Eremit-Press ein Band mit Übersetzungen Reiner Kunzes erschienen unter dem Titel »Dikter över alla gränser – Gedichte über alle Grenzen«. J. P. W.

(aus: Die Tat, Zürich/Schweiz, 3. 11. 1973)

II.
An den
Kulturattaché der Botschaft der Deutschen Demokratischen Republik/Stockholm

Zu dem zweiten internationalen Schriftstellertreffen in Mölle, veranstaltet von dem Kulturzentrum in Schonen, der Schriftstellergesellschaft in Schonen, der Stadtbibliothek in Höganäs und dem Internationalen Schriftsteller-Progressiv, wurden zwei Schriftsteller aus der DDR, Bernd Jentzsch und Reiner Kunze, eingeladen und hatten ihre Teilnahme angemeldet. Kurz vor Beginn des Treffens wurde den Organisatoren mitgeteilt, daß die Teilnahme der beiden als nicht wünschenswert angesehen wird, da die Einladung nicht an den Schriftstellerverband der DDR gerichtet wurde, sondern lediglich an die Autoren persönlich.
Aus diesem Anlaß haben die englischen Teilnehmer des Intern. Schriftstellertreffens Keith Armstrong, Peter Mortimer und Michael Wilkin die Initiative zu einer Resolution mit folgendem Inhalt ergriffen:
›Wir Teilnehmer an dem Intern. Schriftstellertreffen in Mölle bedauern die Entscheidung und protestieren gegen das Verhalten der DDR-Behörden, die den Schriftstellern aus der DDR Bernd Jentzsch und Reiner Kunze die Teilnahme verboten haben. Ein solches Verbot betrachten wir als eine ernste Beschränkung der individuellen Freiheit des Schriftstellers.‹
Alle Teilnehmer an dem Schriftstellertreffen stellten sich einstimmig hinter den Protest und haben das Vorgehen der DDR-Behörden verurteilt.

(Brief vom 25. 8. 1973, unterzeichnet von Helmer Lang. Gedruckt nach dem Manuskript)

III.

Ost-Berlin hat die Schikanen gegen den unbequemen Dichter Reiner Kunze (42) wieder intensiviert. Nach längerem Tauziehen hat das »Internationale Schriftstellertreffen«, das alle zwei Jahre in Mölle (Schweden) stattfindet und Kunze 1973 die »Silberne Lorbeerspange« verliehen hatte, jetzt beschlossen, dem in Greiz in Thüringen lebenden Schriftsteller die Preisurkunde »per Post« zu schicken.
Stockholms Botschaft in Ost-Berlin erklärte dazu: »Wir haben seit der Preisverleihung vor zwei Jahren mehrfach gegenüber den DDR-Behörden erklärt, daß wir nichts dagegen hätten, wenn Reiner Kunze den Preis in unserer Botschaft empfängt.« Kunze sei jedoch »nicht erschienen«. Die DDR-Behörden hätten Kunze weder eine Ausreisegenehmigung nach Schweden, noch die in der DDR erforderliche Erlaubnis für das Betreten der schwedischen Botschaft in Ost-Berlin erteilt.

(aus: Die Welt, Berlin, 29. 10. 1975)

IV.

DDR-Dichter Reiner Kunze wird am 4. Mai in der schwedischen Botschaft von Ost-Berlin einen Literaturpreis entgegennehmen, der ihm anläßlich einer internationalen literarischen Versammlung in Mölle (Südschweden) im Jahr 1973 zuerkannt wurde. Da ihm ein Ausreisevisum von den DDR-Behörden nicht erteilt wurde, konnte Kunze den Preis nicht in Mölle entgegennehmen.   AFP

(aus: Frankfurter Allgemeine Zeitung, Frankfurt/M., 22. 4. 1976)

Lesung in Berlin (DDR)

Vor überfülltem Podium las der DDR-Lyriker Reiner Kunze im Haus der ungarischen Kultur in der Ost-Berliner Liebknechtstraße. Es war dies der erste Auftritt Kunzes in der Hauptstadt der DDR überhaupt; gleichzeitig war es das erste Mal, daß der in der DDR lange Zeit unterdrückte Autor wieder öffentlich und nach vorheriger Ankündigung auftreten konnte – nach dem 21. August 1968. In gewissem Sinn fand die Veranstaltung auf exterritorialem Gebiet statt, da das ungarische Kulturzentrum nicht direkt vom DDR-Kulturministerium abhängig ist. Dies zu betonen scheint wichtig, da bereits Mitte Oktober eine vom Leipziger Reclam-Verlag fest geplante Dichterlesung mit

Reiner Kunze in dessen Heimatstadt Greiz durch die zentrale Ost-Berliner Kulturbehörde unmöglich gemacht wurde.

Reiner Kunze ist also nach dem Erscheinen seines Bändchens »Brief mit blauem Siegel«, dessen Auflage von 15 000 Exemplaren schon vergriffen ist, in der DDR noch längst nicht voll rehabilitiert. So darf er zum Beispiel an dem vom 14. bis zum 16. November stattfindenden DDR-Schriftstellerkongreß nicht teilnehmen. Mit um so größerer Aufmerksamkeit dürften die Ost-Berliner Kulturfunktionäre Kunzes jüngsten Alleingang im Haus der ungarischen Kultur verfolgt haben.

Zunächst erwies Kunze seine Reverenz einigen von ihm nachgedichteten ungarischen Autoren, unter anderen Gyula Illés. Dann schob er als Motto des Abends zwei Sätze aus Stephan Hermlins »Lektüre« ein, in denen der Name Antonio Gramsci fiel. Anschließend las Kunze aus seinen in Leipzig, Reinbek und Frankfurt/M. erschienenen Gedichtbänden. Starken Beifall erhielten seine Gedichte »Die Bringer Beethovens« und »Das Ende der Kunst«. Kunze mischte sehr intelligent politisch Brisantes mit lustigen, grotesken Gedichten.   A. W. M.

(aus: Frankfurter Allgemeine Zeitung, Frankfurt/M., 5. 11. 1973)

Lesung in Bonn

Reiner Kunze in Bonn, in der Bundeshauptstadt, noch vor Abschluß eines Kulturvertrages, offiziell eingeladen, offiziell ausgereist: sind da die Grenzen der Abgrenzung bereits überschritten? Zunächst will es so scheinen. Dies um so mehr, als sich der Erste Sekretär des Schriftstellerverbandes der DDR, Gerhard Henniger, noch unlängst gegen eine Teilnahme des Kollegen Kunze beim siebenten Schriftstellerkongreß in Ostberlin ausgesprochen hatte. Überdies war im Oktober eine vom Leipziger Reclam-Verlag geplante Lesung Kunzes in seiner thüringischen Heimatstadt Greiz von der Ostberliner Kulturbehörde untersagt worden, ebenso seine Teilnahme am Internationalen Schriftstellerkongreß im schwedischen Mölle.

Freilich geht auch die DDR-Kulturpolitik, mit Kunzes Gedichtband zu reden, auf ihre Weise »sensible Wege«: Anfang November durfte Reiner Kunze erstmals wieder, nach dem 21. August 1968, öffentlich in der DDR auftreten, in Ostberlin, im Haus der Ungarischen Kultur. Erstmals auch, nach Jahren, wurden Gedichte Kunzes wieder in der DDR-Presse gedruckt und besprochen. Sein jüngster Lyrikband, »Brief mit blauem Siegel«, bei Reclam in Leipzig in einer Auflage von

15 000 erschienen und sogleich vergriffen, veranlaßte die satirische Wochenzeitung »Eulenspiegel« dazu, Kunze »Selbstisolierung« vorzuwerfen, während derselbe Band dem FDJ-Organ »Junge Welt« die Hoffnung anzeigte auf einen Dichter Kunze, »der uns und nicht dem Klassengegner nützlich ist«.

Unter solchen Gesichtspunkten ist diese neuerliche Reise Kunzes in die Bundesrepublik sicher nicht zuletzt der DDR-Kulturpolitik »nützlich« und eine willkommene Gelegenheit, unmittelbar nach dem Schriftstellerkongreß die proklamierte gesteigerte Wertschätzung der Autoren in der entwickelten sozialistischen Gesellschaft weithin sichtbar unter Beweis und Erprobung zu stellen. Das »Risiko« scheint in der Tat gering. Hatte Reiner Kunze doch vor nicht ganz einem halben Jahr den Literaturpreis der Bayerischen Akademie der Schönen Künste in München mit einer kritischen Dankrede in Empfang genommen und in einem Interview offen von dem »Riesengrab« gesprochen, in dem er gelegen habe.

Reiner Kunze also in Bonn. Ein karger, kurzer, konzentrierter Auftritt. Keine Dichterlesungsblumen auf der Bühne des »Lyrischen Studios« im Rheinischen Landesmuseum, keine einführenden Worte, auch nicht von ihm selbst, keine Diskussion. »Um am Ende des Abends einen literarischen Text stehen zu haben und keine Erklärung«, sagte Kunze, »möchte ich Sie im vorhinein bitten, auf ein Gespräch nach der Lesung verzichten zu wollen.« Zur Begründung verwies er auf die »notgedrungen bruchstückhafte Berichterstattung«, auf die Gefahr von Mißverständnissen, die um so mehr zu vermeiden seien in Fällen, in denen »die relative Macht des literarischen Wortes und das Wort der Macht in dieselbe Richtung zu wirken begonnen haben«. Unmißverständlich und eine Erklärung eigener, poetischer Art war gleich das erste Gedicht, das er las, in tschechischer Sprache zunächst, Verse von Vladimir Holan, der – wie Kunze sagte – fünfzehn Jahre schweigen mußte und dieses Gedicht schrieb, nachdem er zum ersten Mal wieder zu einer öffentlichen Veranstaltung eingeladen war und ihm einige Fragen gestellt wurden, »die ihn sehr betroffen gemacht haben«. Dies Gedicht heißt »Die Mauer«: »Warum so schwer dein flug? / Warum so verspätet? / Weil ich fünfzehn jahre ertrug / gegen die mauer geredet / und aus meiner hölle / nun die mauer trage / damit sie vor eurer stelle / alles sage.«

Kunze sagte alles, was und wie er es als Lyriker zu sagen hatte: mit der Genauigkeit der Verschlüsselung, die im selben Bild-Gedanken Schloß und Schlüssel mit sich führt. »Dabei wird es jeweils vom Umfang meines Wissens, vom Grad an Präzision, mit dem ich denke und fühle, und von der Intensität meines Bemühens um Aufrichtigkeit abhängen, inwieweit ich so genau sein werde, wie in meiner Zeit möglich.« Diese Erläuterung verlas Kunze aus seiner noch unveröffentlichten Antwort auf Fragen der Universität Basel. Sein Verhältnis zur Tradition umriß er mit einem Bekenntnis zur modernen tschechischen Poesie, vor allem Jan Skácels, zur ironischen Metaphorik Heines und zur poetisch-paradoxen Analyse Brechts. »Ich schreibe, um mein Leben zu intensivieren, um Situationen zu bewältigen, die ich anders nicht bewältigen kann, um Haltungen zu gewinnen und um innere Entfernungen zu Menschen, die ich nicht kenne, zu verringern.«

Mit nuancierter, gemessener Diktion, intensiv ohne Pathos, ernst und doch heiter, in angespannter Gelöstheit, oft und gerne aufschauend zum Publikum, so las Reiner Kunze. Das Gedicht auf die »Michailowskoje«, wo Puschkin in der Verbannung lebte, das Gedicht »Zuflucht noch hinter der Zuflucht« für Peter Huchel, vier unveröffentlichte Gedichte und die Kindergeschichte vom entlaufenen Dis, dem Ton, der sich selbständig macht, den keiner haben will in der Partitur, bis er im Lied eines Mädchens wieder seinen Platz findet in der Gemeinschaft der Töne. Das Gedicht »Nocturne« aus dem im letzten Jahr in der Bundesrepublik erschienenen Band »Zimmerlautstärke« war das einzige, von dem Kunze sagte: »Dieses Gedicht möchte ich zweimal sprechen«: »Schlaf du kommst nicht // Auch du / hast angst / In meinen gedanken erblickst du / den traum deinen / mörder«

Am Ende, nach Dichterlesungsbrauch, signierte Reiner Kunze fröhlich seine Bücher. Beschämende Schlußbemerkung: Zu Erwin Strittmatter, so wurde gelegentlich des Schriftstellerkongresses berichtet, kämen die Leute in der DDR mit Bussen angereist. In der Universitäts- und Bundeshauptstadt Bonn, zu Reiner Kunze, kamen knapp hundert in einen nur zur Hälfte gefüllten Saal.   *Peter Sager*

(aus: Stuttgarter Zeitung, Stuttgart, 6. 12. 1973)

Werkstattgespräch

Fragen und Antworten

REINER KUNZE
Antworten auf Fragen des Deutschen Seminars
der Universität Basel

Sie schreiben heute: Bedingt das für Sie bestimmte Forderungen und/oder Einschränkungen in bezug auf Stoff, Form, Sprache eines Textes?

Ich wähle meine Stoffe nicht, die Stoffe wählen mich (eine Frage des Ergriffenseins, das als poetisches Bild oder als poetisch strukturierte Gedanken ins Bewußtsein tritt). Die Intensität des Ergriffenseins durch die Wirklichkeit und die Intensität des Ergriffenseins durch das poetische Bild, also durch die eigene Inspiration, sind ausschlaggebend dafür, inwieweit ich die »Wahl« als zwingend empfinde und die entdeckerischen Dimensionen des Bildes oder der poetischen Gedanken auszuleuchten beginne (was den Beginn der Arbeit an einem Text bedeuten kann).
Ich bemühe mich, das, was ich zu sagen habe, so genau wie möglich zu sagen. Unter »so genau wie möglich« verstehe ich, nicht einfacher, als es mir die Kenntnis der Kompliziertheit meines Gegenstands, meine Bild-Denkstruktur und mein sprachliches Ausdrucksvermögen zu sagen erlauben. Dabei wird es jeweils vom Umfang meines Wissens, vom Grad an Präzision, mit dem ich denke und fühle, und von der Intensität meines Bemühens um Aufrichtigkeit abhängen, inwieweit ich so genau sein werde wie in meiner Zeit möglich.

Woher beziehen Sie Ihre Stoffe? In welchem Ausmaß verwenden Sie eigene Erfahrungen als Grundlage Ihres Schaffens? Wie sehen Sie das Verhältnis von Fiktion und Realität?

Meine Stoffe ergeben sich aus dem unmittelbaren oder mittelbaren Erleben, und insofern liegen meiner Arbeit oft eigene Erfahrungen zugrunde. Das schließt das Erschaffen von fiktiven Welten (im Sinne von künstlerischen, in der Realität möglichen und auch nicht möglichen Wirklichkeiten) nicht nur nicht aus, sondern ein.

Wie sehen Sie das Verhältnis von Form und Inhalt? Behindert (oder fördert) Sie die bewußte Beschäftigung mit solchen theoretischen Fragen bei Ihrer Arbeit?

Der erste Teil der Frage ist so global, daß die Antwort m. E. eine definitorische Vorarbeit voraussetzt, die möglicherweise nicht einmal in einer Vorlesungsreihe zu bewältigen ist, geschweige im Rahmen dieser Umfrage. (Was ist Inhalt? Was ist Form? Ist beispielsweise die Fabel ein Element des Inhalts oder – und – der Form? Was verstehe ich unter Fabel? Wirkt sie strukturbestimmend? Was ist Struktur? Welche Stoffelemente gehen in den Inhalt ein? Was verstehe ich unter Stoff? Usw. usf.)

Zum zweiten Teil der Frage: Die bewußte Beschäftigung mit solcher theoretischer Problematik fördert in jedem Fall mein kritisches Denken und dient der gedanklichen Durchdringung des Handwerks, die Fehlinvestitionen an Kraft und Zeit zu vermeiden und – zumindest im nachhinein – eine gewisse Distanz zu gewinnen hilft.

Sehen Sie sich in einer bestimmten Tradition? Haben Sie bestimmte Vorbilder? Wenn ja, empfinden Sie diese als befruchtend oder als belastend?

Ich sehe mich in der Tradition des poetischen Bildes, wie es von Lorca definiert wurde. Die nachhaltigsten literarischen Impulse verdanke ich der modernen tschechischen Poesie, vor allem den Gedichten von Jan Skácel. Aber auch die ironische Metaphorik Heines und die poetische Analyse Brechts (sein Denken in paradoxen gedanklichen Verknüpfungen) haben meine Denkweise beeinflußt. Ich empfinde diese Einflüsse als befruchtend.

Welche Vorstellungen haben Sie von der Leserschaft? Schreiben Sie gezielt für ein bestimmtes Publikum?

Ich schreibe, um mein Leben zu intensivieren, um Situationen zu bewältigen, die ich anders nicht bewältigen kann, um Haltungen zu gewinnen und um innere Entfernungen zu Menschen, die ich nicht kenne, zu verringern. Die Texte suchen sich ihre Leser oder werden von ihnen gesucht (ohne daß die Suchenden von der Existenz der Texte wissen). Diese Menschen bilden meine potentielle Leserschaft, während ich zu meiner tatsächlichen Leserschaft jeden zähle, der etwas liest, was ich geschrieben habe (wie auch ich ständig zur potentiellen Leserschaft von Texten und Autoren gehöre, von deren Existenz ich noch nichts weiß, und zur tatsächlichen Leserschaft eines jeden, dessen Arbeiten ich lese). Diejenigen Leser schließlich, die, eben weil sie zu meiner tatsächlichen Leserschaft gehören, die potentiellen Leser meiner Texte bleiben oder werden, würde ich als meine eigentliche Leserschaft bezeichnen (wie auch ich mich wiederum zur eigentlichen Leserschaft bestimmter Autoren zählen würde).

Wie weit geht Ihre Unabhängigkeit?

Da wir, meine Frau und ich, über genügend Lebenswerte verfügen, die, wenn der Lebensunterhalt gesichert ist, nicht oder nur in bescheidenem Maße von finanziellen Voraussetzungen tangiert werden, bin ich zur Zeit ökonomisch weitgehend unabhängig: Das Gehalt meiner Frau als Ärztin (1200 Mark netto) sichert unseren Lebensunterhalt, und es spielt für uns keine Rolle, durch wessen Arbeit er gesichert wird, weil wir uns unser Leben ohne die Arbeit des anderen, ohne die durch sie gegebenen Ein- und Ausblicke in bezug auf das menschliche Leben und ohne die Glücksmomente, die sie ermöglicht, nicht vorstellen könnten. Obwohl ich beispielsweise 1972 nach eigener, steueramtlich noch nicht bestätigter Berechnung in der DDR nur ein monatliches Arbeitseinkommen von 170 Mark erreichte, ist unter den augenblicklichen Umständen meine Unabhängigkeit als Schriftsteller materiell abgesichert.

Üben Sie neben dem Schreiben noch eine andere Tätigkeit aus?

Zur Zeit übe ich keine andere (berufliche) Tätigkeit aus. In der Vergangenheit habe ich jedoch viele Jahre eine andere Tätigkeit ausgeübt (Lehrtätigkeit an der Universität, Arbeit als Hilfsschlosser im Schwermaschinenbau, freie Mitarbeit an der Deutschen Akademie der Künste zu Berlin usw.), und ich würde sofort wieder eine (auch manuelle) Tätigkeit aufnehmen, wenn unser Lebensunterhalt und damit meine ökonomisch-politische Unabhängigkeit als Schriftsteller gefährdet wären.

Arbeiten Sie als Schriftsteller auch für die Massenmedien? Inwiefern wird dadurch Ihre Arbeitsweise beeinflußt?

Meine Arbeit für die Massenmedien ist seit Jahren gezwungenermaßen so minimal, daß durch sie meine Arbeitsweise nicht beeinflußt werden kann (für eine Wochenzeitung unter Pseudonymen 22-Zeilen-Rezensionen über Lyrik- und Prosaveröffentlichungen aus der klassischen Weltliteratur, Musikerbiografien, Bildbände usw.).

Wie sind Sie zu Ihrem ersten Verleger gekommen?

Bei einer öffentlichen Veranstaltung, auf der ich einige Gedichte vorlas, war ein Verlagslektor anwesend, der mich seinem Verleger vorstellte.

Sehen Sie Ihre Produktion dem Nachfrage/Angebot-Gesetz unterworfen?

Nein.

Haben die Erwartungen oder Forderungen des Verlags und des Büchermarkts auf Sie einen Einfluß?

Die Erwartungen oder ein Auftrag des Verlags können stimulierenden Einfluß haben. (Ohne die Einladung des S. Fischer Verlags, mich an der Anthologie »Leporello fällt aus der Rolle« zu beteiligen, wäre der Text »Was ist aus Sneewittchens Stiefmutter geworden« wahrscheinlich nicht entstanden. Er wäre aber auch trotz des »äußeren Auftrags« nicht entstanden, wenn dieser nicht mit einem »inneren Auftrag« korrespondiert hätte.)

Hatten Sie schon Auseinandersetzungen mit Verlagen und deren Lektoren; wenn ja, welcher Art?

Entweder besteht zwischen dem Verlag und mir soviel Übereinstimmung, daß eine schöpferische Zusammenarbeit möglich ist und es für Auseinandersetzungen, die diese Zusammenarbeit belasten könnten, kaum Grund gibt, oder das notwendige Maß an Übereinstimmung fehlt oder geht verloren (beispielsweise durch das Ausscheiden des Cheflektors oder zuständigen Lektors), und es wird nicht oder nicht mehr zu einer Zusammenarbeit mit dem betreffenden Verlag kommen können. Deshalb mußte ich in der Bundesrepublik den Verlag wechseln, und deshalb war es mir jahrelang nicht möglich, in einem Verlag der DDR zu publizieren (hier ist, was das Maß an Übereinstimmung betrifft, nicht der einzelne Verlag ausschlaggebend, sondern die für die Erteilung der Druckgenehmigung zuständige zentrale staatliche Institution). Aber ich hatte bisher kaum »Auseinandersetzungen«.

Birgt die Vormachtstellung einiger Verlage nicht auch die Gefahr der Beherrschung/Steuerung der geistigen Produktionsmittel in sich?

Eine Frage, die ich nicht aus eigener Erfahrung beantworten kann, die sicherlich aber bejaht werden muß, und die für einen Autor, der in einem gesellschaftlichen System lebt, in dem alle Publikationsmittel vom Staat beherrscht und gesteuert werden, insofern von unmittelbarem Interesse ist, als seine Existenz als Schriftsteller auch durch jede potentielle Beschränkung seiner Publikationsmöglichkeiten außerhalb dieses Staates gefährdet wird.

(aus: Auskunft München 1974)

REINER KUNZE
Brief nach Butzbach

Liebe Freunde,   Greiz, d. 16. 7. 1971
vielen Dank für Ihren Brief. Ich freue mich darüber, daß Sie solche
Fragen haben.
»Ich möchte, sie werde nie klein beigeben, wenn man ihr wird einreden wollen, daß der Geist immer überflüssig sei, wenn man ihr wird
beweisen wollen, daß es gestattet sei, zu lügen, um leichter ans Ziel zu
gelangen«, sagt Camus, als er über die »französische Elite von morgen« spricht, und er fährt fort: »Ich möchte, sie werde nie weder der
Verschlagenheit noch der Gewalt noch der Charakterlosigkeit gehor-
chen . . . Dann wird vielleicht in einer freien und wahrheitshungrigen
Nation der Mensch wieder anfangen, die Freude am Menschen zu
empfinden, ohne die die Welt nie etwas anderes sein wird als eine
unermeßliche Einsamkeit.«
Ich könnte es nicht besser formulieren, wenn ich sagen sollte, wofür
ich mich engagiere: für die Bewahrung des Menschen vor dieser
Einsamkeit, für seine Erlösung von ihr.
Meine Möglichkeiten? Ein Mensch wie der Lyriker, der sich ganz
Worten anvertraut, vertraut sich ganz Zeichen an. (Wort ist Zeichen.
Es bleibt auch in der Poesie Zeichen, selbst wenn es hier zuweilen wie
ein Ding gehandhabt wird im Sinne des Tones in der Musik oder der
Farbe in der Malerei.) Indem sich der Lyriker aber ganz Zeichen
anvertraut, ist er immer auf dem Weg, sich anderen Menschen anzu-
vertrauen, die inneren Entfernungen zwischen sich und anderen zu
verringern. Im Gedicht ist der Lyriker den anderen Menschen am
nächsten. Im Gedicht schrumpft von seiner Seite die innere Entfernung auf ein Nichts zusammen. Also: Die inneren Entfernungen zu
verringern und die Erde um die Winzigkeit dieser Annäherung be-
wohnbar zu machen – das wäre die eigentliche, die dichterische Möglichkeit.
Aber der Dichter muß zuweilen auch aus der Dichtung heraustreten
(dieser Gedanke stammt nicht von mir, das wußten schon die Klassiker), um sie durchzusetzen. Gegenüber realer Macht ist Dichtung
ohnmächtig. Sie kann nicht »dichterisch« verteidigt werden, wenn sie
von Macht unterdrückt wird. Das ist eine andere Möglichkeit des
Dichters, das Seine zu tun, um die Welt vor jener unermeßlichen
Einsamkeit zu bewahren. Was dazu gehört, sagt Camus. Nie klein
beigeben. Was das an Erleben bedeuten kann, das kann ich Ihnen nicht
in einem Brief erzählen.

Lesen Sie aufmerksam einige Gedichte in meinem Buch »Sensible Wege«. Verzeihen Sie, wenn ich schreibe »aufmerksam«. Ich will nicht schulmeistern. Ich meine etwas anderes. Ich meine, hinter den Gedichten steht Biografie. Und wenn Sie diese Problematik satthaben und gern ein wenig Spaß hätten, versuchen Sie's mal mit dem »Löwen Leopold«.

Interessieren Sie sich für moderne tschechische Poesie? Dann könnte ich Ihnen auch einige Titel von Übertragungen nennen (denn auch aus ihnen wird manche Problematik erkennbar). Aber das nur nebenbei.

Ihnen, sehr geehrter Herr Müller, und den Schülerinnen und Schülern, die Ihrer Arbeitsgemeinschaft angehören, viele gute Wünsche,

herzlich

Ihr Reiner Kunze

(aus: Butzbacher Autorenbefragung. Briefe zur Deutschstunde. Herausgegeben von Hans-Joachim Müller mit der Arbeitsgemeinschaft Literatur am Weidig-Gymnasium in Butzbach. München 1973)

Dichter und Angler

Lesung in Leipzig

WOLFRAM SCHWINGER
Vom Angeln in verbotenen Gewässern

Die Frage, ob dieser Bericht überhaupt niedergeschrieben werden soll, bewegt mich sehr; denn zu viele Mißverständnisse könnten entstehen, wenn ein bundesdeutscher Journalist über den DDR-Lyriker Reiner Kunze schreibt, wenn er dessen Lesung während der Leipziger Buchmesse schildert. Denn Reiner Kunze hat es schwer in seinem Lande, und Verleger dort haben es schwer mit ihm. Seine Poesie ist in letzter Zeit nur noch im Westen erschienen. Als nun kürzlich aber doch wieder eine stattliche Reihe seiner Gedichte in Leipzig herauskam, unter dem Titel »Brief mit blauem Siegel«, als Bändchen 553 von Reclams Universal-Bibliothek, da empfanden das nicht nur seine Anhänger zu Recht als Sensation. Das 136 Seiten starke Büchlein für 1,50 Mark war schon ein paar Stunden nach seinem Erscheinen in keiner Leipziger Buchhandlung mehr zu haben.

In der dicken, zweibändigen Sondernummer des Leipziger Börsenblatts zur Frühjahrsmesse ist Kunzes »Brief mit blauem Siegel« als Nachauflage wieder angekündigt. Und der Leipziger Verlag Philipp Reclam (nicht zu verwechseln mit dem Stuttgarter Reclam-Verlag, dem rechtmäßigen Nachfolger des traditionsreichen Hauses) hat seinen Autor zu einer Lyrik-Lesung während der Messe eingeladen. Sie fand im Gohliser Schlößchen statt, dessen Intimität einer solchen Veranstaltung sehr wohl ansteht. Nur – der Saal hätte wohl zehnmal so groß sein können, und er hätte noch nicht alle Menschen gefaßt, die Reiner Kunze gern hören und sehen wollten. Wenn hier nun doch ein Bericht über diesen Abend niedergeschrieben wird, so keineswegs, um diese Angelegenheit hochzuspielen, sondern nur deshalb, weil einer, der nicht nur von Berufs wegen, sondern gerne schreibt, das starke Erlebnis dieser Stunde einfach loswerden muß. Daher will er versuchen, ganz objektiv zu bleiben.

Vom Hauptbahnhof sind es mit der Straßenbahnlinie zwanzig nur zehn, fünfzehn Minuten bis nach Gohlis. Das Schlößchen, das heute das Johann-Sebastian-Bach-Archiv beherbergt, erreicht man dann zu Fuß über eine dicht bewohnte, mit gemütlichen alten Gaslaternen beleuchtete Straße. Vor dem Portal drängt sich eine dichte Traube junger Menschen, die hoffen, auch ohne Einladungskarten noch Einlaß zu finden. Es gibt erst dann eine beängstigende »Schlacht«, als gemeldet wird, nur fünfundzwanzig Personen könnten noch in Nebenräumen Platz finden.

Drinnen dann will der prasselnde Begrüßungsapplaus für Reiner Kunze nicht aufhören. Der Verlagsdirektor hat es schwer, zu Wort zu kommen, den Lyriker willkommen zu heißen und die Buchhändler auch, die insbesondere zu diesem Abend geladen sind. Im übrigen beherrschte die Jugend die drei ineinander übergehenden Räume. Kunze selber, schmal, korrekt dunkel gekleidet, penibel frisiert, nimmt nicht am kleinen Lesetischchen Platz, sondern bleibt davor, auf dem kleinen Podium stehen, neben dem Flügel. Er spricht nicht laut, in eher sanftem Tonfall, doch sehr prononciert. Er schaut, von seinem Reclam-Bändchen oder neueren Manuskripten aufblickend, gern in die Runde, mit leuchtenden Augen, in heiteren Gedichten auch mit sehr verschmitztem Gesichtsausdruck. Der Einundvierzigjährige, der in Greiz lebt und der vor Jahren durch seine Übersetzungen aus dem Tschechischen bekannt wurde, ist in diesem Augenblick innerlich sichtbar erregt.

Er spricht einleitend ein paar freie Worte. »Es ist seit etwa fünfzehn Jahren die erste Lesung, zu der mich einer unserer Verlage eingeladen hat. Das ist ein Augenblick für mich – fast so selten wie die eigene Hochzeit.« Er habe viele Jahre nachgedacht, Lebenseinsichten gewonnen, und zwar als Autor und als Angler. Durchgehalten habe er nur als Autor, resigniert aber als Angler – nicht aus mangelnder Geduld, sondern weil er jedes Jahr zwölf Versammlungen des Anglerverbands der DDR hätte besuchen müssen, um seine Angelberechtigung zu behalten. In seinem Wesen aber sei er Angler geblieben.

Und dann las er als erstes seine elf Thesen vor, Titel: »Dichter und Angler«. Verborgene Geheimnisse seien sie beide, der Fisch und der Vers. Und wörtlich: »Für den Angler gibt es verbotene Gewässer.« Beide, der Dichter und der Angler, müßten warten können. Und: »Weder vom Dichten noch vom Angeln kann man leben.« Dann folgten Gedichte, Gedichte . . . Die Freude der Kenner im Publikum über dieses und jenes selbst schon oft Gelesene war groß, die Reaktion auf jede Nuance geradezu körperlich spürbar, der Beifall nach bestimmten Stücken frenetisch, viel zu laut für die Stille dieser Poesie. Wer verstünde sie nicht, die Klatscher, etwa nach dem Gedicht »Das Ende der Kunst«:

»Du darfst nicht, sagte die eule zum auerhahn, / du darfst nicht die sonne besingen / Die sonne ist nicht wichtig // Der auerhahn nahm /

die sonne aus seinem gedicht // Du bist ein künstler, / sagte die eule zum auerhahn // Und es war schön finster«

Kunze ist ein großer Parabel-Künstler. Den Einfall in die »offenen Gärten der Dichter« handelt er am Falle Puschkins ab. Und dann unterbricht er plötzlich die Lesung seiner Lyrik und spricht über die Situation der Dichter im heutigen Griechenland. Über ihr Schweigen, das die Machthaber beunruhigt, und Reiner Kunze liest ein Stück Prosa von Alexandros Skytis: »Gedanken zur Freiheit der Künste«, in denen davon die Rede ist, wie sehr Tyrannen die Teilhabe des Publikums an der Freiheit erschreckt.

Reiner Kunze liest auch eigene Gedichte, die in der DDR noch nicht veröffentlicht wurden, etwa den »Hymnus auf eine Frau beim Verhör«. Schließlich erweist sich der Lyriker auch als ein großartiger, prägnanter und höchst witziger Erzähler. Unter den vom Beifall erzwungenen Dreingaben waren auch fünf kleine Stücke Prosa, deren Helden die fünfzehnjährige Tochter des Autors ist, brillant pointierte Beschreibungen ihrer Protesthaltung in puncto Kleidung, in puncto Unordnung, in puncto auch der ersehnten Nickelbrille. »Der Draht« heißt dieses letzte Stück. Bewundert wird der Freund in der Schulklasse, der eine Nickelbrille trägt. Doch vom Lehrer erhält er einen Verweis, denn Nickelbrillen tragen die dekadenten langhaarigen Jünglinge im Westen, was der Lehrer mit Bildern aus Illustrierten belegt. Die Tochter sehnt sich dennoch nach einer solchen Brille, stolz würde sie dann damit in die Schule gehen, alte Fotos bei sich tragend, vom Urgroßvater und vom Großvater: Beide trugen sie Nickelbrillen, beide waren – Bergarbeiter.

Reiner Kunze ist ein stiller Beobachter, ein Lebensphilosoph, ein Wahrheitssucher – beileibe kein Provokateur, erst recht natürlich kein Konformist. Sein Verleger kam am Schluß der Lesung in den Dankworten noch einmal auf den Dichter und Angler zurück und versprach, sein Möglichstes zu tun, daß Kunze – wenn nicht vom Angeln – so doch vom Dichten leben könne.

Diese mutigen Verlegerworte bewunderte später, in der stadteinwärts fahrenden Straßenbahn, ein bärtiger junger Intellektueller (so nennt man ja nicht nur bei uns die etwas mehr als üblich Nachdenkenden), ein angehender Regisseur, der zu dieser Lesung von weither, aus einem anderen Winkel der DDR angereist war. »Als angekündigt wurde, von Reiner Kunze werde bei Reclam wieder etwas erscheinen«, sagte er, »da habe ich das einfach nicht geglaubt.« Daß nun aber Reiner Kunzes »Brief mit blauem Siegel« herausgekommen ist, sollte als hoffnungsvolles Zeichen gewertet werden. Erst recht diese Lyrik-

lesung mitten im offiziellen Programm der Buchmesse. Sie mitzuer-
leben, zu erfahren, wie stark Poesie bewegen kann, war allein schon
die Reise in die alte Messestadt Leipzig wert. Glücklich ein Land, das
solche Dichter hat.

(aus: Stuttgarter Zeitung, Stuttgart, 13. 3. 1974)

REINER KUNZE
Dichter und Angler
Elf Thesen

1
Dichter und Angler gehen verborgenen Geheimnissen nach; dieser
dem Fisch, jener dem Vers.

2
Fische haben Schonzeit.

3
Für den Angler gibt es verbotene Gewässer.

4
Der Angler, der zum Stausee geht, muß keinen Hecht angeln. Der
Angler, der zum Bach geht, kann eine Forelle angeln.

5
Dichter und Angler müssen früh aufstehn.

6
Dichter und Angler müssen warten können.

7
Der Angler soll nicht nur auf die Pose blicken. Der Dichter soll nicht
nur auf die Poesie blicken.

8
Der geangelte Fisch stirbt (in der Regel). Der Vers beginnt zu leben (in
der Ausnahme).

9
Untermassige Fische setzt man zurück ins Gewässer.

10
Der Fisch ist stumm. Der Vers spricht. Deshalb bereitet das Dichten
mehr Ärger als das Angeln.

11
Weder vom Dichten noch vom Angeln kann man leben.

(aus: Die Tat, Zürich, 6. 4. 1974)

KARL CORINO
Gespräch mit Reiner Kunze

*Als ich Sie während der Leipziger Frühjahrsmesse 1973 um Ihre
Meinung zur kulturpolitischen Entwicklung in der DDR bat, antwor-
teten Sie, es sei noch zu früh, etwas zu sagen, in einem Jahr wisse man
mehr. Darüber, daß man heute mehr weiß, besteht kein Zweifel.
Allein wenn wir uns an Ihre Person halten: Der Reclam-Band, an
dessen Erscheinen man damals kaum zu glauben gewagt hatte, liegt
auf dem Tisch. Sie haben nach München reisen dürfen, um den
Literaturpreis der Bayerischen Akademie der Schönen Künste entgegenzunehmen. Sie waren zu einer öffentlichen Lesung in Bonn.
Andererseits sind Sie nicht zum Schriftstellerkongreß der DDR dele-
giert worden, und in Delegiertenkreisen wird der Diskussionsbeitrag,
den Harry Thürk auf dem Kongreß gehalten hat, als Versuch gewertet, Sie erneut politisch zu denunzieren – wenn diesmal auch ohne
Namensnennung. Wie lassen sich diese Tatsachen miteinander vereinbaren?*

Thürks Trommelwirbel gegen jene Kollegen, die im Westen publizieren, kenne ich bereits aus einer Rede, die er als Vorsitzender der
Bezirksverbände Erfurt–Gera zur Vorbereitung des Kongresses in
Weimar gehalten hat, und in ihr hat er keinen Zweifel daran aufkommen lassen, wen er meint. Aber solche Geräusche waren zu erwarten
gewesen. Eben weil bestimmte Tatsachen möglich geworden sind, an
deren Verwirklichung man vor einem Jahr kaum zu glauben gewagt
hatte, werden manche Leute nervös.

*Man scheint auf diese Leute jedoch ziemlich viel Rücksicht zu neh-
men. Nach Schweden durften Sie beispielsweise nicht mehr fahren,
um den Preis entgegenzunehmen, der Ihnen vom Internationalen
Autorenprogressiv verliehen worden ist. Auch haben Sie Einladun-
gen an die Universität Cambridge und zum Poetry-International-
Festival in London nicht annehmen können, obwohl andere DDR-
Autoren nach Schweden, England oder in die USA reisen dürfen.*

143

Ich kann die Richtigkeit Ihrer Vermutung, daß man auf Leute wie Thürk Rücksicht nimmt, nicht ausschließen. Die Provinz ist gegenüber Vernunft nicht gerade anfällig. Wobei ich unter Provinz nicht etwas geografisch Eingrenzbares verstehe. Die Provinz, die ich meine, hat leider *nur* geistige Grenzen; was die Sache so kompliziert macht.

Dennoch hat der Reclam-Verlag die zweite Auflage Ihres Buchs »Brief mit blauem Siegel« angekündigt, und zwar das 16. bis 30. Tausend. Zu einer so hohen Nachauflage hat sich der Verlag doch nicht nur aus reiner Liebe Ihnen gegenüber entschieden.

Aus reiner Liebe handle ich eigentlich auch nur gegenüber meiner Frau. Die Notwendigkeit, ein Buch mit der Hand abzuschreiben, um es besitzen zu können, ist für den Betreffenden nicht nur nicht erfreulich, sondern ausgesprochen ärgerlich, wenn es dieses Buch bereits für eine Mark fünfzig zu kaufen gegeben hat. Und wie ich aus Briefen erfahren konnte, existieren schon wieder Abschriften. – Abgesehen davon deute ich die Ankündigung der zweiten Auflage jedoch als Hinweis darauf, daß man bestrebt ist, die begonnene Kulturpolitik konsequent fortzusetzen.

Auf der Pressekonferenz des Leipziger Börsenvereins am 11. März sagte Erik Neutsch als einer der Herausgeber der Anthologie »Chile – Gesang und Bericht«, auch Wolf Biermanns Lied vom Tod des schwedischen Kameramanns in Santiago werde in dieses zum Jahresende erscheinende Buch aufgenommen, wenn der Autor den Text offiziell einreiche. Schließen Sie daraus, daß nun auch Biermann in diese Kulturpolitik einbezogen werden wird?

Der Dichter Biermann ist unteilbar. Sollte diese Aufforderung mit der prinzipiellen Bereitschaft verbunden sein, in der DDR auch eine Auswahl seiner Gedichte und Lieder herauszubringen, in der Biermann als Biermann kenntlich wird, dann wäre meines Erachtens tatsächlich die Möglichkeit eines Aufeinanderzugehens gegeben. Denn Biermann hat seinerseits bereits erklärt, daß er zu vertretbaren Kompromissen bereit ist. Und ich kann mir auch nicht vorstellen, daß es, wenn es keine Biermann-Auswahl geben würde, auf die Dauer einen in der DDR publizierenden Kunze geben könnte.

Auf der erwähnten Pressekonferenz wurde auch erklärt, Biermann sei in einer Anthologie des Schweizer Benziger Verlags mit Lyrik aus der DDR deswegen nicht vertreten, weil sich die übrigen Autoren von ihm brüskiert fühlten und im Falle seiner Aufnahme den Abdruck ihrer Gedichte verweigert hätten.

Wahrscheinlich bezieht man sich auf die Biermann-Strophe – ich zitiere aus dem Kopf:
»Die Dichter mit der feuchten Hand, / sie dichten zugrund das Vaterland, / das Ungereimte reimen sie, / die Wahrheitssucher leimen sie, / die hab' ich satt!«
Ich habe mich durch diese Strophe nie brüskiert gefühlt, weil ich nicht an Handschweiß leide.

Dabei stimmen Sie nicht in allem mit Biermann überein, wie Sie an anderer Stelle zu verstehen gegeben haben.

Durchaus nicht. Seine Zukunftsvisionen halte ich beispielsweise für politische Fata Morganen. Das ändert aber nichts daran, daß er Lieder geschrieben hat, von denen ich uns eine Schallplatte wünschte von einer Million Auflage.

Der Ton, in dem auf der Pressekonferenz geantwortet wurde, läßt hoffen, daß Ihr Eintreten für Biermann richtig verstanden wird, so daß das Erscheinen der 2. Auflage Ihres Buches dadurch nicht gefährdet ist.

Wenn sie nur unter der Voraussetzung möglich wäre, daß ich mich auf einem Auge blind stelle, würden auch vielleicht die Leser, auf die es mir ankommt, das Buch lieber abschreiben, als es in dem Bewußtsein käuflich zu erwerben, daß sein Autor käuflich ist.

(aus: Die Tat, Zürich/Schweiz, 23. 3. 1974)

In Preußen

Eine Feier in Berlin

JOHANNES JUNG
Die »neue Kulturpolitik« der DDR –
ein Wunschbild des Westens?

Anläßlich der Verleihung des Kölner Jacques-Offenbach-Preises im
Juni dieses Jahres an Wolf Biermann, der aus Ostberlin nicht nach
Köln gekommen war, hatte Heinrich Böll in einem Rundfunkinterview geäußert, er habe Anlaß zu der Befürchtung, die DDR-Behörden
wollten den mißliebigen Liedermacher in den Westen abschieben.
Inzwischen kann man in Ostberlin von gutunterrichteter Seite erfahren, daß das DDR-Kulturministerium in einem Gespräch im Mai –
dem ersten offiziellen Kontakt Biermanns mit staatlichen Stellen nach
neun Jahren Berufsverbot – dem Autor die unverzügliche »Rückkehr« in die Bundesrepublik dringend nahegelegt hat.
Am 5. Juni war der in Thüringen lebende Lyriker Reiner Kunze zum
Ordentlichen Mitglied der Bayerischen Akademie der Schönen Künste gewählt worden. Kunze nahm die Wahl an und ließ die Akademie
wissen, er werde das DDR-Kulturministerium bitten, zur öffentlichen Verleihung der Mitgliedschaft am 15. Juli nach München reisen
zu dürfen. Das Kulturministerium ließ Kunze vier Wochen ohne
Antwort. Erst am 5. Juli konnte der Schriftsteller der auf Nachricht
wartenden Akademie mitteilen, daß er für den 10. Juli zu einem
Gespräch mit Kulturminister Hoffmann nach Berlin gebeten worden
sei und daß er unmittelbar nach diesem entscheidenden Gespräch die
Akademie benachrichtigen werde. Am Abend des 10. Juli telegrafierte
Kunze, daß es ihm nicht möglich sei, nach München zu kommen.
Inzwischen wurde weiter bekannt, daß Kunze unmittelbar nach die-
sem Gespräch mit Hoffmann auch eine von ihm geplante Reise nach
Schweden abgesagt hat, wo ihm in der zweiten Augustwoche ein
Literaturpreis überreicht werden sollte, den er schon im vergangenen
Jahr nicht persönlich hatte entgegennehmen dürfen.
Über das Gespräch zwischen Minister Hoffmann und Reiner Kunze
ist lediglich bekannt geworden, daß es mehrere Stunden gedauert
haben soll. Nicht bekannt ist, ob man nicht auch Kunze die Ausbürgerung angedroht hat oder ihn auf andere Weise unter Druck zu setzen
versuchte. Sollte dies der Fall gewesen sein, so steht jedoch fest, daß
diese Versuche ebenso ergebnislos waren wie bei Biermann: Kunze

nämlich hat nach dem Gespräch weder die Annahme der Wahl zum Mitglied der Bayerischen Akademie widerrufen noch den schwedischen Literaturpreis zurückgewiesen. Und er hat sich – im Gegensatz zu Praktiken anderer DDR-Autoren in ähnlichen Fällen – bei der Absage seiner Reise nach München keines Vorwandes bedient, sich also nicht etwa mit Krankheit entschuldigt, sondern formuliert, er »sei verhindert« – was man als DDR-Bürger ohne Visum zweifellos ist.

Aus diesen und anderen in dieselbe Richtung deutenden Tatsachen scheint hervorzugehen, daß die sogenannte »neuakzentuierte« liberalere Kulturpolitik der DDR entweder eine Vortäuschung zwecks außenpolitischer Imagepflege war oder daß sie an Aktivitäten und Praktiken jener Politiker und drittrangigen Schriftsteller zu scheitern droht, die von solchen neuen Akzenten nie etwas hatten wissen wollen.

Gerade am Fall Kunze läßt sich besonders deutlich ablesen, daß eine Atmosphäre der Offenheit und des gegenseitigen Vertrauens zwischen Politikern und Künstlern, wie sie Erich Honecker 1971 bei seinem Amtsantritt angekündigt hatte, zumindest von bestimmten Kräften in der DDR nie ernsthaft gewollt worden ist. Denn Kunze gehört ja nicht zu denen, die – wie Biermann – »Knarre und Guitarre« im selben Atemzug nennen können oder auf das »Erwachen der Pflastersteine« warten, wie es in einem noch ungedruckten Lied Biermanns heißt. Kunze hatte die offenere Kulturpolitik beim Wort genommen. Er hatte versucht, »eine für die Kunst günstigere . . ., also auch ehrlichere Atmosphäre« mitzuschaffen, indem er einerseits deutlich sagte, was er zu sagen für unerläßlich hielt, andrerseits bei aller gebotenen Zurückhaltung (»Ich weiß nicht, was morgen sein wird, ich weiß nur, was heute ist«) versuchte, dieser Entwicklung Luft unter die Flügel zu geben. Er hat sich – trotz aller Demütigungen, Verleumdungen und Publikationsverbote in vergangenen Jahren – stets maßvoll, loyal und verständigungsbereit gezeigt; sein 1973 im Leipziger Reclam-Verlag erschienener Lyrik-Auswahlband »Brief mit blauem Siegel« hätte sonst zweifellos nie zustande kommen können.

Kunze hat also in ihn gesetztes Vertrauen nicht mißbraucht – im Gegenteil. Und die DDR hätte im Fall Kunze erkennen können, daß man gut daran tut, Künstler wie ihn auch in den Westen reisen zu lassen, wie man es ihm 1973 erlaubt hatte. Dennoch sperrt man ihn nun erneut in die Staatsgrenzen ein und hindert ihn, in Schweden einen internationalen Literaturpreis und in München die für jeden

Schriftsteller ehrenvolle Mitgliedschaft einer Akademie persönlich entgegenzunehmen.

Entweder glaubt man in der DDR, Zugeständnisse in Richtung Vernunft seien jetzt, nachdem die so lange herbeigesehnte diplomatische Anerkennung der DDR vollzogen ist, nicht mehr nötig. Oder man hatte dem Irrglauben angehangen, Leute wie Biermann und Kunze könnten unter einer »günstigeren Atmosphäre« verstehen, daß sie sich fortan jeder kritischen Äußerung enthalten. Eine günstigere Atmosphäre für die Kunst, wenn die Kunst dafür ihren Geist aufgibt? Eine ehrlichere Atmosphäre, wenn die Künstler dafür den Mund halten? Auf solchen Handel werden sich Schriftsteller wie Biermann und Kunze gewiß nie einlassen.

Jedenfalls hat man sich ganz eindeutig dafür entschieden, nicht mehr den Anschein zu erwecken, als bestünden für Biermann irgendwelche Chancen zur Publikation (wie es noch auf der Leipziger Buchmesse im Frühjahr dieses Jahres angedeutet worden war), vielmehr will man ihn auf möglichst direktem Wege loswerden – und Kunze zumindest auf indirektem. Denn was anderes sollte man erreichen wollen mit den sonst völlig unbegründeten neuen Demütigungen gegenüber Kunze – etwa auch mit dem Verbot, zu Vorträgen an den Universitäten Cambridge und London ausreisen zu dürfen, das zur gleichen Zeit ausgesprochen wurde, als andere DDR-Autoren sogar USA-Reisen unternehmen konnten.

Gewiß, Reisen macht noch keinen Dichter, und ein Dichter wird auch am Nicht-Reisen-Dürfen nicht zugrunde gehen (– und an Stoff dürfte es einem Autor wie Kunze ohnehin nicht mangeln). Aber wenn man weiß, daß man dem international bekannten Schriftsteller Kunze, dessen Bücher in viele Sprachen übersetzt sind, bis heute – er ist inzwischen 41 Jahre alt – von ganz wenigen Kurzbesuchen in der Bundesrepublik abgesehen, nie im Leben eine Reise ins westliche Ausland erlaubt hat, so sollte man bedenken: Man kann einem Dichter den Horizont so zusammenschrauben, seine Eindrücke derart reduzieren, daß man sein Bild-Denken mit der Zeit aushungert. Man kann ihm die intellektuellen Bezugspunkte auf der Ebene verweigern, auf der er denkt. Kunze jedenfalls wird wissen, was ihm die Zugehörigkeit zu einer Akademie wert ist, der als Ordentliche Mitglieder beispielsweise auch Heinrich Böll und Peter Huchel angehören.

Man kann sich also auch eines kritischen Autors zu entledigen versuchen, indem man ihm die geistige Frischluft abdreht. Und wenn der Autor – wie es Kunze tut – diesen Mangel an geistiger Frischluft durch eine riesige Korrespondenz teilweise auszugleichen versucht, werden schöpferische Energien gebunden und dem künstlerischen Werk entzogen, dem der Staat zutiefst mißtraut.

Solange freilich die DDR nicht zur nackten Gewalt gegenüber ihren kritischen und fragenden Künstlern greift, dürfte sich Biermann gegebenenfalls auch weiterhin durchschreien und seinen Unmut von der Leber singen. Und Kunze wird sich gegebenenfalls von neuem zähneknirschend durchschweigen. Aber im Westen täte man gut daran, keinen Wunschbildern über die DDR und ihre Kulturpolitik nachzulaufen – nicht nur Biermann und Kunze könnten uns eines Tages Vorwürfe machen, sondern auch ihre Zuhörer und Leser. Und den kulturpolitisch Verantwortlichen in der DDR – die jedoch leider jeden Rat aus dem Westen als einen Rat vom »Gegner« mißverstehen – möchte man empfehlen: Die DDR sollte sich weder über die nächste Schallplatte von Wolf Biermann noch über das nächste Buch von Reiner Kunze wundern – *sie* liefert den Stoff.

(aus: Deutsches Allgemeines Sonntagsblatt, Nr. 35, Hamburg, 1. 9. 1974)

JÜRGEN P. WALLMANN
»Familienfest« mit Reiner Kunze

Erstmals ist einem in der DDR lebenden Künstler in der Ständigen Vertretung der Bundesrepublik Deutschland in Ost-Berlin eine von einer westdeutschen Institution verliehene Auszeichnung überreicht worden. In Anwesenheit von Staatssekretär Günter Gaus übergab Clemens Graf Podewils, Generalsekretär der Bayerischen Akademie der Schönen Künste, dem in Greiz (Thüringen) lebenden Lyriker Reiner Kunze die Urkunde über Kunzes Aufnahme als ordentliches Mitglied in die Akademie.

Kunze war bereits im Juni in die Akademie gewählt worden und hatte die Wahl auch angenommen. Jedoch hatten es ihm die DDR-Behörden nicht gestattet, zur offiziellen Verleihung der Mitgliedschaft im Juli nach München zu reisen. Daß der formelle Akt der Aufnahme auch offiziell vollzogen wurde, war für Kunze insofern wichtig, als sich verschiedene DDR-Institutionen auf den Standpunkt stellten, solange die Urkunde nicht überreicht sei, könne sich Kunze nicht als Akademie-Mitglied betrachten.

Bei der kleinen, nichtöffentlichen Feier in der Ost-Berliner Vertretung der Bundesrepublik erklärte Staatssekretär Gaus, dies sei kein Staatsakt, sondern eher ein »Familienfest«. Ohne auf die Tatsache einzugehen, daß mit diesem Akt immerhin ein Präzedenzfall geschaffen wurde, meinte Gaus, eine solche Veranstaltung sei als etwas Normales, nicht als Sensation oder Provokation anzusehen. Auch deswegen werde diese Feier in der nüchternen Atmosphäre seines Arbeitszimmers begangen und nicht in einem Festsaal. Gaus, der – so wurde in den anschließenden Gesprächen deutlich – durchaus mehr als nur eine oberflächliche Kenntnis vom Werk Reiner Kunzes hat, gab seiner Freude darüber Ausdruck, in seinem Hause die Möglichkeit zur Ehrung dieses Dichters bieten zu können.

Nachdem Graf Podewils in kurzen Worten die Lyrik des neuen Akademie-Mitglieds gewürdigt hatte, erklärte Reiner Kunze wörtlich: »Sehr geehrter Herr Generalsekretär, ich danke Ihnen, daß Sie mir die Urkunde über die Wahl zum ordentlichen Mitglied der Bayerischen Akademie der Schönen Künste bis Preußen entgegengebracht haben, und ich danke Ihnen, sehr geehrter Herr Staatssekretär, daß ich das Dokument in der Ständigen Vertretung der Bundesrepublik Deutschland in Berlin entgegennehmen darf. Ich freue mich. Bitte, haben Sie Verständnis, wenn ich es beim Ausdruck dieser Freude belasse. Ich möchte sie möglichst untrübbar mit an den Schreibtisch nehmen. Freude, wissen wir, beflügelt.«

Anzumerken bleibt noch, daß diese Ehrung des in der DDR noch immer beargwöhnten Schriftstellers wenn nicht mit Zustimmung, so doch mit Duldung der Ost-Berliner Behörden erfolgte. Daß es der von der DDR so nachdrücklich geforderten Normalität der Beziehungen mehr entsprochen hätte, wenn man Kunze die besuchsweise Ausreise nach München gestattet hätte, steht auf einem anderen Blatt. Immerhin könnte es ein Anzeichen für eine Klimaverbesserung sein, daß Kunze seine Akademie-Mitgliedschaft am letzten Wochenende wenigstens in der Ständigen Vertretung der Bundesrepublik entgegennehmen durfte – in jenem Neubau in der Hannoverschen Straße, von dem aus man direkt in die Wohnung des mit Kunze befreundeten Liederdichters Wolf Biermann sehen kann. In einem Reiner Kunze gewidmeten Lied hatte Biermann kürzlich seine eigene und Kunzes schwierige Lage kommentiert: »Ach, du, ach das ist dumm – wer sich nicht in Gefahr begibt, der kommt drin um«.

(aus: Frankfurter Allgemeine Zeitung, Frankfurt/M., 9. 12. 1974)

CLEMENS PODEWILS
Ansprache an Reiner Kunze

1973, im Juli, wurde Ihnen in München der Literaturpreis der Akademie verliehen. Sie haben geantwortet: »Hier nimmt nicht ein Oppositioneller den Preis für Opposition entgegen, sondern ich habe die große Freude, als Schriftsteller den Preis, so wie er gemeint ist, entgegenzunehmen, und ich danke mit der Bewegtheit des Herzens.«
Bewegtheit des Herzens: Das war nicht eine Floskel der Höflichkeit, war auch nicht in vorübergehender Aufwallung des Gefühls gesagt, sondern Sie nannten die Kraft beim Namen, der Ihre Gedichte entspringen, und zugleich den Grund, warum sie den Leser ergreifen. Ohne Überschwang der Worte kommen sie zu ihm, in den allerknappsten Fügungen einer an sich haltenden Sprache und mit der Genauigkeit von Bildern, deren symbolischer Sinn vor dem düsteren Hintergrund der Zeitumstände abzulesen ist. Das ist die Weise, in der Ihre Verbundenheit mit aller Kreatur und die Hinneigung zu den Menschen sich ausspricht, spontan, unmittelbar und nicht auf ideologische Rechtfertigung angewiesen.
Eines solchen Offenseins bedarf es, aber auch der Meisterschaft des Sagens, um die in der Winterstarre heutiger Literatur eingefrorene Kraft der Empfindung wieder zum Wort zu erwecken. Starre – Vereinsamung – Entfremdung. Fremde; Ferne, die bis in die Worte dringt und sie voneinander trennt. Davon spricht eines Ihrer letzten Gedichte, das mit der nüchternen Überschrift beginnt »Gründe, das Auto zu pflegen«:

»Schon wieder in der Garage! / (die tochter beim anblick des verlassenen schreibtischs)

Wegen / der großen entfernungen, tochter / Wegen der entfernungen / von einem wort zum andern«
Und es soll, wie Sie im Gespräch geäußert haben, das ungesprochene Reimwort »wandern« wie ein geheimer Widerhall nachschwingen. Das andere, zu Erwandernde. Die Fremde, zurückgebracht in die Nähe des Eigenen. Die Schleier der Trennung, die sich auflösen im Licht der Anwesenheit. Wie eh und je ist es dem mühevoll-mühelosen Wort des Gedichts vorbehalten, solches zu bewirken. ». . . und die Liebsten nahe sind, ermattend auf getrenntesten Gipfeln.« Diesem Weitherzusammenholen der Dinge und der Worte, der Dinge in den Worten, als dem »innigen«, dem – im Sinne Hölderlins – einenden Tun der Dichter stehen keine Grenzen im Weg, schon gar nicht die vom

Starrsinn der Menschen errichteten. Denn es vollzieht sich nicht im Raum, sondern in der Bewegung rhythmischer Sprache.

Als Übersetzen hat Günter Eich das Hin und Zurück zwischen den Erscheinungen der Welt und dem Dichter zu verstehen versucht. Der Elsternflug, das Wippen der Bachstelze, bald befragt es den Dichter, bald fliegt es als Antwort auf, und die Frage rührt sich im Ohr. Immer ist es das lautende Wort, das wir, auch lesend und schreibend, nicht umhin können zu vernehmen. In einer späten Aufzeichnung empfindet Ludwig Wittgenstein das Staunen: »Ein Wort in dieser Bedeutung *hören*, wie seltsam, daß es so etwas gibt.«

Wenn der Dichtende antwortet, so doch nie mit abschließender Feststellung, sondern im Ton der Frage, die er, jedoch heller umrissen, als Sprachgestalt zurückgibt an die Dinge. Einmal aber, in »Zuflucht noch hinter der Zuflucht« haben Sie es gewagt, den in Wahrheit Antwortenden zu nennen, in den letzten Zeilen des Gedichts, welches lautet:

»Hier tritt ungebeten nur der wind durchs tor // Hier / ruft nur gott an // Unzählige leitungen läßt er legen / vom himmel zur erde // Vom dach des leeren kuhstalls / aufs dach des leeren schafstalls / schrillt aus hölzerner rinne / der regenstrahl // Was machst du fragt gott // Herr, sag ich, es / regnet, was / soll man tun // Und seine antwort wächst / grün durch alle fenster«

(aus: Süddeutsche Zeitung, München, 14./15. 12. 1974)

Tür zur Welt

Stimmen aus Rumänien und England

BERND KOLF
Erinnerung an Greiz

Ich hatte telefonisch mit Reiner Kunze gesprochen und mich angemeldet und war jetzt überzeugt, daß nichts mehr zwischen mir und
Greiz liegt als eine Autofahrt. Wir haben die Autobahn, aus Halle
kommend, verlassen und fahren durch den Südosten der DDR. Der
Tag dämmert unter einem regenschweren Himmel, der Herbst ist
vergangen, und es will nicht Winter werden. Ich weiß noch immer
nicht sicher, ob ich eine Reisebeschreibung lese oder ihr Haupfheld
bin: der freundschaftliche Empfang bei der »Wochenpost«, Schul-
pforta, Naumburg, Weimar, Jena, Eisenach, Erfurt, Leipzig, Halle.
Ich habe oft darüber gelesen. Aber die Orte, durch die wir kommen,
erhalten in der künstlich anmutenden Vormittagsbeleuchtung etwas
beinahe Wirkliches. Viele Wege, die wir nicht fahren, laufen in der
gleichen Richtung; als gäbe es keine Hindernisse und Pannen, führen
alle Wege nach Greiz. Viele Wege, über Wälder und Felder aufgerollt,
denen sie nicht gleichen, »sensible Wege«, denke ich, »wie viele
Bäume werden gefällt, wie viele Wurzeln gerodet in uns«. Jeder Ort
kann Greiz sein, aber wir fahren erst gegen Mittag in einer Stadt
dieses Namens ein, die viel größer ist, als ich erwartet habe. »Die
Häuserhänge« sind »wie von Naiven gemalt, längs der Dächer führn
Straßen Schornsteine stehn wie Kilometersteine«. Greiz hat eine
entwickelte Textilindustrie und hatte früher über achtzig Millionäre,
jetzt lebt hier Reiner Kunze. Ein serpentinenartig gewundener Weg
führt einen Hang hinauf, Franz-Feustel-Straße 10, von wo die Stadt
wie »ein Märchenfisch« aussieht. »Das Schloß trägt er wie eine
Krone.«
Es war viel und wenig, was ich von Reiner Kunze kannte und auf dem
Weg nach Greiz zusammengezählt hatte: den Reclam-Band »Brief
mit blauem Siegel« und dazu die Rezension von Franz Hodjak in der
»Neuen Literatur«, ein Gedicht von Volker Braun, eine unseriöse
Zehnzeilen-Anzeige seines Bandes, einige Notizen von hie und da
und den Satz: »Hier nimmt kein Oppositioneller einen Preis für
Opposition entgegen, sondern ich habe die große Freude, als Schrift-
steller den Literaturpreis der Bayrischen Akademie der Schönen Künste entgegennehmen zu dürfen, so, wie er gemeint ist, und ich danke

mit einer Bewegtheit des Herzens, der zumindest die Internisten beider deutscher Staaten ihre Zustimmung nicht versagen können.« Ich kannte ihn aus Anthologien. Aber man weiß, Anthologien sind oft den Jahreszeiten ausgeliefert: Als gälte es nicht, im strengen Winter Frühlingsgedichte zu schreiben, um die Menschen zu erinnern: »Nichts währt ewig«. Oft lassen sich aber Herausgeber verführen, ihre Sammlungen auf Jahreszeiten abzustimmen: dabei fehlen dann Dichter und Herausgeber. Man kann einen Dichter (wie Kafka einmal an Felice Bauer schrieb) durch Wort und Schweigen kennen, aber was ist das schon im Vergleich zu persönlicher Bekanntschaft?

Reiner Kunze öffnet die Tür. Seine selbstverständliche Freundlichkeit und die vielen Bekannten in den Bücherregalen lassen keine Verlegenheit aufkommen. Zu sprechen gibt es sehr viel, »im Mittelpunkt steht der Mensch / Nicht der einzelne« und »Das Gedicht als äußerster Punkt möglichen Entgegenkommens des Dichters, als der Punkt, in dem auf seiner Seite die innere Entfernung auf ein Nichts zusammenschrumpft. Das Gedicht als Bemühung, die Erde um die Winzigkeit dieser Annäherung bewohnbarer zu machen.«

Aus Halle, begleitet von einem Musikkritiker, ist ein Komponist angereist, er will der Uraufführung eines seiner Werke beiwohnen und Kunzes »Variationen auf das Thema ›die Post‹« vertonen. Der Komponist stellt sich über ein Tonband vor, und wir trinken dabei Jasmintee. Während sich ein Gespräch unter Fachleuten abwickelt, darf ich schweigen und lese »Sensible Wege«, den bislang wohl besten Gedichtband Kunzes. »Das Gedicht als Stabilisator, als Orientierungspunkt eines Ichs. Das Gedicht als Akt der Gewinnung von Freiheitsgraden nach innen und außen.« Man darf aber nicht nur schweigen beim Jasmintee, man kann auch sprechen. Über alles und von der Seele herunter.

Am Nachmittag kommt Elisabeth Kunze aus der Klinik, wo sie arbeitet. Sie trägt einen »blauen Mantel. Irgendwann im Jahre 59 . . . hört eine tschechische Ärztin eine Sendung von Versen aus Kunzes erstem Gedichtband . . . und die Gedichte beeindrucken sie so sehr, daß sie dem Dichter schreibt. Sie wird für ihn Rettung, Erlösung, Bastion, Hoffnung (später auch seine Frau), und Kunze überträgt dieses Verhältnis zu ihr auch auf ihre Heimat. Böhmen ist für ihn also kein touristisches, sondern wirklich schicksalhaftes Erlebnis, das in der Mythologie seines Lebens Trost, Harmonie, Stärkung und Verständnis symbolisiert . . . Vor allem aber inspiriert die Tschechoslowakei Kunze zu eigenem Schaffen und bedeutet in seiner Entwicklung einen außerordentlichen Schritt nach vorn«, schreibt der tschechische

Schriftsteller Milan Kundera. Über 400 Briefe bis zu 25 Seiten und ein
telefonischer – akzeptierter – Heiratsantrag, bevor man sich je gesehen hatte, erzählen eine moderne Version von Romeo und Julia und
beweisen, daß das Leben nicht nur schrecklicher, sondern auch schö-
ner sein kann als Literatur: die »feindlichen Familien« versöhnten
sich, und mit Hilfe des stetschechoslowakischen Schriftstellerverbandes, der den jungen Übersetzer sehr schätzt, kam die Heirat zustande.
So kann Reiner Kunze sagen, daß seine Frau sein erster Literaturpreis
ist.
Am Anfang war das Gedicht!
Am Abend sitzen wir im Hotel und trinken Erlauer Stierblut. Die
Gespräche werden nach Sperrstunde des Restaurants im Hotelzim-
mer fortgesetzt und dauern bis spät in die Nacht. Als Reiner Kunze
nach Hause geht, regnet es. Alles, was in seinen Gedichten steht,
denke ich, ist wahr: die große, echte Freundlichkeit und menschliche
Anteilnahme, die Ehrlichkeit, die Trauer, daß »Gedichte mißbrauchbar sind. Wie die Macht.« Aber eigentlich ist Reiner Kunze ein
fröhlicher Mensch, der viel und gerne lacht und manchmal sogar
etwas Lausbubenhaftes an sich hat. Kaum schlafe ich ein, läutet das
Telefon. Mein Zug nach Halle geht um 7 Uhr und 8.
Die Fahrt nach Greiz hatte ich noch zuhause beschlossen und versucht, mit Reiner Kunze brieflich ein Zusammentreffen auszuma-
chen. Der »Brief mit dem blauen Siegel (eine weiße Laus, die Post ist
ein Kamm)« für mich ist noch immer auf dem Weg, während ich
schon längst wieder zuhause bin.

(aus: Karpatenrundschau, Brașov/Rumänien, 28. 2. 1975)

BERND KOLF
Gespräch mit Reiner Kunze

Was bewog Sie, an den Beruf des Schriftstellers zu glauben?

Der, dessen Denken so strukturiert ist, daß ihn innere Erschütterungen – und zwar die kaum merklichen wie die verheerenden – zu
poetischen Bildern inspirieren, ist dieser Denkweise auf Gedeih und
Verderb ausgeliefert. Er hat keine Wahl, die Bilder lassen ihn nicht los
– er muß schreiben, und er gewinnt dabei eine innere Haltung zu dem,
was ihn bewegt; schreibend bewältigt er. Das heißt nicht, daß Gedichteschreiben eine Art bewußter Infarktprophylaxe ist. Erstens kann
man ein Gedicht nicht bewußt wollen, ehe das Unterbewußtsein es

nicht bereits signalisiert hat, und zweitens rufen Gedichte, die den Druck über dem Herzen nehmen, in der Umwelt oft Reaktionen hervor, die das Gegenteil bewirken. Abgesehen davon, daß auch und besonders Glücksmomente bewältigt sein wollen. Indem Gedichte aber Versuche sind, Wirklichkeit zu bewältigen und Haltungen zu gewinnen, besteht die Möglichkeit, daß sie auch jenen, die sie nachvollziehen, helfen, zu sich selbst zu finden und sich im Leben zu orientieren.

Ein zentrales Thema Ihrer Dichtung ist die Post, ist der Brief als Kommunikationsmittel zwischen Menschen (ein Thema, das auch aus Ihren zahlreichen Nachdichtungen hervorgeht), als »tür zur welt«, wie es in einer der »variationen über das thema ›die post‹« heißt. Sie versuchen also, durch Abbau innerer Entfernungen zwischen den Menschen die Erde bewohnbarer zu machen . . .

Die Bewohnbarkeit der Erde ist die Voraussetzung menschlichen Glücks. Ob Dichter, Politiker oder Maurer – sie taugen in dem Maße nichts, in dem sie Erde nicht bewohnbarer machen.

In einem Ihrer Bände stellen sie einem Kapitel den Satz von Jean Améry voran: »Ohne das Gefühl der Zugehörigkeit zu den Bedrohten wäre ich ein sich selbst aufgebender Flüchtling vor der Wirklichkeit«. Auch Landschaften sind heute bedroht (und insofern wiederum Menschen). Welche Rolle spielt die Landschaft in Ihren Gedichten?

Die Rolle, die sie in meinem Leben spielt. Und auf meiner inneren Wertskala rangiert die Landschaft hoch oben – bei den Wundern.

Und die Schwesterkünste der Literatur – Musik, Malerei . . .?

Die Musik ist meine Favoritin unter den Künsten. Nur ganz selten lotet eine Metapher in der Tiefe, in der mich Beethovens letzte Streichquartette oder Gustav Mahlers »Lieder eines fahrenden Gesellen« erreichen. Aber – das möchte ich wiederholen – auch eine Metapher kann in dieser Tiefe loten. Da ich mich beinahe selbst den bildenden Künsten verschrieben hätte, ist meine Beziehung zu ihnen schon erblich determiniert. Wenn ich einen Namen nennen darf – ich wähle diesen Namen auch, aber nicht nur, weil Sie aus Rumänien kommen –: Brâncuşi.

Künstler, die mit ihrer Kunst am Ende sind, sprechen gern vom Ende der Kunst. Sie verweisen auf die Wissenschaft, die die Kunst ersetzen soll. Gibt es nach Ihrer Meinung einen spezifischen Bereich der Poesie?

Wenn sich im Menschen Spannungen in dichterischen Bildern »entladen«, wenn das Unterbewußtsein weit auseinanderliegende Realitäten miteinander verknüpft und diese Verknüpfungen ans Bewußtsein weiterleitet, so ist das ein Zeichen dafür, daß es einen spezifischen Bereich gibt, dessen sich der Mensch nur durch die Poesie optimal vergewissern kann: nämlich bestimmte Momente seiner jeweiligen konkreten inneren Situation (und damit indirekt bestimmte Momente der jeweiligen konkreten äußeren, also auch gesellschaftlichen Situation in ihren Auswirkungen auf den inneren Zustand des Menschen). Eine Denkweise, eine spezifische Art, sich die Welt anzueignen, ist kein Luxus der Natur, auf den gegebenenfalls verzichtet werden könnte, sondern eine existentielle Notwendigkeit. Man könnte entgegnen: Wenn es einen spezifischen Bereich der Poesie gäbe, müßten sich alle Menschen dieses Bereichs in poetischen Bildern vergewissern. Sie tun's, die meisten nur nicht originär-schöpferisch, sondern rezipierend-schöpferisch. Oder sie begnügen sich mit Pseudopoesie (also einer Pseudovergewisserung) oder mit Poesieersatz (der Poesie natürlich nicht ersetzen kann, wenn es sich um die ihr spezifischen Lebensdimensionen handelt). Das Ende der Kunst kann nur mit dem Ende der Menschheit zusammenfallen, niemals aber mit dem Ende eines Künstlers als Künstler.

Vieles, was in der Vergangenheit geschehen ist, und viel Wahn, den es in der Welt noch gibt, müssen bewältigt werden. Denken wir an die beiden Weltkriege: Vergangenheit, wenn sie wiederkommen sollte, könnte die Zukunft kosten. Wo liegt in Ihren Gedichten der Akzent bei der Bewältigung dessen, was Holthusen als »die Dunkelheiten, die zwischen den Trümmern dieser Welt liegen« bezeichnet?

In der Bewältigung von Gegenwärtigem, in dem noch Vergangenes steckt, das die Zukunft kosten könnte. Wir haben mit der Vergangenheit »abgerechnet«. Doch »abrechnen« ist ein Terminus aus der Buchhaltung, »bewältigen« dagegen ein Begriff aus der Psychologie.

Ihr jüngster Band »Brief mit blauem Siegel« – dessen zweite Auflage ebenso schnell vergriffen war wie die erste – trägt schon im Titel den Hinweis auf Hoffnung. Was, konkret, meint diese Hoffnung?

Die hervorstechendsten Eigenschaften meiner Mutter sind Vitalität und eine heitere Natur. Sie hat in ihrem Leben viel Schweres und Schwerstes durchgemacht und würde sehr alt werden, wenn jedes Nichtaufgeben mit Lebenszeit belohnt werden würde. Mein Vater ist bei der Arbeit von einer fast göttlichen Ausdauer. Das heißt – »göttlich« ist vielleicht nicht der richtige Ausdruck. Gottes Arbeit währte sechs Tage, die des Menschen währt sein Leben lang. Mein Vater würde sehr, sehr alt werden, wenn er so lange leben dürfte, wie ihm Ausdauer bei der Arbeit gegeben ist. Ich glaube, ich habe ein wenig von der heiteren Natur meiner Mutter und von der Ausdauer meines Vaters geerbt, und das läßt mich hoffen. Denn ab und zu gelingt es uns doch, der Zeit fest in die Augen zu blicken und sie für einen Bruchteil ihrer selbst zu verunsichern. Und diesen Bruchteil nützen wir dann aus.

(aus: Neue Literatur, Nr. 4, Bukarest, April 1975. Hier leicht gekürzte Fassung aus: europäische ideen, Sonderheft ›Über Reiner Kunze‹, Berlin 1976)

JÜRGEN P. WALLMANN
Reiner Kunze in England

Erstmals ist dem heute 41 Jahre alten Schriftsteller Reiner Kunze, der in Greiz in der DDR lebt, von den Behörden seines Landes eine Reise ins westliche Ausland genehmigt worden (– lediglich München und Bonn hatte er 1973 besuchen dürfen). Kunze, der seit seinem Protest gegen den Einmarsch in die ČSSR vom 21. August 1968 jahrelang Publikationsverbot hatte und sich auch heute noch mancherlei Repressalien ausgesetzt sieht, hielt sich vom 18. April bis zum 6. Mai in England auf.

Reiner Kunze, dessen künstlerische und politisch-moralische Kompromißlosigkeit auch im Ausland nicht unbekannt geblieben ist, hatte nach Überwindung verschiedenster Hindernisse als Privatmann nach England reisen können, also ohne Auftrag oder Unterstützung staatlicher Stellen. Eingeladen hatte ihn die German Society der Universität von Cambridge. Während seines England-Aufenthaltes las Kunze in verschiedenen Veranstaltungen, u. a. in den Universitäten von Cambridge, London und Sussex, und diskutierte mit Studenten und Dozenten, denen der Lyriker bereits durch seinen 1973 in London erschienenen zweisprachigen Gedichtband »With The Volume Turned Down« (Zimmerlautstärke) bekannt war. Außerdem nahm Kunze am internationalen Cambridge-Poetry-Festival teil.

Sowohl beim Poetry-Festival, wo Michael Hamburger und Ewald Osers die Übersetzungen der Gedichte Kunzes lasen, als auch bei den Lesungen in Universitäten und in einem literarischen Klub in London-Hampstead wurden Kunzes Gedichte mit lebhaftem Beifall aufgenommen. Der Erfolg der stets überfüllten Veranstaltungen wurde von den englischen Gastgebern als außergewöhnlich bezeichnet. Die Korrespondentin der »Stuttgarter Zeitung« berichtete am 12. 5. 1975, die »täuschend einfachen« Gedichte Kunzes seien von den englischen Zuhörern in ihrer Doppelbödigkeit erkannt worden, und man habe Kunze verstanden als einen Dichter, der wie Wolf Biermann und Peter Huchel darauf bestehe, »sich auf alles einen eigenen Vers zu machen«. Daß es sogar in der DDR möglich sei, danach zu leben und auf die Dauer aktiv zu überleben, habe von den dreien bisher nur Reiner Kunze fertiggebracht »und gerade auch durch seine triumphale Lesereise durch England bewiesen«.

Während seines England-Aufenthaltes machte Kunze u. a. auch Fernsehaufnahmen im Studio der Universität von Norwich und gab Interviews über seinen poetologischen Standort. Zum Abschluß seiner Reise, deren Genehmigung durch die Ostberliner Behörden von Kennern der kulturpolitischen Szene in der DDR als ein Sieg der Vernunft gewertet wird, las Kunze Gedichte für die in England bekannte Institution »Dial a poem« (Wähle ein Gedicht). Dieser Lyrik-Telefonservice sendete vom 6. Mai an eine Woche lang eine Dreiminutenlesung von Gedichten Reiner Kunzes, dazu die englische Übersetzung.

Während Reiner Kunze im Ausland inzwischen als einer der wichtigsten Repräsentanten der DDR-Literatur gilt – weitere Bücher mit Übersetzungen seiner Gedichte werden demnächst in Griechenland und Frankreich erscheinen –, hat man sich in der DDR noch immer nicht entschließen können, Kunzes Bedeutung anzuerkennen. So war er beispielsweise nicht zu der großen Dichterlesung Mitte April in der Berliner Kongreßhalle eingeladen, die der Schriftstellerverband der DDR aus Anlaß des »30. Jahrestages der Befreiung vom Faschismus« veranstaltet hatte. Und sein Lyrikband »Brief mit blauem Siegel«, der 1973 im Leipziger Reclam Verlag erschienen war, ist nie in einer größeren Zeitung oder Zeitschrift der DDR rezensiert worden (– was ja wohl nahegelegen hätte bei einem Lyrikband, dessen insgesamt dreißigtausend Exemplare der ersten und zweiten Auflage in kürzester Zeit vergriffen waren).

Mehr Aufmerksamkeit dagegen schenkt man Reiner Kunze in anderen sozialistischen Ländern, so in Rumänien. Nachdem dort im vergangenen Jahr die deutschsprachige Zeitschrift »Neue Literatur« eine ausführliche und zustimmende Kritik von »Brief mit blauem Siegel« veröffentlicht hatte, brachte die ebenfalls deutschsprachige »Karpatenrundschau« am 28. 2. 1975 einen Artikel von Bernd Kolf, der unter dem Titel »Erinnerung an Greiz« über einen Besuch bei Reiner Kunze berichtet. In jenem Beitrag ist auch, jedenfalls in Andeutungen, von einigen der Schwierigkeiten die Rede, mit denen Kunze in der DDR zu kämpfen hat. Der Verfasser zieht nach dem Besuch bei Reiner Kunze das Resümee: »Alles, was in seinen Gedichten steht, denke ich, ist wahr: die große, echte Freundlichkeit und menschliche Anteilnahme, die Ehrlichkeit, die Trauer, daß ›Gedichte mißbrauchbar sind / Wie die Macht‹.«

Reiner Kunze, der augenblicklich an einem Prosabuch arbeitet – erste Auszüge erschienen 1974 in der Anthologie »Ensemble 5« im Münchner Verlag Langen-Müller –, hat in den letzten Monaten nur wenig veröffentlicht. In der DDR erschien Anfang 1975 in kleinster Auflage ein bibliophiler Druck mit Gedichten, die der in Moritzburg bei Dresden lebende Hans G. Anniès in Holz geschnitten hat; die wenigen Exemplare dieser Edition wurden über die Dresdner Ladengalerie »Kunst der Zeit« vertrieben. Im Westen wurde soeben ein Beitrag Kunzes in der im Verlag S. Fischer (Frankfurt/M.) erschienenen Schrift »Thomas Mann – Wirkung und Gegenwart« veröffentlicht, in der namhafte Schriftsteller aus West und Ost aus Anlaß des hundertsten Geburtstages von Thomas Mann am 6. Juni 1975 auf die Frage antworten, was ihnen Thomas Mann heute bedeute. Kunze, der, wie bekannt, der Tschechoslowakei besonders eng verbunden ist, weist in seinem Beitrag auf Manns 1937 geschriebenen Nachruf auf Thomas Masaryk hin, und er zitiert ein Wort des tschechischen Staatsgründers, der in einem Gespräch mit Karel Čapek geäußert hatte: »Die Wahrheit, die redliche Wahrheit, die wirkliche Erkenntnis kann niemals Schaden stiften.«

(aus: Deutschland Archiv, Nr. 6, Köln, Juni 1975)

MICHAEL HAMBURGER
Kunze in England

Daß der Aufenthalt des ostdeutschen Lyrikers Reiner Kunze in diesem Land mehr war als ein literarisches Ereignis, spürten alle, die Kunzes Lebensumstände kennen, auch alle, die seine Lesungen auf dem Cambridge-Poetry-Festival, in den Universitäten von Sussex und East Anglia oder im Hampstead Pub, dem Treffpunkt der Lyrikgruppe »Pentameter«, besuchten und die das Gewicht der Erfahrung hinter seinen kargen und subtilen Gedichten spürten.

Daß er die Erlaubnis erhielt, England als Privatmann zu besuchen, gereicht der Regierung seines Landes zur Ehre, eines Landes, das Literatur nie als Privatangelegenheit angesehen hat. Daß er sich selbst nach einem ernsten körperlichen Zusammenbruch direkt aus dem Krankenhaus zu kommen entschloß, spricht für seinen außerordentlichen Mut, einen Mut, den er während seines ganzen schriftstellerischen Lebens bewiesen hat.

Kunze ist 1933 in Sachsen geboren. Sein Vater ist gelernter Klempner, arbeitete aber, wenn er nicht arbeitslos war, als Bergmann. Reiner war das einzige von drei Geschwistern, das die Kindheit überlebte – und auch er überstand nur eben eine Hautkrankheit, die eine Folge von Unterernährung war und ein halbes Jahr lang Milchbäder erforderte.

Er studierte Philosophie und Journalistik an der Universität in Leipzig und lehrte dort vier Jahre, bis er nach »ernsten politischen Auseinandersetzungen«, wie er es bezeichnet, die Universität verlassen und als ungelernter Schlosser in einer Fabrik arbeiten mußte. Zwei frühe Gedichtbände erschienen in der DDR vor 1961. Seine späteren Bücher – seit 1963 insgesamt zehn, seine Übersetzungen aus dem Tschechischen mitgerechnet – kamen nur in Westdeutschland heraus, bis dann in Reclams Universalbibliothek (Leipzig), einer weitgehend klassischen Texten vorbehaltenen Reihe, eine Auswahl seiner Gedichte vorgelegt wurde. Die dreißigtausend Exemplare dieser ostdeutschen Auswahl »Brief mit blauem Siegel« waren innerhalb weniger Tage vergriffen.

Reiner Kunze ist mit einer tschechischen Ärztin verheiratet, die er nur schriftlich kennengelernt hatte, und er lebt seit 1962 als Autor in Greiz in Thüringen. Sein Werk, das auch Geschichten für Kinder umfaßt, ist in viele Sprachen übersetzt. Weder der außerordentliche Druck, dem er seit 1963 ausgesetzt ist, noch sein kritischer Gesundheitszustand – schon in seinen Zwanzigern hatte er an einer langwierigen Herzkrankheit gelitten – haben ihn verbittert. Nach seinem Aufenthalt in England und dem Erfolg seines Gedichtbandes in der DDR gefragt, meinte er: »Sie müssen die Bedeutung des VIII. Parteitages von 1972 verstehen. Er hat zu Entwicklungen geführt, die eine Erweiterung des geistigen Horizonts und des Spektrums der Kunst ermöglicht haben – Entwicklungen, die möglicherweise nicht mehr rückgängig zu machen sind.« Auf den Einwand, diese Entwicklung scheine seine eigene Situation als Autor in seinem eigenen Land aber doch nicht radikal verbessert zu haben, zuckte er die Schultern und erläuterte seine Position mit den Worten:

»Ein Schriftsteller kann kein Konformist oder Mitläufer sein, denn es geht ihm um Wahrheit. Er kann nur ein Mitstreiter sein, und wenn er die Betonung auf die Vorsilbe ›Mit‹ legen will, muß er das Wort ›Streiter‹ betonen. Bedauerlicherweise verstehen viele Leute diese vertrackte Dialektik nicht.«

Wie seine frühen Gedichte, besonders seine Liebesgedichte beweisen, ist er eigentlich ein sensibel wahrnehmender Lyriker, nicht der satirische, polemische Dichter, der er notwendig werden mußte, als sein Recht auf diese Wahrnehmungen infragegestellt oder ihm verweigert wurde. Das spürte wohl jeder, der ihn lesen hörte mit ruhiger Genauigkeit, die nicht überredet, sondern jedes Wort und jedes Bild in seine richtige Beziehung zu all den anderen bringt, wobei »all die anderen« das unentbehrliche Minimum von Worten und Bildern meint. Über die ungewöhnliche Kürze der meisten seiner späteren Gedichte sagt Kunze:

»Mein Ehrgeiz richtet sich nicht auf lange Gedichte – was nicht heißen soll, daß ich nicht lange nachdächte. Im Gegenteil: Oft besteht zwischen der Kürze eines Gedichts und der Zeit, die ich darüber nachgedacht habe, ein umgekehrtes Verhältnis. Und das hängt auf besondere Weise mit den Umständen zusammen, unter denen die Gedichte geschrieben worden sind.«

Wenn manche dieser kurzen Gedichte sich selbst auszulöschen scheinen, dann deshalb, weil Kunze seine Selbstdarstellung der Vorführung einer besonderen Wahrheit geopfert hat. In einer weitgehend kollektiven Gesellschaft ist es unwahrscheinlich, daß diese Wahrheit nur für ein Individuum gilt, auch da, wo der Dichter selbst mit seiner Frau oder seinen Kindern spricht. Wahrheit in Gedichten ist unteilbar. Was immer auch sein Thema ist – Kunze hat sich stets mehr um andere als um sich gekümmert. In diesem Sinne, und nur in diesem, ist er ein engagierter Schriftsteller.

Kein offizieller Gesandter hätte mehr für das Ansehen der DDR in unserem Land tun können als dieser aufrechte und nur seiner Sache verschriebene Dichter. Ich fragte ihn, ob seine Anwesenheit hier und die Tatsache, daß er in seinem Land veröffentlichen kann, bedeute, daß er von jetzt an nicht mehr in der Sorge leben müsse, bei jeder Publikation eines neuen Buches in Schwierigkeiten zu geraten, Schwierigkeiten, die in der Vergangenheit auch seine Familie trafen. Seine Antwort war ein beliebtes Zitat eines englischen Dichters, Sir Thomas Wyatt:

»Und richten sie recht oder unrecht mich, / ich bin der, der ich bin, und so schreibe ich.«

(aus: The Guardian, London/England, 8. 5. 1975. Deutsch v. Katharina Wallmann)

Kein Platz für die Unbequemen

Während das Ansehen des Schriftstellers Reiner Kunze im Ausland wächst, nimmt der Druck auf Kunze in der DDR wieder zu. Nach einem umfangreichen Lyrik-Auswahlband in Griechenland ist kürzlich im dänischen Verlag Sommer & Soerensen (Kopenhagen) eine Übersetzung von Kunzes Kinderbuch »Der Löwe Leopold« herausgekommen (»Loeven Leopold«). Zur gleichen Zeit erschien dasselbe Buch in japanischer Übersetzung in einer vorzüglich ausgestatteten illustrierten Ausgabe im Verlag Iwanami Shoten in Tokio. Entgegen früheren Aussagen des DDR-Kulturministeriums durfte dieses Buch bisher jedoch noch nicht in der DDR veröffentlicht werden; es liegt deutsch bisher lediglich im Verlag S. Fischer (Frankfurt/M.) vor.

Die Belegexemplare des griechischen Lyrikbandes, die Kunze von der Übersetzerin aus Thessaloniki überbracht werden sollten, wurden Ende Juli an der Grenze von DDR-Zöllnern beschlagnahmt. Auf mehrfachen schriftlichen Einspruch gegen diese Maßnahme und auf seine Anfrage, wie sie gesetzlich begründet sei, wurde Kunze jetzt lakonisch mitgeteilt, es gebe nicht nur Gesetze, die die Einfuhr von Büchern in die DDR regelten, sondern auch »allgemeiner gehaltene Gesetze«. Kunze wird es auch verwehrt, in Schweden oder in der schwedischen Botschaft in Ostberlin einen ihm bereits 1973 verliehenen schwedischen Literaturpreis entgegenzunehmen. Inzwischen haben die Preisverleiher aus Mölle dem Druck aus Ostberlin nachgegeben und sich dafür entschieden, dem unbequemen Kunze die Preisurkunde so unauffällig wie möglich zukommen zu lassen – mit der Post.

In der DDR wird unterdessen Kunzes Korrespondenz mit westlichen Verlagen behindert, Schriftsteller, die es noch wagen, privaten Kontakt mit Kunze zu halten, werden eingeschüchtert, und in internen Zirkeln wird Stimmung gegen ihn gemacht: so etwa auf dem letzten Poetenseminar der FDJ in Schwerin im August, bei dem Reinhard Weisbach eine Rede hielt, die in einer Attacke gegen Kunze gipfelte.

Die neuerlichen Schikanen, denen sich Reiner Kunze ausgesetzt sieht, widersprechen den Gerüchten von einer kulturpolitischen Liberalisierung in der DDR. Und sie stehen in eklatantem Widerspruch zu dem, was zur Entspannung und Verständigung auf der KSZE-Konferenz in Helsinki beschlossen worden ist – mit den Stimmen der DDR.   Wa.

(aus: Nürnberger Nachrichten, Nürnberg, 30. 10. 1975)

Die wunderbaren Jahre

Rezensionen und Interviews

Gespräch mit Reiner Kunze

Ihr Buch »Die wunderbaren Jahre« ist wiederum nur in der Bundesrepublik erschienen. Warum?

Weil ich in der Literatur keine Kompromisse eingehe und weil ich im Leben nur vertretbare Kompromisse eingehen möchte.

Für Ihre Leser in der DDR wird es dadurch schwierig, das Buch in die Hände zu bekommen.

Die Leser, die sich für das Buch interessieren, wissen, daß es kein böser Wille von mir ist, wenn sie es vorerst nicht in einer DDR-Buchhandlung kaufen können, und ich habe bei anderen Büchern die Erfahrung gemacht, daß sie mit dieser Schwierigkeit fertig werden.

Wie ist Ihr Verhältnis zu Ihren Schriftsteller-Kollegen in der DDR?

Von den älteren Schriftstellern gibt es zwei, drei, die mir in den komplizierten Zeiten sehr geholfen haben und denen ich Dank schulde. Einigen Kollegen meiner und der jüngeren Generation fühle ich mich herzlich verbunden, auch wenn unsere Kontakte sehr lose sind. Und dann gibt es diejenigen – und die geben intern den Ton an, von denen ich sagen möchte: Wehe, wenn sie losgelassen.

Hat es jemals schon Anzeichen dafür gegeben, daß man Sie aus der DDR ausweisen wollte?

Anfang März 1975 erfuhren wir, daß in einer Sitzung in Greiz bekanntgegeben worden war, man werde uns die Aussiedelung nahelegen. Etwa zur gleichen Zeit fanden in verschiedenen Städten Versammlungen zu kulturpolitischen Fragen statt, in denen ich als »unverbesserlicher Gegner« bezeichnet wurde. Erik Neutsch sprach in der Universität Greifswald und nahm die Ausbürgerung aus der DDR-Literatur vorweg: Biermann, Heym und Kunze gehörten nicht zur Literatur der DDR. Christa Wolf soll er bereits in Gefahr gesehen haben. Ich fuhr zur Regierung, und auch dort wurde mir gesagt, es liege an mir, ob man sich von mir trennen müsse. Zwei Monate später aber hieß es, Genosse Honecker wünsche diese Methode nicht.

Halten Sie es für denkbar, daß man auch in der DDR dazu übergehen könnte, kritische Autoren als psychopathische Fälle zu behandeln?

Ich kenne in der DDR keinen Fall, in dem ein Schriftsteller in eine psychiatrische Anstalt eingeliefert worden wäre. Im Gegenteil: Ich kenne Fälle, in denen Menschen die Psychiatrie als einen Ort der Zuflucht vor den täglichen Anforderungen betrachtet haben, Lehrer zum Beispiel. – Derjenige, der das Abnorme nicht als normal betrachtet, wird jedoch sehr schnell als abnorm hingestellt, als Hysteriker usw. Die Diagnose stellen allerdings Kulturfunktionäre.

Können Sie sich eine Situation vorstellen, in der Sie es vorziehen würden, die DDR zu verlassen?

Es müßte eine mehr oder weniger lebensbedrohliche Situation sein. Ich bin jedoch kein Märtyrer, ich habe weder die physische Robustheit, noch den Ehrgeiz dafür. Und man soll auch den Blick für das rechte Maß nicht verlieren. Viele – vor allem von den jungen Leuten –, um deretwillen man auch glaubt, unbedingt hierbleiben zu müssen, beantragen die Aussiedelung und gehen weg.

Worauf führen Sie es zurück, daß relativ viele junge Menschen ihre Aussiedelung in die Bundesrepublik betreiben?

Erstens auf die ideologische Indoktrination. Zweitens auf das gespannte Verhältnis zwischen diesen jungen Menschen und der Polizei. Ich bin kein Anarchist und träume auch nicht den Traum der Kommunisten, man könne nach Einführung des Paradieses den Staat in seinen wesentlichen Funktionen abschaffen. Dann müßte man auch die Menschen mit abschaffen. Ich unterstütze auch kein Rowdytum. Ich kann aber auch nicht unterstützen, wie und aus welchen Anlässen manche Polizisten gegen Jugendliche vorgehen. Leider sind es meist nicht die Schlechtesten, die von den jungen Leuten resignieren.

Kennen Sie junge Schriftsteller, auf die Sie aufmerksam machen möchten?

Jürgen Fuchs. Dann einen ganz jungen Lyriker: Arnold Vaatz. Und als Liedermacher Gerhard Schöne.

(Sendung am 9. 9. 1976 im RIAS, Berlin. Gedruckt nach dem Manuskript)

WOLFGANG IGNÉE
Reiner Kunze

Ein neuer Fall Solschenizyn, jetzt auf deutsch-deutschem Boden? Und das zur Buchmesse 1976, welche die literarische Welt der Welt in der Bundesrepublik versammelt? Und ausgerechnet auch noch zwei

Wochen vor der Wahl, bei der es angeblich um Freiheit oder Sozialismus geht? Es ist in der Tat genug Zündstoff angehäuft, genug Interessen stehen auf dem Spiel, ökonomische, politische. Auch die Sensationsmacher, die hier bei uns im Warmen sitzen, gehen schon umher, sie wittern wieder einmal ihre Stunde. Es geht um den DDR-Lyriker Reiner Kunze.

Zwar sieht alles, auch von Verlegerseite, wie hervorragend geplant und »getimed« aus, aber dem ist nicht so. Was hat Reiner Kunze getan? Zunächst nichts anderes als bisher: nämlich ein Buch in der Bundesrepublik zu veröffentlichen; ein einhundertzwanzig Seiten starkes Bändchen Kurzprosa mit dem verheißungsvollen Titel »Die wunderbaren Jahre«, Erstauflage achttausend, angeblich schon verkauft. Kunze lebt in Greiz, er ist seit langem drüben ein unsicherer Kantonist, der immer wieder einmal in Ungnade fiel, dann aber doch wieder ein paar Verse, staatlich beaufsichtigt, publizieren durfte. An den kleinen Geschichten, Anekdoten, Aphorismen hat er ein paar Jahre gearbeitet. Und daran gefeilt, wie nur Lessing an seinen Epigrammen feilen konnte oder sonst ein sehr ernsthafter Autor. Leser mit Sprachgefühl erkennen sofort: Prosa aus bester deutscher Schule und Tradition. In der DDR, bei solchen Autoren, ist unsere Sprache nicht in schlechten Händen.

Aber es geht nicht um Stil, es geht um Wirklichkeit. Heinrich Böll hat Kunzes neues Buch schon gelesen und war bestürzt. Das ist kein Wunder. Denn mit knappen, lakonischen Worten schildert Kunze nichts anderes als den Alltag in der DDR. Die, für die er schildert, werden das aber nicht lesen können, was er beschreibt: die große Monotonie des uniformierten Lebens, die Sünde, eine Bibel in einem sozialistischen Wohnheim zu lesen, den Selbstmord eines an der Grenze gefaßten Republikflüchtlings. »Schießbefehl« schreibt Kunze, ganz einfach, über diese Anekdote. Meist sind es Vorkommnisse aus der Welt der Jugend, die der als Freund der Jugend in der DDR bekannte Dichter aufzeichnet. Er besitzt selber eine Tochter, die, man braucht nicht lange zu raten warum, ihre Schulausbildung nicht beenden durfte. Viele Geschichten sind nichts anderes als wunderbare Liebeserklärungen an diese Tochter und an die Jugend. Auch wenn sie so bitter enden wie diese: »Wenn du dir das vorstellst, dann fragst du dich, warum du hier nicht doch abhaust. Lieber sich abknallen lassen.« Auch wenn Kunze so tut, als lasse er erfundene Personen sprechen – klarer und deutlicher hat noch kein Autor, weder der Sänger Biermann noch der Philosoph Havemann, ausgedrückt, wie bedrängend die Atmosphäre von Disziplin und Ordnung in Mitteldeutschland von

Menschen empfunden werden kann. Was will der Dichter erreichen? Will er die Mächtigen provozieren? Oder will er gar, nur auf literarische Weise, wie sein Freund, der Pfarrer Brüsewitz aus Zeitz, aufs Ganze gehen? Darüber zu spekulieren, wäre pietätlos. Aber es sieht so aus, als zwinge eine innere Macht den Dichter – so entschlossen wirken seine Prosageschichten –, sich von den Demütigungen und Schwierigkeiten der vergangenen Jahre zu befreien – und koste es ihn auch . . . ja, was?

Was lernen wir? Anscheinend ist die Literatur noch lange nicht tot, wie es eine kurze Periode lang aussah. Sie ist auf eine nur schwer erklärbare Weise Instanz geblieben. Übrigens nicht nur im Osten. Sie kann sich rächen, literarisch rächen und sich Respekt verschaffen. Was wird die DDR-Führung nun gegen Kunze unternehmen? Ausweisen, wie es die Sowjetunion mit Solschenizyn tat? Oder noch weiter isolieren? Ironischerweise hat das Büro für Urheberrecht, über dessen Schreibtische alle Manuskripte laufen müssen, die DDR-Autoren im Ausland veröffentlichen wollen, seine Zustimmung zu dieser Publikation gegeben. Denn man verdient drüben an solchen Veröffentlichungen gern schöne Devisen. Eine peinliche Panne oder schon ein Hinweis darauf, daß man nicht daran denkt, sich provozieren zu lassen? Reicht das Selbstbewußtsein eines Staates, der sich weltweit anerkannt und ernstgenommen sieht, schon hin, dieses Buch zu ignorieren?

Reiner Kunze ist kein isolierter Fall. Wer sich aufmerksam auf der Buchmesse umschaut, wird auf Essays von Robert Havemann oder auf einen Roman von Carl-Jacob Danziger stoßen. Beide Autoren stehen Kunze an Mut zur Humanität – ja, Mut zur Humanität! –, an Mut zur Literatur nicht sehr viel nach. Wer sich in der Bundesrepublik nun anschickt, den »Fall« Kunze wie einen Topf auf sein Wahlkampffeuer zu stellen, sollte sich erst einmal selbst an dem Mut der DDR-Autoren messen.

(aus: Stuttgarter Zeitung, Stuttgart, 15. 9. 1976)

HEINRICH BÖLL

Der Titel stammt aus Truman Capotes »Grasharfe«: »Ich war elf und später war ich sechzehn. Verdienste erwarb ich mir keine, aber das waren die wunderbaren Jahre.« Dies zu zitieren, ist wichtig, denn in Kunzes Prosaband ist keine einzige Zeile zufällig, und so ist auch keine einzige Zeile überflüssig.

»Inhaltsangaben« will ich versuchsweise gar nicht erst angehen; wie sollte einer den Inhalt von Prosa referieren, von diesen etwa fünfzig Stücken, von denen keines länger als drei Seiten ist, viele nur Fünf- bis Fünfundzwanzigzeiler sind? Und doch sind es weder Aphorismen noch Anekdoten, keine Kürzestgeschichten; es sind – ich wage lieber einen graphischen Vergleich – scharf aus der DDR-Wirklichkeit herausgestochene Medaillons. Doch: Medaillon – das klingt so »koloriert«, fast lieblich, und ich denke dann doch lieber an unkolorierte, winzige Stiche, 5 × 8 Zentimeter, Rheinansichten, Stadtansichten, die ich jedem historischen Prachtschinken-Fresko von 5 × 8 Metern in irgendeiner Stadthalle vorziehe.

Die Stille, in der Kunzes (vorerst nur im Westen erschienene) Prosa sich steigert und fortbewegt, macht einen atemlos, vor Spannung auch. Schlimm, denkt man, doch dann kommt's schlimmer und noch schlimmer. Das fängt mit den »Friedenskindern« an, sechs winzigen Stücken auf die Sechs- bis Zwölfjährigen, die da im Schießen und Stechen geübt werden, und der Gegenstand des siebten Stücks ist logischerweise das Opfer eines Schießbefehls. »Federn« nennt sich die zweite Abteilung, »Verteidigung einer unmöglichen Metapher« die dritte. (»Sie ist die Faust, mit der Gott auf ihre Eltern niederfährt. Aber eine Faust, die weinen kann. Mit dieser unmöglichen Metapher leben.«) Die vierte Abteilung heißt »Café Slavia«.

Ganz gewiß ist an dieser Prosa nichts erfunden, außer eben dem Entscheidenden, der Form, die sie gefunden hat, und es läßt sich eben das eine vom anderen weder trennen noch abziehen. Die Form rechtfertigt die Mitteilung des Inhalts, und da gibt es nirgendwo Ab- oder Ausweichen, wie ein Roman es immer wieder erlaubt. »Inhalte« zu erfinden, das spürt man, wäre hier tödlich gewesen, und so ist dieser kleine Prosaband aufschlußreicher, gibt mehr Auskunft, als einige Romane geben könnten. Und da es gewiß wiederum kein Zufall ist, daß »Federn« eine gewisse Rolle spielen, käme ich – müßte ich einen ballistischen Vergleich suchen – auf Blasrohr. Wer mit dem Blasrohr arbeitet, muß sehr leise sein, beobachten, Geduld haben, auch gute Ohren – und darf doch nicht zögern, wenn der Augenblick gekommen ist, die Leute zu erwischen. Blasrohr – das beträfe das Aktive an Kunzes Prosa; das Passive wäre wohl am besten mit Seismograph ausgedrückt; und da es ja Leute gibt, die wütend auf den Seismographen einschlagen, wenn er ein Beben ankündigt, das ja nicht sein darf, so muß man sich drauf gefaßt machen, daß diese leise, scharf gestochene Prosa einigen Ärger verursachen wird, zumal darin auch der Un-Name Wolf Biermann natürlich nicht fehlt. Und wenn Pasternak und Solschenizyn im Literaturunterricht »Gesindel« genannt werden (es stellt sich heraus, daß mindestens das »Gesindel« Pasternak auch in der DDR erschienen ist; und die junge Dame, damit konfrontiert, repliziert: »Bei uns erscheint Gesindel?«), so wird sich das Gesindel wahrscheinlich mal wieder vermehren.

Das am meisten »ärgerliche« an dieser Prosa könnte sein, daß sie eigentlich weder satirisch noch polemisch ist; sie könnte die Prosa eines poetisch hochbegabten Chirurgen sein. Das Satirische in seiner bittersten Version kommt aus der beobachteten Wirklichkeit durch bloße Benennung hinein – und das erträgt die dargestellte »Wirklichkeit« in den meisten Fällen weniger als die »Überhöhung« durch Satire. Da wird einer plötzlich von stilistischen Winzigkeiten »gestoppt«. Ich nenne eine davon. Ein Jugendlicher, der von den Jugendfestspielen – zu denen er gar nicht will! – ferngehalten werden soll, wird auf die absurdeste Weise auf einer privaten Fahrt behindert, verhindert, immer wieder aufgehalten (muß auspacken, einpacken, auspacken, einpacken); schließlich, beim letzten Verhör, wird ihm gesagt, er könne gehen, und er fragt: »Wohin?« Von ihm wird gesagt: »Er ist sich keiner Schuld bewußt. Höchstens, daß er einmal beinahe in einem VW-Käfer mit Westberliner Kennzeichen getrampt wäre.«

Man muß diese Prosa langsam lesen, langsam einatmen (ich frage mich, ob wir mit unserem vergröberten Wahrnehmungsvermögen dazu noch fähig sind), um die Satire zu bemerken, die sich hier aus der dargestellten Wirklichkeit selbst »anliefert«. Vielleicht wäre die Formulierung angebracht: Kunze stellt die Wirklichkeit, die ihm in die Falle geht. Wie lange, wie geduldig, mit welcher Ausdauer, muß da einer auf der Lauer gelegen haben!

Und da gibt es ein Datum, den großen Wendepunkt, den man vielleicht schon vergessen hat; es ist ja schon acht Jahre her: Es gibt den 21. August 1968 (und man hat vielleicht auch schon vergessen, welche Rolle Solschenizyns Brief an den Sowjetischen Schriftstellerverband beim Prager Frühling gespielt hat). Und wiederum ist es gewiß kein Zufall, daß die vierte, die letzte Abteilung »Café Slavia« heißt: Prag, die Prager Freunde, die Prager Dichter, die Kunze übersetzt hat. Diese Prager »Stücke«, mit den Gedichten von Mikulášek, Kolár, Bartusek, Kundera, Skácel, geben den protokollartigen Prosastücken über die DDR erst den rechten Hintergrund, sie machen auch den Unterschied zwischen DDR und ČSSR deutlich. Da wird dem Autor die Bedienung im Café Slavia verweigert, und während er über die Gründe für diese Unhöflichkeit grübelt, fällt ihm ein: »Mit einemmal wurde mir bewußt, daß von dort, wo ich herkam, Truppen in die Tschechoslowakei eingefallen waren«, und da sich der verweigerte Kaffee 'rumspricht, wird er von den Freunden mit Kaffee, sehr starkem, geradezu »überschüttet«. Und da gibt er auch noch seinen Mantel mit einem russischen DDR-Etikett an der Garderobe ab, schreibt außerdem noch Postkarten an russische Freunde!

Aber da gab's auch an jenem Tag des Wendepunkts Blumen für seine tschechische Frau in der Wohnungstür in der DDR, viele; mit drei Sträußen im Arm kam sie nachmittags aus der Klinik (sie ist Ärztin), und diese drei Sträuße waren »nur ein Teil«. Angesichts der Kürze dieser Prosa kann es auch nicht Zufall sein, daß es »an Stelle eines Nachworts« schätzungsweise fünfzig Zeilen gibt, die »Forstarbeiter« überschrieben sind. In ihnen unterliegt der Autor verschiedenen nachbarlichen Berufsverwechslungen, bis er schließlich klären kann, daß er Schriftsteller sei, worauf prompt die Frage kommt: »Hast du Hunger?« (»Mit soviel Schlüssigkeit hatte sich noch nie jemand nach meinen leiblichen Bedürfnissen erkundigt.«) Es wird ein Glas Wurst herbeibeordert, das Honorar aber erst ausgehändigt, als die Frage gestellt (aber nicht beantwortet ist, sie beantwortet sich selbst): »Schreibst du's, wie's in der Zeitung steht, oder wie's im Leben ist?« Kunze schreibt offenbar »wie's im Leben ist«. Seine Prosastücke sind »wahre Geschichten«, in der DDR geschehen, undenkbar ohne den politischen, den literarischen, den persönlichen Hintergrund ČSSR. Solche Mitteilungen, »zimmerlautstark« vorgetragen, demonstrieren die Relativität des Begriffs »Zimmerlautstärke«: Was man darunter zu verstehen habe, hängt von der Entfernung zum Nachbarn ab, von der Dicke der Wände, von Vorhängen, Filzstreifen; und es könnte da einer schreien, und der Nachbar könnte es, weil er sich die Ohren verstopft hat, immer noch als zimmerlautstark empfinden. Es gibt da ein Stück, das »Beweggründe« heißt; es bringt – wie manche andere Partien – die Einsamkeit des Pfarrers Brüsewitz in Erinnerung (Reiner Kunzes Prosaband wurde vor dem März 1976 abgeschlossen!). Da hat sich ein Schüler erhängt, der Mitglied der jungen Gemeinde war, hat einen Zettel mit einem durchgekreuzten Totenkopf und der Aufschrift »Jesus Christus« hinterlassen. Es wird seinen Mitschülern verboten, schwarze Armbinden zu tragen. Es wird ihnen verboten, an der Beerdigung teilzunehmen, und vorsichtshalber wird ein »Schülerwachdienst« eingeführt, die Schultür abgeschlossen.

Es sind »wunderbare Jahre«, offenbar besonders wunderbar für die Sechs- bis Sechzehnjährigen, deren Gegenwart, und Zukunft, darin zu bestehen scheint, Spitzel, bespitzelt oder gleich beides zu sein. Wer könnte da durch die Wirklichkeit selbst sich gekränkt fühlen, wer geschmeichelt? Wer ärgert sich da über »häßliche Deutsche«?

(aus: Die Zeit, Nr. 39, Hamburg, 17. 9. 1976)

HANS-JÜRGEN WIESSNER
Gespräch mit Reiner Kunze

Herr Kunze, Sie sind Schriftsteller, Lyriker, Poet hier in der DDR. Warum haben Sie Ihre »Wunderbaren Jahre« einem Verlag in der Bundesrepublik angeboten und nicht einem Verlag in der DDR? Warum werden überhaupt Ihre Gedichte und Ihre Prosa hier in der DDR so relativ wenig veröffentlicht?

Ich möchte in der Literatur keine Kompromisse eingehen, und ich möchte im Leben möglichst nur vertretbare Kompromisse eingehen.

In Ihrem neuesten Buch »Die wunderbaren Jahre« schildern Sie ja nun DDR-Bürokratie-Übergriffe vor allem gegen junge Menschen. Sind diese Übergriffe nach Ihrer Meinung typisch deutsch oder sind sie mehr typisch für diesen Staat, für die DDR?

Ich fühle mich nicht kompetent für die Bundesrepublik Deutschland zu antworten, ich kenne das Leben viel zu wenig und deshalb kann ich die Frage überhaupt nicht gültig beantworten. Ich glaube sehr wohl, daß ein deutsches Element eine Rolle spielt dabei, und ich erlaube mir dieses Urteil, weil ich längere Zeit in der Tschechoslowakei gelebt habe und dieses Volk seit 15 Jahren sehr gut kenne, und es gibt Dinge, die in der Tschechoslowakei unvorstellbar wären, auch heute unvorstellbar sind, die mit der deutschen Mentalität offenbar zu vereinbaren sind.

Können Sie das zu einem der Punkte, die Sie in Ihrem Buch notiert haben, vielleicht etwas näher präzisieren? Haben Sie da ein Beispiel zufällig bei der Hand?

Mir fällt jetzt kein Beispiel aus dem Buch ein, aber, sagen wir, daß Jugendliche, sobald sie dabei ertappt werden, ein Auto zu stoppen, und das also ganz normal tun, und ganz höflich und ohne die Gesetze zu verletzen, daß Jugendliche dann von vornherein im Unrecht sind, während in der Tschechoslowakei sich kein Mensch darum schert.

Herr Kunze, Ihre Alltagsschilderungen über Vorgänge in der DDR sind ja nun sehr scharf geraten. Fürchten Sie nicht, daß man Ihnen mit Blick auf den Alltag in der DDR eine gewisse Einseitigkeit oder vielleicht sogar eine gewisse Enttäuschung vorwirft?

Das Gesamtbild kann nur das ganze Ensemble von Literatur, von Büchern, von Schriftstellern geben, das kann niemals ein einzelnes Buch. Ich hatte aber keine Wahl, dieses Buch mußte geschrieben werden, in diesem Buch habe ich versucht, mit Erschütterungen fertig zu werden, mit denen ich auf andere Weise nicht fertig wurde. Erschütterungen, denen man ständig ausgesetzt ist, und ich habe es schreiben müssen, auch deshalb, weil vielleicht dadurch die Chance besteht, diesem oder jenem einzelnen Menschen zu helfen, mit denselben oder ähnlichen Erschütterungen fertig zu werden und eine schöpferische Haltung zu finden, weiterleben zu können.

Herr Kunze, die DDR hat Ihnen die Genehmigung gegeben, das Buch in der Bundesrepublik Deutschland zu veröffentlichen. Man kann wohl davon ausgehen, daß dieses Buch in der Bundesrepublik Deutschland jetzt infolgedessen als ein Anti-DDR-Buch bezeichnet werden wird. Wäre das richtig, würden Sie es als ein Anti-DDR-Buch ansehen?

Niemals, ich schreibe kein Buch gegen einen Staat, und gleich gar nicht gegen den Staat, in dem ich lebe. Mein Ausgangspunkt ist ein ganz anderer. Ich begebe mich nicht vordergründig auf eine politische Ebene, sondern ich habe eben gesagt, ich schreibe Erlebnisse ab, von mir ab und vielleicht auch von der Seele anderer ab, und daß man dabei natürlich mißverstanden werden kann, damit muß man rechnen. Ich setze aber soviel Vertrauen in das Buch selbst, und auch in die vernünftigen Kritiker, daß doch das richtige Licht auf das Buch fällt mit der Zeit.

Und damit auch auf die DDR?

Ich glaube, das Licht, das aus diesem Buch auf die DDR fällt, ist nicht falsch, es ist ein Ausschnitt, aber es ist nicht falsch. Ich stehe für jedes Wort.

(Sendung am 20. 9. 1976 im Zweiten Deutschen Fernsehen, Mainz, ›Kennzeichen D‹. Druckvorlage: europäische ideen, Sonderheft ›Über Reiner Kunze‹, Berlin [West] 1976)

Aus einem Gespräch mit Rolf Schneider

Dieser Tage ist bei uns ein Buch erschienen, das in der DDR noch nicht vorliegt: Reiner Kunzes Prosastücke »Die wunderbaren Jahre«. Kennen Sie das Buch?

Ja.

Ihre Meinung?

Meine Schwierigkeit ist da eine Autorenschwierigkeit. Es wird immer heikel, wenn sich Autoren über Kollegen äußern. Es wird noch heikler, wenn es um ein Sujet geht, zu dem man selber eine produktive Beziehung besitzt. Das Problem heißt hier: junge Leute, Schule, pädagogisches Milieu. Kunzes Buch hat mich sehr beeindruckt. Mehr als das: ich verwende das Wort Erschütterung.

Sie halten für realistisch, was Kunze beschreibt?

Ja.

Die Form des Buches ist auffällig: es enthält Skizzen. Glauben Sie, es lag an der Thematik und an ihrer Brisanz, daß der Autor diese Form wählte und keine andere? Und: ist jede größere Form schon wieder ein Verwässern? Wir fragen, da Ihr Roman »Das Glück« gleichzeitig erschien, und er ist ein Roman, und er legt solchen Verdacht vielleicht nahe?

Hier wirkt zweierlei. Ich kann nicht für Kunze antworten. Für mich würde ich sagen: es gibt eine Wirklichkeit, sie kann einen Menschen sprachlos machen; wenn dieser Mensch ein Schriftsteller ist, wird er die Sprache wiederfinden müssen, um seiner Glaubwürdigkeit willen.

Da ist aber eine bestimmte Form bei Kunze –

... die ist wenigstens mehrdeutig. Das wäre der Einwurf, den ich dann freilich vorzutragen hätte. Die Geschichten sind eigentlich hermetische Geschichten. Sie lassen, so verschlossen, dann auch wieder viele Interpretationen zu. Meine Interpretation zu diesem Buch: hier ist eine absurde Welt. Die Absurdität definiert sich nach Camus und seinem Mythos von Sysiphos. Ich selber bestreite das. Die Welt ist veränderlich, zum Sinnvollen hin. Kunze, so scheint mir, will solche Veränderbarkeiten nicht mehr wahrhaben. Für ihn ist die einzige Chance des Menschen die ständige Konfrontation mit dem Nichts.

Sie glauben nicht, daß sich in diesen kurzen Geschichten gesellschaftliches Leben genau widerspiegelt?

Doch.

Sind Kunzes Prosastücke gesellschaftlich also konkret?

Sie sind es. Jeder einzelne Fall ist belegbar; wie ich annehmen muß. Gleichwohl: durch die äußerste Verknappung werden Anfragen ausgespart. Hier wird ein Zeichen gesetzt für Totalität, die, ich kann es nur wiederholen, mir ebenso trist wie unabänderlich vorkommen muß. Ich mag diese Unabänderlichkeit für mich nicht akzeptieren. Sie widerspricht meinem marxistischen Selbstverständnis.

Wollen Sie damit der Literatur das Recht auf eine, wenn man will, absolute Verzweiflung absprechen?

Überhaupt nicht.

Sie rücken ja jetzt Kunze in die Nähe von Beckett.

Ja. Ich glaube, das ist auch gerechtfertigt. Die Feststellung ist für mich auch kein Vorwurf. Schriftsteller haben ein kreatürliches Recht auf Mitteilung all dessen, was sie sehen und empfinden. Aber es muß ebenso erlaubt sein zu sagen: ich respektiere deine Mitteilung, aber ich kann mich mit ihr nicht identifizieren.

Glauben Sie, daß dieses Buch veröffentlicht werden sollte, auch in der DDR?

Diese Frage ist durch die Wirklichkeit überholt. Kunze selber hat die Veröffentlichung bei uns nicht gewollt. Inzwischen ist dem Buch hier ein Überbau angewachsen, dessen Resultat neben einer Menge verkaufsfördernder Public Relations auch Verhärtung ist.

(aus: Frankfurter Rundschau, Frankfurt/M., 24. 9. 1976. Das Interview mit Rolf Schneider führten Helmut Schmitz und Wolfram Schütte.)

HANS MAYER

Es gibt den Feiertag der Lüge, und es gibt ihren Alltag. Beim Lügenfest geht es zu wie bei allen öffentlichen Festivitäten: mit Fahnen und Paraden, jubelndem Volk und richtungweisenden Reden. Dergleichen gehört, in der Fachterminologie, zum Bereich der Agitation. Die agitatorische Werbung ist stets akut und aktuell. Damit ist sie, ihrer Natur nach, freilich auch kurzlebig. In hohen Zeiten der politischen Werbung soll die Woche möglichst aus Festtagen bestehen. Der Alltag aber der Lüge wird nicht durch Agitation bestimmt, sondern durch

Propaganda. Da wird nicht für den Augenblick geworben, sondern auf Dauer.

Das Objekt der Werbung weiß im Augenblick der Festlichkeit immer noch insgeheim, daß man es manipuliert, auch wenn es selbst dabei eifrig mittut. Eine gut arbeitende Propaganda hingegen hat erreicht, daß man für Freiheit hält, was man für Freiheit halten sollte. Themen und Thesen, Sprachregelungen und Freund-Feind-Bilder, die sorgfältig und möglichst planvoll durch Propaganda vermittelt wurden, hat man inzwischen längst, mit Friedrich Schiller zu reden, »in den Willen aufgenommen«. Von diesem Alltag handelt das Buch »Die wunderbaren Jahre« von Reiner Kunze.

Es sind kurze Szenen aus dem Alltag einer Welt, die allem von Grund auf abhold ist, was irgend als Außenseitertum qualifiziert werden könnte. Man ist von Staats wegen interessiert am normgemäßen Verhalten. Dabei kann man sich läßliche Sonderregelungen nicht leisten. Man ist gründlich. Welche Bücher zu lesen oder zu meiden sind, das ist allseits wohlbekannt. Ein unerwünschtes Buch auf dem Bücherspind eines Halbwüchsigen verrät Widersetzlichkeit. Das kann auch, wie in einer von Kunzes Geschichten, die Bibel sein. Die fand sich im Lehrlingswohnheim beim Lehrling Michael. »Nicht, weil er gläubig ist, sondern weil er sie endlich einmal lesen wollte.« Wodurch sein Leben verändert wurde: nicht durch das Lesen der Bibel nämlich, sondern weil es dazu gar nicht erst kam.

Der Titel von den »Wunderbaren Jahren« ist ein Zitat aus der »Grasharfe« von Truman Capote: »Ich war elf, und später wurde ich sechzehn. Verdienste erwarb ich mir keine, aber das waren die wunderbaren Jahre.« Reiner Kunze schildert den Alltag von Jugendlichen zwischen elf und sechzehn. Ihre wunderbaren Jahre müssen absolviert werden in der DDR und auch, in den beiden letzten Szenenfolgen des Buches, in Prag. Zweimal Prag sogar: im Jahre 1968 vor dem Einmarsch der »Freunde«, und dann 1975 als Auswirkung jener freundschaftlichen Hilfe.

Dank der behutsamen Art Reiner Kunzes, ein Prosabuch zu komponieren, das immer wieder mit Aussparungen arbeitet und das Nichtgesagte, die weiße Stelle, zum Bestandteil des Textes macht, wird das Zitat von Truman Capote zum Hinweis auf eine – unerreichbare – Gegenwelt. Wer im Buch des Amerikaners zurückblickt auf die wunderbaren Jahre der Pubertätszeit, denkt zurück an alle Möglichkeiten für einen amerikanischen Jungen, irgendwohin davonzulaufen, mit etwas Taschengeld den Greyhound-Bus zu besteigen und das große Abenteuer zu starten: ganz wie Huck Finn und Tom Sawyer. Wenn der junge Holden Caulfield in Salingers Erzählung »Fänger im Roggen« rückblickend seine Geschichte als Geschichte eines Ausreißers in New York erzählt, blickt er gleichfalls zurück auf wunderbare Jahre. Wie aber, wenn das Ausreißen nicht möglich ist, weil es die Mauer gibt und den Schießbefehl? Eines der schrecklichsten Prosastücke Kunzes trägt diesen Titel »Schießbefehl«, und verrät allein durch diese Überschrift all die Lügen, die offiziell vorgebracht wurden, nachdem man solch einen Ausreißer umgebracht hat, so daß seine Mutter nichts mehr ausgehändigt bekommt als eine Urne.

Die redlichen Schriftsteller in der DDR, die weder Agitation produzieren möchten noch Propaganda, sind offenbar tief betroffen von den Konflikten junger Menschen, die nicht ausreißen können und trotzdem verhindern möchten, daß man sie ordentlich in Reih und Glied hinausmarschieren läßt ins programmierte Leben. Ulrich Plenzdorf, dessen neuer Werther mit Namen Edgar Wibeau manche Gemeinsamkeit aufweist mit den Jugendlichen, von denen Reiner Kunze zu berichten hat, erfand sich für diesen kleinen Werther aus der DDR eine Gegenwelt aus Jazz und Sondersprache. Dem ordentlichen Alltag der Propaganda wurde eine Unterkellerung gegeben. Edgar hatte seinen Salinger gelesen, aber in der DDR gab es kein New York, wohin man ausreißen durfte. So konnte ihm nicht klarwerden (was sein Autor Plenzdorf begriffen hatte), daß auch die wunderbaren Jugendjahre bei Salinger ihrerseits manipuliert waren und durchaus nicht taugten zur Nachfolge irgendwo in Sachsen oder Brandenburg.

Reiner Kunze hat auf die Errichtung einer mehr oder weniger romantisch idealisierten Gegenwelt verzichtet. Da ist nichts als der Alltag, und der ist so vollständig programmiert, daß jede Abweichung zugleich als politischer Dissens auffallen muß. Alles kann Abweichung bedeuten: das Orgelkonzert und das Jazzkonzert, die Bibel und Pasternak. Die schlimmsten Geschichten bei Kunze handeln gar nicht von solchen Schicksalen der unfreiwilligen, doch endgültig geprägten Dissidenten, sondern von denjenigen, deren wunderbare Jahre in perfekter Weise manipuliert werden konnten: in der Geschichte des Zwölfjährigen etwa, der so richtig Pistolenschießen lernen möchte auf dem Schützenhof, aber er hatte beim Zielen leider »ein paar Impulse zu viel«. Schlimmer jedoch war, wie er eifrig berichtet, der Fall eines anderen Zwölfjährigen: »Und einer hat Pech gehabt, sage ich dir. Er hatte ganz wenig Impulse, das wäre was ganz Seltenes, und weißt du was? Der hatte eine zu kleine Hand und kam mit dem Finger nicht an den Abzug.«

Übrigens wäre es grundfalsch, die Geschichten Reiner Kunzes als

Berichte aus einem ganz fremden und exotischen Land zu lesen. Gleichsam belustigt, angewidert, doch mit gutem Gewissen und mit dem beruhigenden Satz: »Das ist bei uns nicht möglich.« Freilich sind diese Szenen aus dem Alltag der DDR in ihrer besonderen Zuspitzung und Prägung undenkbar ohne diese besondere Umwelt mit Festtagen der Agitation und einem Alltag der Propaganda. Trotzdem täte man gut daran, die Geschichten mit Betroffenheit zu lesen. Auch die Welt einer freien Marktwirtschaft kennt den Festtag und den Alltag der Lüge. Der charakteristische Unterschied liegt vermutlich darin, daß die propagandistischen Grundsätze der DDR danach angelegt sind, allenthalben, und zur Warnung, stark verzerrte Feindbilder zu entwerfen. Kaum eine Geschichte daher bei Reiner Kunze, die nicht von Reaktionen der jungen Menschen auf die amtlichen Feindbilder berichtet.

Die kommerzielle Werbung hierzulande, vom Waschmittel bis zum Wahlschlager, hat es umgekehrt darauf angelegt, möglichst viele Freundbilder zu entwerfen. Sie vermittelt Kenntnis von unseren Freunden in der Werbung: sie sind wäschefreundlich und kaffeefreundlich, sie wollen uns auch als freundlich Dreinblickende im Parlament und in der Regierung vertreten. Was heißen soll, daß ein Reiner Kunze auch als Bürger der Bundesrepublik Deutschland durchaus imstande wäre, ein erschreckendes Buch mit Szenen aus dem Alltag der Lüge zu schreiben.

Kunzes Buch hat eine Gattungsbezeichnung als Untertitel: »Die wunderbaren Jahre. Prosa.« Der bemerkenswerte Lyriker Kunze, Akademiemitglied in München und West-Berlin, legt hier sein zweites Prosabuch vor: Texte einer poetischen Prosa. Mit Dokumentarliteratur hat das wenig zu tun. Zwar glaubt man dem Erzähler bei jeder Geschichte ohne weiteres die Authentizität. Dennoch entsteht durch die sorgfältige Komposition dieser oft ganz kurzen Stücke eine poetische Totalität, keine politische. Es ist, alles in allem, durchaus nicht so, daß diese jungen Menschen um ihre »wunderbaren Jahre«, die sie in einem Alltag der Lüge absolvieren müssen, unwiederbringlich betrogen würden. Kunze schildert mit hoher Kunst die Mischformen aus Anpassung und Widersetzlichkeit, aus Träumen von einer Gegenwelt und Erfüllungen, die man einer Jugend trotz allem nicht zu nehmen vermag.

Es gibt, freilich in der Form des großen bürgerlichen Romans, ein Vorbild für die »Wunderbaren Jahre« von Reiner Kunze. Der Roman »L'Education sentimentale« von Flaubert endet mit einem Rückblick gealterter Revolutionäre nach dem Mißerfolg der Revolution von

1848/49. Man ist manipuliert worden, man hat sich angepaßt. Man erinnert sich an jene jungen Jahre und kommt zum Schluß: Das waren unsere besten Jahre! Mit dieser Konstatierung beschließt Gustave Flaubert seinen Roman. Etwas davon klingt an, wenn man Kunzes Bericht über wunderbare Jugendjahre in Prag und irgendwo in Thüringen zu Ende gelesen hat.

Da ist nämlich noch eine Geschichte von zwei Seiten mit dem Titel »Forstarbeiter«. Der Erzähler hat sie nicht unter irgendein anderes Kapitel subsumiert, sondern gibt ihr eine gesonderte Überschrift: »Anstelle eines Nachworts«. Das ist eine politisch wie literarisch abgefeimte Geschichte, und man begreift beim Lesen, warum sie als Nachwort des Autors verstanden werden soll. Sie handelt von einer Episode im Leben eines Schriftstellers der DDR, der mit Arbeitern zusammentrifft, offensichtlich Holzarbeitern irgendwo in Thüringen. Der Ich-Erzähler, den man nicht mit Reiner Kunze verwechseln sollte, bewohnt als Gast für einige Zeit das Wochenendhaus eines befreundeten Arztes. Nebenan feiern die Holzarbeiter und laden ihn zu sich ein, durchaus nicht besonders herzlich, eher etwas mißtrauisch.

Als man erfährt, der Nachbar sei Schriftsteller, kommt sogleich die Frage: »Hast du Hunger?« Alle Beschlüsse des Zentralkomitees über die ideologische Bedeutung der Literatur und alle Ovationen für Nationalpreisträger hatten in diesem Fall offenbar nicht die alte Vision vom literarischen Hungerleider beseitigen können. Der Gast der Arbeiter soll ein großes Glas mit Wurst erhalten. Was heißen soll: damit er sich einmal sattessen kann. Erst jedoch muß noch eine Frage beantwortet werden, sonst gibt es keine Wurst: »Schreibst du's, wie's in der Zeitung steht, oder wie's im Leben ist?«

Diese Geschichte am Schluß des Buches, und anstelle eines Nachworts ist eine hoffnungsvolle Geschichte.

(aus: Frankfurter Allgemeine Zeitung, Frankfurt/M., 16. 10. 1976)

WOLFRAM SCHÜTTE

Das ist eines der mutigsten Bücher, die bisher in der DDR geschrieben und (vorerst – für wie lange vorerst?) nur hier publiziert wurden. Ein Schicksal, das es mit einem anderen Akt des Mutes aus dem Jahre 1966 teilt, mit dem Roman »Der Weg nach Oobliadooh« von Fritz Rudolf Fries – einem pikaresken Werk aus der Leipziger Studentenboheme, das immer noch zu den aufregendsten und aufrichtigsten Prosastücken der deutschsprachigen Literatur nach dem Krieg gehört (und als suhrkamp taschenbuch Nr. 265 kürzlich und endlich wieder aufgelegt wurde).

Fries' turbulente Geschichte zweier Freunde, die sich über die Grenzen hinausträumen, auch mal in den Westen abhauen, aber zurückkehren und langsam im Spießerdasein verdämmern, sammelt in ihrem Verlauf schockweise Alltagserlebnisse mit den Behörden und den »lieben Mitbürgern« und Genossen auf.

Kunze ist Lyriker, seine Kunst zarter konturiert, aber von kristalliner Festigkeit. Auch seine bisherigen Gedichte in den Bänden »Sensible Wege« und »Zimmerlautstärke«, deren Titel Innenweltspiegelungen zu suggerieren scheinen, formulierten mit einer sanften Unerbittlichkeit Widersprüche und Schwierigkeiten des Alltags; seines Alltags. Er galt (und welcher Schriftsteller von Villon bis Brecht wäre das nicht?) als das, was man in der DDR »ein unsicheres Element« nennt.

Der 1933 im Erzgebirge als Arbeiterkind geborene Kunze hat auf der Universität desillusionierende politische Erfahrungen gemacht, verließ sie 1959 kurz vor seiner Promotion und arbeitete als Hilfsschlosser im Schwermaschinenbau. Die ersten Gedichte, zu denen er heute noch steht, entstanden 1960/61. Schon damals besaß er eine später prägende Sympathie für die Tschechoslowakei. Seine Frau, eine tschechische Ärztin, hat Kunzes Verbindung mit der Kultur jenseits des Erzgebirges verfestigt. Er hat die Versuche, einen »Sozialismus mit menschlichem Gesicht« zu gestalten, als Übersetzer und Freund vieler tschechischer Poeten begrüßt und ist, nach der von ihm als äußerste Katastrophe empfundenen Okkupation der CSSR durch die Warschauer-Pakt-Staaten, besonders durch Soldaten der Deutschen Demokratischen Republik, nie von seiner Sympathie für den »Prager Frühling« abgerückt. Nicht wenige seiner Gedichte sprechen von der Scham, Bürger eines Landes zu sein, das mitgeholfen hat, eine große Chance des Sozialismus zu vernichten. Erst vor zwei Jahren erschien eine Auswahl seiner Arbeiten in der DDR.

»Die wunderbaren Jahre« erborgen ihren traurig-ironischen Titel aus Truman Capotes Roman »Die Grasharfe«. Dort heißt es: »Ich war elf, und später wurde ich sechzehn. Verdienste erwarb ich mir keine, aber das waren die wunderbaren Jahre.« Von der Jugend, der Kindheit, von den ersten Berührungen Jugendlicher mit dem Staat in Form von Schule, Polizei, Justiz berichten die ersten drei Abteilungen des Bandes. Es sind Kürzestgeschichten, manchmal nur eine halbe, gelegentlich zweieinhalb Seiten umfassend, groß gesetzt.

In einer Folge von 7 Stücken über »Sechs-, Sieben-, Acht-, Neun-, Elf- und Zwölfjährige«, die Krieg spielen, Töten spielen, Hassen spielen (von den Eltern nicht gehindert, von der Schule gefördert), entwickelt Kunze unter dem bissigen (»offiziellen«) Obertitel »Friedenskinder« den Beweis früher gesellschaftlicher Militarisierung. Das letzte Stück mit dem Titel »Schießbefehl« bilanziert die vorausgegangenen. Es ist der äußerst kunstvoll verknappte, nur eine Seite lange Bericht einer Frau, die indirekt, über das, was »man« ihr gesagt und getan hat, sich zu dem Wort durchschlägt, das am Ende ihres Monologs steht: »Urne.« Nur die Urne ist ihr von dem Sohn übermittelt worden, der sich mit dem Satz »Ich fahre zum Vater« bei ihr verabschiedet hatte, beim verbotenen Grenzübertritt angeschossen und im Gefängnis gestorben ist, während man der Mutter noch Hoffnungen machte, ihn wiederzusehen.

Kunzes Pathos steckt in der Lakonie, mit der er nun auch im umfangreichen Mittelteil, vor allem von den Bedrückungen und Reglementierungen Jugendlicher und deren stiller Revolten in zahlreichen kondensierten Momentaufnahmen aus dem provinziellen Schul- und Familienalltag wichtige Nachrichten übermittelt, Sprünge im Glas der Verhältnisse, die auf einen Druck (und auf Gegendruck) hinweisen.

Ob es sich da um Schüler handelt, die zur Beerdigung eines Klassenkameraden wollen, der sich erhängt hat, und die in den Klassenräumen eingesperrt werden; um den Appell an den Opportunismus der Kinder und der Eltern; um das Sitzen auf Randsteinen (»Gammlertum«); um das Tragen einer amerikanischen Armeejacke mit antimilitaristischen Aufschriften, die aus Mangel an Sprachkenntnissen (und auf Grund von Vorurteilen) für eine »Imperialismussympathie« gehalten werden; oder schließlich um die ekelhafte staatsanwaltliche Sophisterei, mit der versucht wird, auf scheinlegale Weise einer Jazzband das Handwerk zu legen: Das alles sind Belegstücke für eine lange preußisch-deutsche Tradition obrigkeitsstaatlicher Verfügungen. In dem »realen Sozialismus« der DDR, der vom wirklichen noch weit entfernt ist, schwelt und mästet sich fort, wofür der Name des »Soldatenkönigs«, den Kunze einmal zitiert, nur als Quellenangabe für die Herkunft solcher Reglementierungen steht.

Dagegen haben – von Lessing bis Brecht (und Eich) – die Schriftsteller durch Parabeln und Gleichnisse, mit Witz und List opponiert. Kunze gehört mit den »Wunderbaren Jahren« in diese Oppositionslinie. Er ist bemerkenswert findig in der Verwendung seiner literarischen Mittel. Oft kommt man erst beim zweiten Lesen hinter die Kunstfertigkeit, mit der er arbeitet (und zwar auf engstem Raum, mit minimalen Materialien).

»Flugblätter« hat er einen Dialog mit der Tochter überschrieben, dieser Relaisstation des Vaters, über die er von der Wirklichkeit und ihren Widersprüchen, von Angriff und Gegenwehr so viel erfährt. Auf die Frage, was er schreiben würde, wenn er jetzt ein Flugblatt machen könnte, heißt es: »Da meine Brauen auf Mitte rückten, setzte sie hinzu: ›Ich habe keine Blödheiten vor. Einfach nur so. Ist doch interessant‹« – womit die mimische Entsprechung für Skepsis und Abwehr (»Brauen auf Mitte rücken«) der Mimesis dieser Satzkonstruktion entspricht, welche durch das »Da« des Kausalsatzes eine überraschende, stockende Abwehrbewegung und ein Innehalten suggeriert, die erst durch die nachfolgenden erklärenden Worte der Tochter (»Ich habe keine Blödheiten vor« – wie andere, die dafür ins Zuchthaus wanderten, muß man eingedenk einer anderen Geschichte des Bandes ergänzen) beschwichtigt und abgebaut werden. Anstatt seiner Tochter einen eigenen Flugblattext zu schreiben, meint der Vater: »Da gibt es anderes, was auf Flugblättern unter die Menschen gebracht werden müßte«; und es spricht für die List und den Witz Kunzes, daß er andere, zumeist »offiziell anerkannte« Autoren wie Tucholsky, Arnold Zweig, Mitscherlich, Einstein und Le Corbusier für sich und seine Hoffnungen sprechen läßt: »Es kommt nicht darauf an, daß der Staat lebe – es kommt darauf an, daß der Mensch lebe« (Tucholsky), »Wir müssen darauf Wert legen, daß wir . . . unser kostbarstes Gut, die jungen Menschen, überhaupt unsere Menschen, vor den Beschädigungen des gesellschaftlichen Apparates schützen« (Arnold Zweig, Dresden 1954) – wobei Orts- und Zeitangabe so wichtig sind wie der Text selbst.

Diese »Zitate als Flugblätter«, die übrigens sowohl gegen eine mögliche Entpolitisierung der Jugend wie auch gegen ihre »revolutionäre Ungeduld« sprechen, sondern eher Tugenden wie Skepsis, Geduld, Mut, Widerstehensfähigkeit gegenüber Angeboten zum Opportunismus das Wort reden (also Brechtschen Haltungen), diese Zitatmontagen belegen, daß sich Kunzes Artistik – so genau und sachbezogen und scheinbar schwerelos wie ein Trapezakt – nicht nur auf die minuziös exakte Handhabung und Feilung von Sprachakten und pointierten Geschichten beschränkt; sondern Kunze verwendet (ja auch »spielerisch«, wie anders als spielerisch?) Fremdmaterial – nämlich Zitate, Gedichtstücke, Aphorismen, Satzfetzen – und ruft sie mit einem an Karl Kraus erinnernden Pathos des kommentarlosen Zitierens in den Zeugenstand.

Das vor allem ist seine Methode im letzten Teil, dem »Café Slavia«. Dort finden sich – oft bewegender noch als Kunzes Mitteilungen aus der DDR-Provinz – jene nicht selten nur einen Satz umfassenden »Mitbringsel« aus der ČSSR, mit denen Kunze nicht nur seine ungebrochene Sympathie für seine unterdrückten, mit Publikationsverbot belegten Freunde bekundet, sondern, indem er sie und ihre poetischen Erfahrungssätze übersetzt und zitiert, ihnen ein stetiges Eingedenken bewahrt. Er läßt Wirklichkeit, vertuschte und unterdrückte, zu Wort kommen. Ein Sozialismus, der für Menschen ist (und nicht für Apparate und Bürokraten), müßte wissen, daß er es sich nicht erlauben kann, auf Schriftsteller wie Reiner Kunze zu verzichten.

(aus: Frankfurter Rundschau, Frankfurt/M., 23. 10. 1976)

JÜRGEN P. WALLMANN
Gespräch mit Reiner Kunze

In diesem Herbst sind von Ihnen in der Bundesrepublik drei Bücher erschienen: in der Eremiten-Presse eine bibliophile Edition Ihres Gedichts »Die Bringer Beethovens« mit Holzschnitten von HAP Grieshaber; bei Rowohlt eine Neuauflage des Lyrikbandes »Sensible Wege« von 1969; und vor allem der Band »Die wunderbaren Jahre« bei S. Fischer. Dieses Prosabuch hat außerordentlich starke Beachtung gefunden. Es wurde, von Kritikern unterschiedlichster Couleur, ausnahmslos positiv besprochen, es tauchte auf Bestseller- und Bestenlisten auf und wurde von der Darmstädter Jury zum Buch des Monats Oktober gewählt. Die erste Auflage war schon kurz nach Erscheinen vergriffen. Hat Sie dieses starke Echo im Westen überrascht? Und wie erklären Sie sich diesen Erfolg eines Buches, das doch scheinbar die Probleme eines anderen Landes mit einer anderen Gesellschaftsordnung behandelt?

Die Menschen sind in Staaten abgeteilt. Dennoch bleiben sie Menschen. Und darum geht es in der Literatur. Die gesellschaftlichen Besonderheiten gehen in die Literatur ein, sind aber nicht der literarische Gegenstand. Insofern habe ich – vorausgesetzt, daß es mir gelingen würde, ein Buch zu schreiben, das zur Literatur gerechnet werden kann – nie Bedenken gehegt, es könnte nicht auch jenseits der Staatsgrenzen verstanden werden. (Bedenken habe ich gehabt, ob es mir gelingen würde, die qualitativen Voraussetzungen dafür zu schaffen.

Bedenken bis zur letzten Zeile, zweieinhalb Jahre lang. Und noch danach.) Das Echo hat mich dann allerdings mehr als überrascht.

In mehreren Rezensionen wird hervorgehoben, Ihr Buch erwecke den Eindruck der Authentizität, habe aber mit Dokumentarliteratur nichts zu tun. Legen Sie Wert auf diese Unterscheidung?

Unbedingt. Mir ging es nicht um Dokumentation von Einzelfällen. Mir ging es um das Exemplarische, das künstlerisch Relevante, also darum, mit einem möglichst hohen Maß an Authentizität Strukturen in uns sichtbar zu machen, die sich auf unser Menschsein zerstörerisch auswirken, und mich selbst und dadurch vielleicht auch andere Menschen für das Klima zu resensibilisieren, das diesen Strukturen günstig ist.

In den »Sensiblen Wegen« und auch in dem Gedichtband »Zimmerlautstärke« (S. Fischer 1972) haben Sie Alexander Solschenizyn ein Gedicht gewidmet, und in den »Wunderbaren Jahren« fällt sein Name ebenfalls. In verschiedenen Rezensionen werden Sie selbst nun mit Solschenizyn verglichen. Akzeptieren Sie diesen Vergleich?

Ich hoffe, mein Gefühl für Maßstäbe ist intakt. Schon aus diesem Grund kann ich den Vergleich nicht akzeptieren. Außerdem darf ich mich glücklich schätzen, nicht das erlebt zu haben, was Alexander Solschenizyn erlebt hat. Deutschland ist nicht Rußland, und die DDR nicht die Sowjetunion. Auch liegt mir direkt politisches Agieren und alles Missionarische fern, ich habe keine Glaubenslösungen anzubieten.

Ihr Kollege Rolf Schneider aus der DDR hat während der letzten Frankfurter Buchmesse in einem Gespräch mit der »Frankfurter Rundschau« gesagt, Sie selbst hätten die Veröffentlichung des Buchs in der DDR nicht gewollt.

Nehmen wir an, der Kollege Schneider hat es nicht besser gewußt.

Rolf Schneider hat auch behauptet, Ihr Buch zeige eine absurde Welt, zeige die ständige Konfrontation mit dem Nichts; Veränderbarkeiten der Welt wollten Sie nicht mehr wahrhaben.

Ich empfinde die Welt tatsächlich als absurd. Nur haben die Absurditäten, die der Kollege Schneider meint, nichts mit der Absurdität der Welt zu tun. An die Veränderbarkeit dieser glaube ich nicht, an die Veränderbarkeit jener sehr wohl.

*Sie setzen sich mit großer Intensität für die in der Tschechoslowakei
unterdrückten Schriftsteller ein. Gibt es zu den »Wunderbaren Jahren« schon Äußerungen aus der Tschechoslowakei?*

Wenn ich richtig informiert bin, ja. Aber nicht von den unterdrückten
Schriftstellern. Sie kennen es noch nicht.

*Das Buch erschien zu einem Zeitpunkt, als in der Bundesrepublik der
Bundestagswahlkampf in seine »heiße Phase« eingetreten war. Die-
ser Wahlkampf wurde, wie Sie wissen, von einer Partei mit der zur
Parole erhobenen Schein-Alternative »Freiheit statt Sozialismus«
geführt. Ist es Ihnen unangenehm, daß Ihr Buch möglicherweise als
Wahlkampf-Munition verwendet worden sein könnte?*

Sollte es diese Versuche gegeben haben, so hoffe ich, daß das Buch
selbst sie ad absurdum geführt hat. (Oder zumindest nachträglich, in
der Phase der Ernüchterung, ad absurdum führen wird.)

*In einem Brief an den S. Fischer Verlag haben Sie geschrieben, daß
Sie nach Erscheinen des Buchs mit jeder Maßnahme rechnen, die eine
Regierung gegen einen Schriftsteller treffen kann. Gibt es Anzeichen
dafür, daß Ihre Besorgnisse begründet waren?*

Ich habe von der Möglichkeit solcher Maßnahmen gesprochen, um
zum Ausdruck zu bringen, daß ich mir der Konsequenz bewußt bin,
die die Veröffentlichung des Buchs haben *kann*, und daß ich die
Verantwortung dafür voll auf mich nehme. Das aber bedeutet doch
nicht, daß ich, wie eine Zeitung bei Ihnen geschrieben hat (sie ist
glücklicherweise die Ausnahme, wenn auch eine »weitverbreitete«),
stundenlang im Thüringer Wald spazierengehe und auf meine Verhaftung warte. Dazu hatte ich seit Erscheinen des Buches noch gar
keine Zeit (es gibt Tage, da beantworte ich zwölf Stunden lang Post).
Diese Wochen sind so voller Imponderabilien und plötzlicher Wendungen für mich, daß auch eine Detailantwort auf Ihre Frage schon
bei der Niederschrift überholt sein kann.

*Bekommen Sie direkte Reaktionen von Lesern aus dem Westen?
Schreibt man Ihnen? – »Die wunderbaren Jahre« gibt es in der DDR
nicht zu kaufen. Gibt es dennoch Reaktionen von Lesern in der DDR?*

Ich bekomme Leserpost aus dem Westen und aus der DDR. (In der
DDR kursierten Abschriften, als ich selbst das Buch noch gar nicht in
Händen hatte.)

Der vor einiger Zeit aus der Haft entlassene und in den Westen abgeschobene Autor Siegmar Faust aus Dresden hat am 20. Oktober in einem Gespräch mit der Tageszeitung »Die Welt« u. a. erklärt: »Auch drüben gibt es schon eine ganze Anzahl völlig kompromißloser, scheidend kritisch eingestellter junger Schriftsteller, die Reiner Kunze als zu lahm ablehnen und die lieber ein lebenslanges Martyrium auf sich nehmen, als sich zu ducken und zu krümmen.« Möchten Sie sich dazu äußern?

Nein.

Stephan Hermlin hat kürzlich behauptet, seit mehreren Jahren machten die Behörden der DDR den Schriftstellern – er nannte dabei auch Ihren Namen – »keinerlei Schwierigkeiten bei Reisen in westliche Länder«. Ist das wirklich zutreffend? Ich erinnere daran, daß der Lyriker Wulf Kirsten, der sehr gern der Einladung zu Lesungen in Düsseldorf und Bielefeld im Dezember 1976 folgen möchte, die Reise nun möglicherweise nicht antreten darf. Auch Sie sind am 5. November nicht nach Berlin (West) gekommen, wo im Künstlerhaus Bethanien eine Lesung stattfinden sollte.

Für die unmittelbare Gegenwart geben Sie die Antwort bereits selbst. Ich wünschte jedoch, Herr Hermlin behielte zumindest im Fall Wulf Kirsten recht; Kirsten ist eine große Hoffnung, vielleicht die größte, die unsere Lyrik augenblicklich hat.

Wiederholt wird hier die Frage gestellt, was das Büro für Urheberrechte in Berlin (DDR) bewogen haben mag, die Publikation Ihres Buches »Die wunderbaren Jahre« zu genehmigen, ohne daß dem Büro das Manuskript vorgelegen hat.

Das Büro für Urheberrechte begründet seine Entscheidungen nicht.

Die »Frankfurter Rundschau« hatte am 14. Oktober gemeldet, Ihr Kinderbuch »Der Löwe Leopold«, das 1970 im Westen herausgekommen war, werde jetzt auch in der DDR, im Kinderbuchverlag Berlin, erscheinen. Ist diese Nachricht noch zutreffend?

Nein. In einem Schreiben vom 21. 10. 1976 teilte mir der Leiter des Kinderbuchverlags Berlin in aller Form mit, daß er die Auflage des Buchs »Der Löwe Leopold« zurückgezogen hat. Zur Begründung heißt es: ». . . ich habe Ihr Buch ›Die wunderbaren Jahre‹ gelesen. Die Herausgabe dieses verleumderischen Buches in der BRD und die Herausgabe eines Buches des gleichen Autors im Kinderbuchverlag schließen einander aus.«

Bei uns hat man die Veröffentlichung von Volker Brauns »Unvollen-deter Geschichte« in der Zeitschrift »Sinn und Form« als Anzeichen einer kulturpolitischen Liberalisierung in der DDR gedeutet. Wenn diese Deutung richtig ist – wäre dann nicht auch an eine Publikation Ihrer »Wunderbaren Jahre« in der DDR zu denken?

Siehe Brief des Leiters des Kinderbuchverlages vom 21. 10. 1976.

Ihre Gedichte und auch Ihre Kinderprosa sind in den vergangenen Jahren in viele Sprachen übersetzt worden, und wie von Ihrem Verlag zu erfahren ist, wurden auch für die »Wunderbaren Jahre« bereits eine Reihe von Übersetzungsvereinbarungen mit europäischen Ver-lagen und nach Übersee abgeschlossen. Doch Ihre Texte gehen auch immer mehr in die Schulbücher der Bundesrepublik ein. Freut Sie dieser Umstand nicht besonders?

Noch als Peter Huchel in der DDR lebte, habe ich mit Entsetzen festgestellt, daß Abiturienten seinen Namen nie gehört hatten. Man bedenke: den Namen des bedeutendsten im Land lebenden Dichters. Das Totschweigen, lange genug praktiziert, hat seine Wirkung. Wer sollte sich da nicht freuen, wenn er in Schulbücher seiner Mutterspra-che aufgenommen wird.

Wie sehen Sie Ihre schriftstellerische Zukunft in der DDR?

Laut Einziehungsentscheid Nr. B 065858 und Nr. B 065859 der Zollverwaltung der DDR, Postzollamt Erfurt, vom 17. 8. 1970 wurden fünf Belegexemplare meines Kinderbuches »Der Löwe Leopold« be-schlagnahmt. Meine Beschwerde gegen diese Beschlagnahmung wur-de verworfen. In einem Schreiben vom 14. 9. 1970 der Hauptzollver-waltung, Berlin, heißt es: »Entsprechend der Fünften Durchfüh-rungsbestimmung zur Verordnung über . . . ist die Einfuhr von Lite-ratur u. a. nur zulässig, wenn der Inhalt nicht im Gegensatz zu den Interessen unseres sozialistischen Staates und seiner Bürger steht. Wir konnten uns davon überzeugen, daß das von Ihnen verfaßte Buch ›Der Löwe Leopold‹ diesem Grundsatz nicht entspricht.« Am 7. 9. 1973, also nur drei Jahre später, wurde zwischen dem Kinderbuchver-lag Berlin und mir ein Vertrag über die DDR-Ausgabe dieses Buches abgeschlossen, ohne daß im Text auch nur ein Komma verändert worden wäre, und in der Sondernummer des Börsenblatts für den Buchhandel der DDR, Herbst 1976, wird auf Seite 160 das Buch als für Kinder und Erwachsene gleichermaßen geeignet empfohlen. Gewiß, die Auflage ist nun zurückgezogen worden, aber das Buch, von dem

1970 kein einziges Exemplar hatte eingeführt werden dürfen, hat 1976 in der DDR in 15 000 Exemplaren »real existiert«. – 1976 werden nun die »Wunderbaren Jahre« als ein verleumderisches Buch bezeichnet. Kann man deshalb aber sicher sein, daß die DDR-Ausgabe dieses Buches nicht doch eines Tages im Börsenblatt für den Buchhandel der DDR angekündigt werden wird? Vielleicht wird dann eines der 15 000 Kinder, die heute um ein Buch mit köstlichen Illustrationen gebracht worden sind, als Erwachsener fragen: Was habt ihr damals mit den 15 000 Exemplaren des Kinderbuchs »Der Löwe Leopold« gemacht, das uns gehörte? Und: Wer trägt dafür die Verantwortung? – Und solange das Gegenteil nicht bewiesen ist, habe ich in der DDR eine schriftstellerische Zukunft.

Die obligatorische Schluß-Frage: Woran arbeiten Sie?

Aus dem Gedicht »Die kunstbeflissenen Hähne von Leiningen« wissen Sie, daß ich in Federfühlung mit Hühnern lebe. Bis das Ei gelegt ist, ist die Henne still.

(aus: Frankfurter Rundschau, Frankfurt/M., 11. 11. 1976)

Weitere Rezensionen zu »Die wunderbaren Jahre« in:
Stern, Nr. 37, Hamburg, 2. 9. 1976 (Eva Windmöller) – Frankfurter Allgemeine Zeitung, Frankfurt/M., 2. 9. 1976 (Volker Hage) – Frankfurter Rundschau, Frankfurt/M., 2. 9. 1976 (Wolfram Schütte) – Die Tat, Zürich/Schweiz, 3. 9. 1976 (Jürgen P. Wallmann) – Börsenblatt für den Deutschen Buchhandel, Frankfurt/M., 3. 9. 1976 (Monika Schoeller) – Welt am Sonntag, Nr. 36, 5. 9. 1976 (Thomas Schröder) – Der Spiegel, Nr. 37, Hamburg, 6. 9. 1976 (anonym; Rolf Becker) – Deutsche Zeitung, Nr. 37, Bonn, 10. 9. 1976 (Karl Corino) – Die Welt, Hamburg, 11. 9. 1976 (Hans-Peter Klausenitzer) – Bild, Hamburg, 14. 9. 1976 (Konrad Jürgen) – Deutsches Allgemeines Sonntagsblatt, Nr. 38, Hamburg, 19. 9. 1976 (Manfred Jäger) – Neue Westfälische, Bielefeld, 2. 10. 1976 (Walter Neumann) – Neue Zürcher Zeitung, Zürich/Schweiz, 2./3. 10. 1976 (Andreas Oplatka) – Neue Bildpost, Würzburg, 3. 10. 1976 (Kurt Winter) – Hessisch-Niedersächsische Allgemeine, Kassel, 9. 10. 1976 (D. S.) – Süddeutsche Zeitung, München, 9./10. 10. 1976 (Joachim Kaiser) – Vorwärts, Nr. 43, Bonn, 21. 10. 1976 (Lothar Romain) – Südwest Presse, Ulm, 22. 10. 1976 (anonym) – Stuttgarter Nachrichten, Stuttgart, 27. 10. 1976 (Wulf Petzoldt) – Blickpunkt, Nr. 254, Berlin (West), Oktober 1976 (Anselm Katz) – das da, Hamburg, November 1976 (Jochen Ziem) – Konkret, Hamburg, Nr. 12/Dezember 1976 (Günter Herburger) – europäische ideen, Sonderheft ›Über Reiner Kunze‹, Berlin, November 1976 (Sammlung zahlreicher zuerst anderweitig erschienener Rezensionen) – Neue Rundschau, Frankfurt/M., Nr. 4/1976 (Antonin Brousek) – Merkur, Stuttgart, Nr. 12/Dezember 1976 (Firmian Siebenkäs) – Wiener Tagebuch, Wien/Österreich, Nr. 12/Dezember 1976 (Thomas Rothschild) – Provinz, Wiesbaden, Nr. 6/1976 (Wilhelm A. Bastigkeit) – Brigitte, Hamburg, Nr. 2/1977 (anonym).

Berufsverbot

Der Ausschluß aus dem Schriftstellerverband

I. Meldungen

Weimar (ND). Die Mitglieder des Bezirksverbandes Erfurt/Gera des Schriftstellerverbandes der DDR konnten bei ihrer Wahlberichtsversammlung am Freitag auf zahlreiche neue literarische Arbeiten verweisen, die sie in den zurückliegenden drei Jahren veröffentlichten und die bei den Lesern lebhafte Aufnahme fanden. Es gelte auch weiterhin, so hob der Vorsitzende des Bezirksvorstandes, Harry Thürk, hervor, den Erbauern des Sozialismus einen Ehrenplatz in der Literatur unseres Landes einzuräumen.
Entschieden wandten sich die 38 Mitglieder und acht Kandidaten des Bezirksverbandes gegen Versuche von Vertretern der imperialistischen Ideologie, den Sozialismus in der DDR zu verleumden.
In seinem Schlußwort bezeichnete der 1. Sekretär des Schriftstellerverbandes der DDR, Gerhard Henniger, die Weimarer Wahlberichtsversammlung als beispielhaft für den schöpferischen Geist, mit dem die Schriftsteller die vom IX. Parteitag der SED gestellten Aufgaben in Angriff nehmen.

(aus: Neues Deutschland, Berlin/DDR, 30./31. 10. 1976)

Reiner Kunze ist aus dem Schriftstellerverband der DDR ausgeschlossen worden. Auf einer Mitgliederversammlung des Bezirksverbandes Erfurt-Gera am 29. Oktober in Weimar wurde diese Maßnahme auf Vorschlag des Erfurter Verbandsvorstandes getroffen. Offiziell ist nun noch die Zustimmung des Vorstands des Gesamtverbandes in Ost-Berlin erforderlich, doch ist nicht daran zu zweifeln, daß man den Ausschluß sanktionieren wird, da bei der Versammlung in Weimar Gerhard Henniger, der 1. Sekretär des DDR-Schriftstellerverbandes, anwesend war.
Mit dieser Aktion erreicht eine Kampagne gegen Reiner Kunze ihren Höhepunkt, die gleich nach dem Erscheinen seines kritischen Buches »Die wunderbaren Jahre« im Westen (Verlag S. Fischer) ingang gesetzt worden war. In Betriebsversammlungen vor Arbeitern versucht man seit Wochen, Stimmung gegen den in Greiz (Thüringen) lebenden Schriftsteller zu machen, indem man wahrheitswidrig behauptet, Kunze sei ein reicher Mann, der in der Bundesrepublik einen

zweiten Wohnsitz habe, wo er sich den größten Teil des Jahres aufhalte. In einer Rede vor Kulturredakteuren der DDR hat die Leiterin der Abteilung Kultur beim ZK der SED Kunze einen »Staatsfeind« genannt. Zu Lesungen in West-Berlin, die in diesen Tagen stattfinden sollten, erhielt Kunze keine Ausreisegenehmigung.

Auch Kunzes Kinderbuch »Der Löwe Leopold« wird, entgegen einer früheren Ankündigung, nicht im Kinderbuchverlag (Ost-Berlin) erscheinen. Der Band, der 1970 bei S. Fischer herausgekommen, 1971 mit dem Deutschen Jugendbuchpreis ausgezeichnet worden war und inzwischen u. a. ins Japanische und Dänische übersetzt ist, liegt beim Kinderbuchverlag in 15 000 Exemplaren fertig vor. Er wird jedoch nicht ausgeliefert. Am 21. Oktober teilte der Verlagsleiter dem Schriftsteller Reiner Kunze offiziell mit: »Die Herausgabe des verleumderischen Buches ›Die wunderbaren Jahre‹ in der BRD und die Herausgabe eines Buches des gleichen Autors im Kinderbuchverlag schließen einander aus.«   J. P. Wa.

(aus: Der Tagesspiegel, Berlin [West], 5. 11. 1976)

Berlin (ADN). Das Präsidium des Schriftstellerverbandes der DDR bestätigte in seiner Sitzung am 3. November 1976 den Beschluß der Mitgliederversammlung des Bezirksvorstandes Erfurt/Gera vom 29. Oktober 1976, Reiner Kunze wegen mehrfachen gröblichen Verstoßes gegen das Statut des Verbandes aus dem Schriftstellerverband der DDR auszuschließen.

(aus: Neues Deutschland, Berlin/DDR, 6. 11. 1976)

Die Mitglieder der Berliner Akademie der Künste haben die Rücknahme des Ausschlusses von Reiner Kunze aus dem DDR-Schriftstellerverband gefordert. In einer auf ihrer Herbstversammlung verabschiedeten Resolution fordern sie die zuständigen Behörden der DDR auf, das Recht auf freie Meinungsäußerung zu respektieren und die »unwürdige Kampagne« gegen den Schriftsteller einzustellen. Diese Kampagne gegen Kunze solle mit wahrheitswidrigen Behauptungen den Eindruck erwecken, er sei »ein Feind der DDR und des Sozialismus«. Der Ausschluß wiege um so schwerer, als Kunzes Gesundheitszustand »sehr prekär ist und Sanktionen dieser Art häufig auch die Angehörigen des Gemaßregelten treffen«. Wieder einmal werde »Kritik mit Subversion gleichgesetzt und damit der Geist des Sozialismus pervertiert«.   dpa

(aus: Frankfurter Allgemeine Zeitung, Frankfurt/M., 8. 11. 1976)

Der Verband Deutscher Schriftsteller (VS) hat gestern zum Ausschluß des Schriftstellers Reiner Kunze aus dem Schriftstellerverband der DDR folgende Resolution veröffentlicht:

»Der Bundesvorstand des Verbandes Deutscher Schriftsteller in der IG Druck und Papier protestiert aus Gründen selbstverständlicher Solidarität und literarischer Freiheit gegen den Ausschluß von Reiner Kunze aus dem Schriftstellerverband der DDR. Sein Werk steht in der humanistischen Tradition der Weltliteratur, die Ausnutzung seines Namens durch Propagandisten, denen sein Anliegen im Grunde völlig fremd ist, darf keine Handhabe dafür bieten, ihm die Berufsausübung zu erschweren bzw. unmöglich zu machen. Der Verband Deutscher Schriftsteller in der IG Druck und Papier betrachtet es deshalb als seine Pflicht, sich für Reiner Kunze einzusetzen und den Schriftstellerverband der DDR aufzufordern, seine Entscheidung zu revidieren.«   F. A. Z.

(aus: Frankfurter Allgemeine Zeitung, Frankfurt/M., 9. 11. 1976)

Reiner Kunze, der durch seine Veröffentlichungen in der Bundesrepublik bekanntgewordene, in der DDR lebende Schriftsteller, wurde aus dem DSV, dem Schriftstellerverband der DDR, ausgeschlossen, was praktisch einem Berufsverbot gleichkommt. Das war am 5. November. Am Tag darauf hatten wir eine Präsidiumssitzung und beschlossen, anstatt (leider, wie wir wissen, meist wirkungsloser) öffentlicher Verurteilung der DDR-Maßnahmen einen Brief an das P.E.N.-Zentrum der DDR zu schreiben. Aus diesem Grund waren wir nicht unter den ersten, die öffentlich protestierten, und haben auch den Brief bisher nicht publiziert. Nachdem die Auseinandersetzungen um Kunze, Biermann, Fuchs, Havemann usw. inzwischen weit größere Kreise gezogen haben, möchten wir den Brief an das DDR-Zentrum unseren Mitgliedern im vollen Wortlaut zur Kenntnis geben – er ist so gehalten, daß wir glaubten, uns eine Wirkung versprechen zu dürfen, und vom Präsidium einstimmig gutgeheißen worden:

»Sehr geehrter Herr Keisch,
der Ausschluß des Schriftstellers Reiner Kunze aus dem Deutschen Schriftstellerverband der DDR (DSV) hat uns im P.E.N. der Bundesrepublik mit großer Besorgnis erfüllt, da dies praktisch das Ende seiner Berufsausübung in seinem Lande bedeuten kann. Wir wollen uns hier in keine Erörterungen des Falles einlassen und gehen nach den uns bekannten öffentlichen Erklärungen Reiner Kunzes davon aus, daß er sich durchaus zur DDR bekennt, und daß es uns nicht ansteht, daran zu zweifeln. Dennoch möchten wir eine Bitte aussprechen, Reiner Kunze zu helfen. Wenn internationale Solidarität unter Schriftstellerkollegen noch einen Sinn hat, wenn der P.E.N. mehr sein soll als ein geselliger

Club und seine Charta mehr als ein Schriftstück von rhetorischem Charakter, so sollten wir auf Ihre Bereitschaft rechnen dürfen, sich vor den Gemaßregelten zu stellen. Versuchen Sie bitte, ihn vor Nachteilen zu bewahren, auch wenn er nicht Mitglied des P. E. N. ist, wie wir es in vergleichbaren Fällen auch tun.
Mit der Bitte, unser Schreiben wohlwollend aufzunehmen, verbleibe ich für das Präsidium

mit freundlichen Grüßen
(Generalsekretär)«

Wir haben bisher keine Antwort erhalten und müssen auch annehmen, daß der Fall Reiner Kunze nicht mehr isoliert gesehen wird – und wohl auch nicht so gesehen werden kann . . .

(aus: P. E. N.-Zentrum der Bundesrepublik Deutschland, 3. Rundbrief, Darmstadt, 22. 11. 1976)

Auch der Freie Deutsche Autorenverband (FDA) hat gegen den Ausschluß Reiner Kunzes aus dem Schriftstellerverband der DDR protestiert. In einer vom FDA-Präsidenten Hubertus Prinz zu Löwenstein unterzeichneten Verlautbarung werden »alle freiheitlich gesinnten Autoren, einschließlich der Kollegen jenseits der Zonengrenze« gebeten, sich diesem Protest anzuschließen.

(aus: Süddeutsche Zeitung, München, 11. 11. 1976)

Sechs Mitglieder des Schweizerischen Schriftstellerverbandes, Hans Leopold Davi, Albert Erismann, Kurt Guggenheim, Hans Rudolf Hilty, Walther Kauer und Hugo Lötscher, die alle schon in der DDR publizierten, haben in einem Telegramm an die Präsidentin des Schriftstellerverbandes der DDR, Anna Seghers, gegen den Ausschluß Reiner Kunzes aus dem Verband protestiert.

(aus: Die Tat, Zürich/Schweiz, 12. 11. 1976)

Erst nach vier Stunden der aktuell-politische Höhepunkt der Show: Solidaritätserklärung für Reiner Kunze. Der kleine Mann mit Schnauz, Gitarre und Harmonium auf dem mit drei roten Fahnen dekorierten Podium, Fahnen allerdings mit dem Emblem der bundesdeutschen IG Metall, nannte Reiner Kunze seinen Freund. Und er sagte, alle seine Freunde unter den Schriftstellern und Künstlern der DDR seien empört über den Ausschluß Reiner Kunzes aus dem DDR-Schriftstellerverband. Sie alle fühlten sich selbst bedroht. Jurek Becker habe ihn beauftragt, bei jeder Gelegenheit in der Bundesrepublik öffentlich mitzuteilen, daß auch er und viele andere leidenschaft-

lich protestierten gegen die Repressalien, denen Reiner Kunze ausgesetzt sei. Jurek Becker und viele andere erklärten das bei allen ihren
Lesungen auch in der DDR.

Dies war jedoch nur ein Teil der Solidaritätserklärung, die mit dem
neuen Reiner-Kunze-Lied endete. Wolf Biermann hatte seinen ersten
Auftritt in der Bundesrepublik nach zwölf Jahren unter das Motto
gestellt: »Ich möchte am liebsten weg sein – und bliebe am liebsten
hier.« Die Sache hat für ihn, wie seit eh und je, auch ihre andere Seite.
Und im Fall Kunzes bedeutet das: Solidarität, allerdings kritische.
Denn dieser Autor sei zwar sein Freund, doch nicht sein Genosse. Die
Position, von der aus Kunze in seinem Buch »Die wunderbaren Jahre«
die DDR kritisiert habe, sei nicht seine Position und auch nicht die
Position derer, für die er spreche. »Wir sind Kommunisten«. Er selbst
und seine Freunde sähen die Schwächen der DDR so deutlich wie
Kunze, blieben aber dabei, daß die DDR wichtig sei für die deutsche
Arbeiterklasse, daß dieses gesellschaftliche Experiment weitergeführt
werden müsse. Reiner Kunze habe keine faschistische Literatur geschrieben, habe nicht zum Krieg gehetzt, habe nicht gelogen. »Aber
wir sind der Meinung, daß man auch mit traurigen Wahrheiten über
die DDR lügen kann über die einzige Hoffnung: den Sozialismus.«

(aus: Bericht Heinrich Vormwegs über Wolf Biermanns Auftritt in Köln, Süddeutsche Zeitung, München, 15. 11. 1976. Am 16. 11. 1976 wurde Biermann die
Staatsbürgerschaft der DDR aberkannt.)

. . . Unterdessen gingen die Proteste gegen die Ausbürgerung Biermanns auch in der Bundesrepublik weiter. Eine Reihe von Abgeord-
neten auf dem FDP-Bundesparteitag in Frankfurt forderten die politisch verantwortlichen Organe der DDR auf, »die hinterlistige Ausbürgerung von Biermann unverzüglich zu revidieren«. Scharfe Kritik
hat die Ausbürgerung auch bei der Heinrich-Heine-Gesellschaft in
Düsseldorf ausgelöst. In einem offenen Brief an Biermann und den
DDR-Schriftsteller Reiner Kunze, der vor kurzem aus dem DDR-
Schriftstellerverband ausgeschlossen wurde, heißt es: »Es ist für uns
unverständlich, daß man in der DDR Heinrich Heine bis in die
Schulen hinein als politischen Schriftsteller wie kaum einen anderen
beispielhaft vermittelt, und Sie – auf je verschiedene Art – ins Exil
verweist.«

(aus: Rheinische Post, Düsseldorf, 20. 11. 1976)

Erneut hat nach der Ausbürgerung Wolf Biermanns ein namhafter Schriftsteller aus der DDR eine geplante Reise in die Bundesrepublik Deutschland kurzfristig abgesagt. Der Lyriker Wulf Kirsten aus Weimar teilte telegraphisch mit, daß seine für Sonntag und Montag in Düsseldorf und für Dienstag in Bielefeld geplanten Lesungen ausfallen müßten. Kirsten, der vor allem mit seinem Gedichtband »Satzanfang« (1970) bekannt geworden ist, gehört dem Bezirk Gera–Erfurt des DDR-Schriftstellerverbandes an, der Ende Oktober Reiner Kunze wegen seines bei S. Fischer (Frankfurt a. M.) veröffentlichten Buches »Die wunderbaren Jahre« ausgeschlossen hatte. In einem Mitte November im Westen veröffentlichten Interview hatte Kunze über den mit ihm befreundeten Lyriker gesagt: »Kirsten ist eine große Hoffnung, vielleicht die größte, die unsere Lyrik augenblicklich hat.«

J. P. Wa.

(aus: Süddeutsche Zeitung, München, 11./12. 12. 1976)

Wie erst jetzt bekannt wird, hat sich der in Greiz/Thüringen lebende Schriftsteller Reiner Kunze (sein Buch »*Die wunderbaren Jahre*« liegt inzwischen im Westen in über hunderttausend Exemplaren vor) Anfang Dezember in einem Brief an Erich Honecker gewandt. In seinem Schreiben bat Kunze den DDR-Staatsratsvorsitzenden zu verhindern, daß dem inhaftierten jungen Schriftsteller Jürgen Fuchs sowie den unbekannten DDR-Bürgern, die sich gegen die Ausbürgerung Wolf Biermanns und gegen den Ausschluß Kunzes aus dem Schriftstellerverband geäußert haben, »weiterhin Leid zugefügt wird«. Außerdem soll der Autor darum gebeten haben, daß Professor Robert Havemann, dem er, Kunze, nie begegnet sei, dessen Schicksal ihn aber tief betroffen mache (bekanntlich war Havemann unter Hitler zum Tode verurteilt worden) auch vor dem Weihnachtsfest aus dem Hausarrest entlassen wird.

J. P. Wa

(aus: Frankfurter Allgemeine Zeitung, Frankfurt a. M., 20. 12. 1976)

Der DDR-Schriftsteller Bernd Jentzsch, der im November von der Schweiz aus in einem offenen Brief an den Staatsratsvorsitzenden Erich Honecker »leidenschaftlich« gegen die Maßnahmen gegen Wolf Biermann und Reiner Kunze protestierte, will vorläufig in der Schweiz bleiben. Er hält sich dort seit dem 20. Oktober auf, um für einen DDR-Verlag eine Anthologie zeitgenössischer Schweizer Dichtung zusammenzustellen. Ein Sprecher des eidgenössischen Justiz- und Polizeidepartementes erklärte, ein Gesuch um politisches Asyl sei von Jentzsch bisher nicht gestellt worden. In der DDR-Botschaft in Bern hieß es auf Anfrage, Jentzsch »interessiert nicht mehr«.   AP

(aus: Frankfurter Allgemeine Zeitung, Frankfurt a. M., 8. 1. 1977)

II. Kommentare, Interviews, Stellungnahmen

GISELA LINDEMANN
Gespräch mit Günter Grass

Die Mitglieder der Akademie der Künste Berlin haben auf ihrer Herbstmitgliederversammlung am 6. November 1976 folgende Resolution beschlossen:
»Wie bekannt wurde, ist unser Mitglied Reiner Kunze aus der Thüringischen Sektion des Schriftstellerverbandes der DDR ausgeschlossen worden. Als Anlaß gilt Kunzes Buch ›Die wunderbaren Jahre‹, das mit Genehmigung einer zuständigen Behörde der DDR in der Bundesrepublik veröffentlicht worden ist. In literarischer Form setzt sich Kunze darin kritisch mit den Zuständen in der DDR auseinander; gemeint und betroffen ist das Land, in dem er lebt und weiter leben will. Gegen Kunze läuft zur Zeit eine Kampagne, die mit wahrheitswidrigen Behauptungen – namentlich vor Werktätigen – den Eindruck erwecken soll, daß er ein Feind der DDR und des Sozialismus sei. Die Kampagne und der Ausschluß aus dem Schriftstellerverband bedeuten Berufsverbot und können die Zerstörung seiner Existenz zur Folge haben. Dies wiegt um so schwerer, als Kunzes Gesundheitszustand ein sehr prekärer ist und Sanktionen dieser Art in der Regel auch die Angehörigen des Gemaßregelten betreffen.
Die Akademie der Künste Berlin protestiert gegen Maßnahmen, die, obgleich in einem sozialistischen Land getroffen, an gewisse faschistische Praktiken wie an die Organisierung des ›Volkszorns‹ erinnern. Wieder einmal wird Kritik mit Subversion gleichgesetzt und damit der Geist des Sozialismus pervertiert. So wird die Gesellschaft der DDR um die ihr notwendige Kritik betrogen; so soll ein unbequemer Schriftsteller ins Exil getrieben werden.

Wir erklären uns solidarisch mit Reiner Kunze und fordern unter
Berufung auf die UNO-Erklärung der Menschenrechte und auf das
Abkommen von Helsinki die zuständigen Behörden auf, das Recht
auf freie Meinung zu respektieren, den Ausschluß Kunzes aus dem
Schriftstellerverband rückgängig zu machen und die unwürdige
Kampagne einzustellen.«
Herr Grass, dies ist eine Resolution, die an Deutlichkeit und Schärfe
nichts zu wünschen übrig läßt. Sie haben sie als Akademiemitglied
mit beschlossen. Was bedeutet es für einen Schriftsteller in der DDR,
aus dem Schriftstellerverband ausgeschlossen zu werden?

Was für unsere Verhältnisse beinahe banal klingt, denn der Schriftstellerverband in der Bundesrepublik hat bei weitem nicht die Macht
und die Funktion, gottseidank auch nicht, die dem Schriftstellerverband in der DDR zugeordnet wird. Wer dort aufgenommen wird,
bekommt sozialen Schutz, hat die Möglichkeit, gelegentlich, der eine
oder andere, eine Auslandsreise zu machen. All das läuft über den
Schriftstellerverband, muß von dort befürwortet werden. Und wenn
Reiner Kunze jetzt aus dem Schriftstellerverband ausgeschlossen ist,
fallen all diese Vergünstigungen für ihn weg. Eine weitgehende Isolierung wird beginnen, die sich ja schon abgezeichnet hat während
seiner Mitgliedschaft im Schriftstellerverband, die also dadurch noch
verstärkt sein wird.

Es ist in der Beschließung von einer Kampagne die Rede, »die mit
wahrheitswidrigen Behauptungen – namentlich vor Werktätigen –
den Eindruck erwecken soll, daß Reiner Kunze ein Feind der DDR und
des Sozialismus sei«. Welche Behauptungen sind das?

Ja, das sind blanke Lügen. Es wird behauptet, Reiner Kunze besitze
eine Villa in Westdeutschland, befinde sich sowieso die meiste Zeit
dort drüben in Westdeutschland und reise nur als DDR-Bürger in die
DDR, um dort Material zu sammeln, das er dann gegen die DDR
verwende. Davon ist nichts wahr. Reiner Kunze lebt die meiste Zeit in
Thüringen. Er lebt von seinen minimalen Einkünften, die er als
Lyriker hat, und vom Gehalt seiner Frau, die Ärztin ist. Davon lebt er
in erster Linie, denn die Einkünfte für den Lyriker würden gar nicht
reichen.

Obwohl sie in der DDR höher sind als bei uns.

Sicher. Aber die Einkünfte für die Lyrik, die bekommt Reiner Kunze
in erster Linie durch seine Einnahmen in der Bundesrepublik. Jahre-

lang hat er Arbeits- und Veröffentlichungsverbot gehabt. Es ist ein Band in der DDR von ihm erschienen, in sehr hoher Auflage, und dieser Gedichtband ist in kurzer Zeit vergriffen gewesen. Es hat keine Neuauflage gegeben. Also kommen dort auch keine Einkünfte mehr.

Reiner Kunze ist seit kurzer Zeit Mitglied der Westberliner Akademie der Künste, die am vergangenen Wochenende ihre Herbstmitglieder-versammlung hatte. Er war eingeladen, ebenso wie die neuen Mit-glieder Stephan Hermlin und Günter Kunert aus der DDR eingeladen waren. Die beiden letzteren sind erwartet worden, von Reiner Kunze wußte man schon vor seiner Ausschließung aus dem Schriftsteller-verband, daß er nicht würde teilnehmen können; er hatte keine Ausreisegenehmigung bekommen. Aber wie ich höre, waren nun auch Kunert und Hermlin nicht da. Hat es dazu eine Erklärung gegeben?

Es hat keine Erklärung dazu gegeben. Wir wissen also auch nicht, ob es eine Genehmigung oder keine Genehmigung gegeben hat für die Ausreise. Von Kunert kam ein Telegramm, in dem er mit kargen Worten der Abteilung bei ihrer Arbeit Erfolg wünschte. Von Hermlin kam kein Zeichen.

Es heißt in der Resolution: »Wieder einmal wird Kritik mit Subver-sion gleichgesetzt und damit der Geist des Sozialismus pervertiert. So wird die Gesellschaft der DDR um die ihr notwendige Kritik betro-gen; so soll ein unbequemer Schriftsteller ins Exil getrieben werden.« Es ist bekannt, daß Reiner Kunze sich schon seit vielen Jahren als »notwendiger Kritiker« einer Gesellschaft versteht, deren Aufbau er im Prinzip bejaht. Wie schätzen Sie seine Chancen ein, daß der bittere Kelch eines ungewollten Exils an ihm vorübergeht? Daß die zuständi-gen Behörden in der DDR ihren Entschluß noch einmal überprüfen.

Wir haben ja bewußt diesen Brief sehr deutlich abgefaßt und die Fakten beim Namen genannt. Sicher in der Hoffnung, wenn auch in der kleinen Hoffnung, daß man vielleicht an entscheidender Stelle der DDR zur Einsicht kommt. Vielleicht auch in der Hoffnung, daß eine Vielzahl von Schriftstellerkollegen in der DDR ihre berechtigte Vor-sicht dem Staat gegenüber noch einmal gründlich infragestellen. Schließlich kann ihnen allen über kurz oder lang das passieren, was zur Zeit Kunze widerfährt. Und ich glaube, daß nichts hilfreicher für Kunze, aber auch für die anderen Schriftsteller wäre, als eine breite Solidarisierung mit ihm, so wie sie natürlich, mit kleinem Risiko, oder gar keinem Risiko, für westdeutsche Schriftsteller möglich gewesen ist.

Es haben in letzter Zeit ungewöhnlich viele DDR-Schriftsteller die Genehmigung zur Ausreise in die Bundesrepublik bekommen, zur Frankfurter Buchmesse, zu Lesereisen. Christa Wolf und Helga Schütz waren hier, Rolf Schneider und Günter de Bruyn, Klaus Schlesinger und Jurek Becker, um nur einige zu nennen. Selbst Wolf Biermann kann in diesen Tagen zu öffentlichen Auftritten in die Bundesrepublik reisen. Wie verhält sich diese allgemeine Freizügigkeit zu der Kampagne gegen Reiner Kunze?

Mein Eindruck ist, daß selbst in einem so monolithisch geschlossenen Land wie der DDR eine Vielzahl von Meinungen und Auffassungen einander widerstreiten. Das dringt zwar nicht an die Öffentlichkeit, aber das diffuse Verhalten der DDR-Behörden, hier liberal, dort mit überbetonter Strenge, macht deutlich, daß es offenbar kein einheitliches Konzept gibt, daß unter Umständen von der Zentrale in Ostberlin ein liberalerer Kurs versucht wird, die Provinz – in dem Fall Thüringen – diesen dauernden Schwankungen, mal liberal, mal Schärfe, nicht mehr nachkommen will und sich einfach auf einen scharfen Kurs festgelegt hat.

Aber dann hätte es ja noch die Möglichkeit gegeben, daß der Gesamtverband in Berlin nicht zugestimmt hätte.

Ich weiß nicht, ob dieser Entschluß schon gefallen ist mit dem Gesamtverband.

Der ist inzwischen gefallen, ja.

Der ist inzwischen gefallen. Das ist dann sicher mit unter dem Druck von Thüringen aus geschehen, ich weiß nicht, ob mit vorherigem Wissen der Ostberliner Stelle. Es ist ja jemand dabei gewesen von dort, Gerhard Henniger. Ob das nun Druck von Thüringen aus gewesen ist, oder ob man das von Ostberlin her gefordert hat und Thüringen die erste Entscheidung treffen mußte, das entzieht sich meiner Kenntnis. Nur deutlich ist, daß eine gewisse Unsicherheit waltet bei diesen Maßnahmen.

Und das muß noch dazu gesagt werden: was Kunzes Buch so außergewöhnlich macht, ist, daß er auf den ersten Blick weitgehend auf brillante literarische Mittel verzichtet. Er teilt lapidar mit. Das Buch ist an Nüchternheit nicht zu übertreffen. Es läuft ja manchmal geradezu auf einem schmalen Grat; ein Abgleiten bedeutet dort schon Abgleiten in die Banalität. Er benennt den Alltag in der DDR – eine literarische Form, die für die DDR ungewöhnlich ist. Ein Großteil der kritischen literarischen Äußerung benutzte dort über lange Zeit lite-

rarische Schlupfformen; große ästhetische Bemühungen wurden an-
gestellt, um die Kritik unanfechtbar zu machen, formal abzusichern.
Auch in der Lyrik war eben beinahe eine alexandrinische Art zu
schreiben Regel geworden. Und das ist seit einiger Zeit anders: Daß
hier eine Reihe von Schriftstellern bereit sind, die Schlupfformen zu
verlassen und die Dinge beim Namen zu nennen.

(Sendung: Norddeutscher Rundfunk, Hannover, 9. 11. 1976. Gedruckt nach dem
Manuskript)

MARCEL REICH-RANICKI
Berufsverbot für Reiner Kunze

Gegen den in Greiz in Thüringen lebenden Schriftsteller Reiner
Kunze ist zur Zeit in der DDR eine Kampagne im Gange. Sie ist für
Kunze gefährlich. Ist sie nur für Kunze gefährlich? Für den in Greiz in
Thüringen lebenden Schriftsteller Reiner Kunze ist zur Zeit in der
Bundesrepublik eine Aktion im Gange. Sie soll Kunze beschützen.
Soll sie nur Kunze beschützen?
Die Fakten sind einfach. Kunze, durch die in der Bundesrepublik
veröffentlichten Gedichtbände »Sensible Wege« (1969) und »Zim-
merlautstärke« (1972) als einer der repräsentativen deutschen Lyriker
seiner Generation (er wurde 1933 geboren) ausgewiesen, ist den
Behörden der DDR schon seit Jahren ein Dorn im Auge, zumal seit
1968, als er nach der Invasion in die Tschechoslowakei der SED den
Rücken kehrte.
Immerhin war man in der DDR vernünftig genug, einer Wiederho-
lung des Falles Wolf Biermann entgegenzuwirken: 1973 konnte eine
Auswahl der Gedichte Kunzes in Leipzig in hoher, doch begrenzter
Auflage erscheinen. Die 30000 Exemplare waren innerhalb von Ta-
gen vergriffen. Kunzes Popularität in seiner Heimat war zu einem
Faktor geworden, den die SED nunmehr in Rechnung stellen mußte.
Zwar warf man dem Lyriker den »Rückzug auf die eigene Individuali-
tät« vor, doch ließ man ihn, alles in allem, in Ruhe.
Der vor knapp zwei Monaten vom S. Fischer Verlag, Frankfurt am
Main, ausgelieferte Prosaband Kunzes »Die wunderbaren Jahre« hat
in der Bundesrepublik sofort ein zwischen respektvoller Anerkennung und enthusiastischer Zustimmung schwankendes Echo hervorgerufen. Die Kulturpolitiker der SED mußten sich entscheiden. Sie

hatten die Möglichkeit, das neue Buch zu ignorieren und Kunze weiterhin in seiner Heimat als einsamen Sonderling zu dulden und praktisch totschweigen zu lassen. Freilich gab es noch eine andere Möglichkeit: Kunze als Feind der DDR und des Sozialismus zu diffamieren und daraus die praktischen Folgerungen zu ziehen.

Einige Wochen schien es, daß man angesichts des großen Ansehens, dessen sich Kunze nicht nur in der Bundesrepublik, sondern auch in der DDR zumindest bei den literarisch Interessierten erfreut, entschlossen war, Souveränität zu demonstrieren und ihn auf keinen Fall in eine Märtyrerposition geraten zu lassen. So war es offensichtlich geplant, doch hat man sich plötzlich anders besonnen. Jene, die von vornherein für einen harten Kurs gegen Kunze plädierten, sahen sich durch den Erfolg des Buches in der Bundesrepublik (mit entsprechendem Widerhall innerhalb der DDR) in ihren pessimistischen Anschauungen bestätigt. Kunze wurde aus dem Schriftstellerverband der DDR ausgeschlossen.

Gegen diese Maßnahme richten sich alle westlichen Proteste. Der Bundesvorstand des Verbandes Deutscher Schriftsteller in der IG Druck und Papier hat in einer Protestresolution den Schriftstellerverband der DDR aufgefordert, die Entscheidung in Sachen Kunze zu revidieren. Das PEN-Zentrum Bundesrepublik Deutschland wendet sich (in einem vorerst nicht veröffentlichten Brief) an den PEN-Club der DDR mit der Bitte, Kunze, obwohl er nicht dem PEN angehört, vor Nachteilen zu bewahren.

Die Akademie der Künste in Berlin (West) verweist in einem Brief an Erich Honecker, daß Kunze ihr außerordentliches Mitglied ist, und protestiert angesichts der gegen ihn neuerdings organisierten Hetzkampagne, in der es – wie man hört – an Pogromstimmung nicht mangelt, »gegen Maßnahmen, die, obgleich in einem sozialistischen Land getroffen, an gewisse faschistische Praktiken wie die Organisierung des ›Volkszorns‹ erinnern«.

Der Ausschluß eines Autors aus einem Schriftstellerverband mag aus westlicher Sicht auf den ersten Blick eine eher harmlose Maßnahme scheinen. In Wirklichkeit ist es in einem kommunistischen Land eine Sanktion von größter Härte und weitgehenden praktischen Konsequenzen. Von nun an darf von Kunze in der DDR keine einzige Zeile mehr gedruckt oder gesendet werden. Mehr noch: Der totale Publikationsboykott erstreckt sich zugleich auf alle anderen Ostblockländer. Ausschluß aus dem Schriftstellerverband bedeutet in der DDR – und hier ist die bei uns oft mißbrauchte Vokabel am Platz – nichts anderes als Berufsverbot.

Die Geschichte der Literatur in den kommunistischen Ländern lehrt, daß es für die Partei immer riskant und heute sehr schwierig ist, namhafte Schriftsteller zum totalen Schweigen zu verurteilen. Sie entscheidet sich zu derartigen Schritten nur dann, wenn sie sich bedroht fühlt und keinen anderen Ausweg sieht. Eben dies trifft auf den Fall Reiner Kunze zu.

Fürchtet die SED seinen Prosaband »Die wunderbaren Jahre«? Glaubt man etwa in Ost-Berlin, dieses Buch könne einen verheerenden Einfluß auf die Bevölkerung der DDR ausüben? Man sollte sich nicht einbilden, diejenigen, die für den fatalen Beschluß in Sachen Kunze verantwortlich sind, seien weltfremd. Sie wissen sehr wohl, daß Millionen DDR-Bürger täglich westdeutsche Fernsehprogramme sehen, und darunter natürlich auch solche, die sich mit Fragen des Kommunismus und der DDR sehr kritisch befassen. Gegen diese in der DDR besonders beliebte Freizeitbeschäftigung schreitet die SED nicht ein.

Welche reale Wirkung kann, verglichen mit dem ständigen und doch bisweilen massiven westlichen Fernsehangebot, in der DDR ein hochpoetisches Buch haben, das sich vornehmlich auf die Mittel der Parabel verläßt und immer wieder mit Andeutungen, Aussparungen und Anspielungen arbeitet? Diese Prosa ist nicht übermäßig schwer, doch leicht verständlich ist sie auch nicht: Sie richtet sich an ein Publikum mit einer gewissen literarischen Vorbildung, also auch in der DDR an eine Minderheit.

Überdies findet sich in Kunzes Buch, das Szenen aus dem Alltag in der DDR schildert, kein einziges Wort gegen den Kommunismus. Weder die ideellen Grundlagen noch die programmatischen Ziele der DDR werden in Frage gestellt; Kunze will gar nicht an die Wurzeln des Übels gehen, das er zeigt. Seine Sache ist es, die praktischen Folgen eben im Alltag zu vergegenwärtigen. Kunze hat also ein Buch nicht gegen die DDR geschrieben, sondern gegen bestimmte, dort vorhandene Erscheinungen und Zustände, die übrigens allgemein bekannt sind und, so meint er, um des Wohles der DDR wegen nicht verschwiegen werden sollten. Er bekennt sich zur DDR, wo er seit Jahren isoliert ist und schikaniert wird, als zu einem Land, das er »wieder und wieder wählen würde«.

Die kritische Tendenz des Bandes »Die wunderbaren Jahre« behagt der SED natürlich nicht. Dennoch wird von der Partei die direkte propagandistische Wirkung, die von solchen poetischen Werken ausgehen kann, nicht sonderlich überschätzt. Mit diesem Buch kann sich die Partei, obwohl von ihm in der Bundesrepublik fast 40 000 Exemplare verkauft wurden, gelassen abfinden. Die Aktion gegen Kunze hat in Wirklichkeit eine tiefere Ursache. Die Wahrheit wurde ihm nicht vorenthalten.

In der offiziellen Meldung im »Neuen Deutschland« heißt es ausdrücklich, er habe sich gröbliche Verstöße gegen das Statut des Schriftstellerverbandes zuschulden kommen lassen. Man hat auch Kunze auf den entsprechenden Abschnitt des Statuts hingewiesen. Er lautet: »Die Mitglieder des Schriftstellerverbandes anerkennen die führende Rolle der Arbeiterklasse und ihrer Partei in der Kulturpolitik. Sie bekennen sich zur Schaffensmethode des sozialistischen Realismus.«

Diese Forderung, die Kunze in der Tat ignoriert hat, können nicht mißverstanden werden: Nach wie vor halten sich die Kulturpolitiker der SED an jenen klassizistischen Stalinismus, den man einst, zwei Vokabeln auf einmal mißbrauchend, sozialistischen Realismus genannt hat. Im Sinne dieser Doktrin ist es wichtigste Aufgabe des Schriftstellers, mit den Mitteln der Kunst zu illustrieren und zu exemplifizieren, was die Partei erkannt hat, was sie verlangt und befiehlt. Der sozialistische Realismus degradiert und entmündigt den Schriftsteller, der lediglich als ausführendes Organ der Parteiführung fungieren soll.

Der eigentliche Grund des Kampfes der SED gegen Kunze ist seine Konzeption der Rolle des Schriftstellers in der Gesellschaft der DDR. Nicht in der eventuellen pädagogischen Wirkung der »Wunderbaren Jahre«, sondern in dieser Konzeption sieht die SED die eigentliche Gefahr. Es habe der Schriftsteller, sagt eine Figur in einem Roman von Solschenizyn, »so etwas wie eine zweite Regierung« zu sein. Das aber heißt: Der Schriftsteller als eine von Partei und Regierung unabhängige Instanz, als selbständige moralische Autorität.

Gegen die dem Schriftsteller vom sozialistischen Realismus zugewiesene Rolle rebellieren seit bald zwanzig Jahren viele Autoren der DDR. Der hartnäckige Kampf der SED gegen Wolf Biermann ist nur das spektakulärste Beispiel einer Auseinandersetzung, an der auf seiten der Literatur gerade die dem Kommunismus verpflichteten Schriftsteller in der DDR am intensivsten teilnehmen.

Jetzt hielt die Partei den Augenblick für gekommen, um ein Exempel zu statuieren. Kunze ist der Sündenbock. Die Aktion ist gefährlich für ihn und zugleich für alle Schriftsteller in der DDR. In der Tat hat die literarische Welt der DDR den Ausschluß Kunzes als Drohung verstanden, deren mögliche Folgen nur abgewendet werden können, wenn sich die Schriftsteller der DDR solidarisch zeigen.

Denn in der DDR ist es wie in anderen kommunistischen Ländern: Es sind nicht nur die Schriftsteller von Staat und Partei abhängig, sondern auch Staat und Partei sind auf die Schriftsteller angewiesen. Minister und Generäle kann man entlassen und austauschen, nicht aber Schriftsteller. Gewiß, man konnte Reiner Kunze aus dem Schriftstellerverband ausschließen, aus der Geschichte der deutschen Literatur dieser Jahre kann man ihn nicht streichen.

Es ist durchaus möglich, daß es in der SED-Führung Kräfte gibt, die diese Tatsache zu respektieren und daraus die Folgen zu ziehen imstande sein werden. Es wäre gut – für Reiner Kunze, für die DDR, für ihre, für unsere Literatur.

(aus: Frankfurter Allgemeine Zeitung, Frankfurt/M., 10. 11. 1976)

ROLF MICHAELIS
Handschellen für Wörter

»Literatur ist für ein Volk eine Frage auf Leben und Tod. Die Literatur wird die ganze Wahrheit an den Tag bringen. Sie wird Ankläger, Zeuge und Richter sein in einem.«

Es wird Zeit, an diese Sätze des ersten Kulturministers der DDR zu erinnern. Aus dem Ministerium, dem Johannes R. Becher, ein Dichter, einst vorstand, dröhnen jetzt Worte, die man seit den Tagen des Stalinismus auch in der DDR geächtet wähnte.

Der Dichter als »Staatsfeind«? So hat die Leiterin der Abteilung Kultur beim Zentralkomitee (ZK) der SED in einer Rede vor Kulturredakteuren Reiner Kunze genannt.

Im Künstlerhaus Bethanien in West-Berlin sollte Reiner Kunze am 5. November aus seinen Büchern lesen, von denen die meisten nur im westlichen Deutschland erschienen sind; aber die Regierung des Landes, das Kunze so besungen hat: »ausgesperrt aus büchern / ausgesperrt aus zeitungen / ausgesperrt aus sälen / eingesperrt in dieses land / das ich wieder und wieder wählen würde«, verweigerte ihm auch diesmal die Ausreise.

Und da sollte man Herrn Honecker, den Oberwachtmeister dieses Aus- und Einsperr-Staates, nicht an sein berühmtestes, bisher allein bemerkenswertes Wort auf der IV. Tagung des ZK im Dezember 1971 erinnern: »Wenn man von der festen Position des Sozialismus ausgeht, kann es meines Erachtens auf dem Gebiet von Kunst und Literatur keine Tabus geben«?

Einer der literarischen Aufpasser des SED-Chefs, der Leiter des Ost-Berliner »Kinderbuchverlages« hat – auf Weisung von oben – die Verkehrsregel für den Umgang mit Künstlern prompt vergessen: Obwohl vertragsgemäß fünfzehntausend Exemplare von Kunzes Kinderbuch »Der Löwe Leopold« (1970 im S. Fischer-Verlag erschienen, 1971 mit dem Deutschen Jugendbuchpreis ausgezeichnet) gedruckt sind, darf der Band in der DDR nicht ausgeliefert werden. Die Publikation des »verleumderischen Buches ›Die wunderbaren Jahre‹ in der Bundesrepublik und die Herausgabe eines Buches des gleichen Autors im Kinderbuchverlag schließen einander aus«, mußte der Kinder-Funktionär seinem Vertragspartner mitteilen. Aber hatte nicht Kunzes Schriftsteller-Kollege Rolf Schneider bei seinem Besuch der Buchmesse der »Frankfurter Rundschau« beteuert, auch wenn er anderer Ansicht sei, halte er, und zwar »erschüttert«, für »realistisch«, was Kunze in seinem neuen Buch beschreibt?

Kunze sagt nur, was ein Berlinguer in Italien, ein Carrillo für die spanischen Kommunisten sogar in Ost-Berlin ungestraft aussprechen dürfen. Wo ist in der Kulturpolitik der DDR auch nur ein Funke jener Weisheit des Sozialisten Mao, der meinte, man solle sich »mit Verboten nicht übereilen« und ruhig »das Publikum urteilen lassen«?

»Sie fürchten sich quer« heißt es in einem Gedicht des tschechischen Dichters Jan Skácel, das Kunze übersetzt und in den Band »Die wunderbaren Jahre« aufgenommen hat. Sie fürchten sich quer, Honecker und seine vom Volk abgeschirmten Regenten einer Volksdemokratie. Deshalb muß der Erste Sekretär des Schriftstellerverbandes der DDR, Gerhard Henniger, von Ost-Berlin in die thüringische Provinz reisen, damit auf einer Mitgliederversammlung des Bezirksverbandes Erfurt–Gera in Weimar das in Greiz lebende Mitglied Kunze, das gewagt hat, vom »Terror im Geiste« zu schreiben, ausgeschlossen wird. Danach konnte, wie zu erwarten, das Präsidium des Verbandes den Dichter aus seinen Reihen stoßen (wegen »mehrfachen gröblichen Verstoßes gegen das Statut des Verbandes«). Damit ist Kunze vogelfrei. Ein sozialistischer »Verband« ist etwas anderes als ein westlicher Autorenbund: Vom Wohnrecht bis zum Urlaub, von der Papierzuteilung bis zur Druckgenehmigung ist ein sozialistischer Autor an seinen Verein gebunden.

»Meine Worte haben Handschellen«, erkannte Kunze 1969 in dem Gedichtband »Sensible Wege«. Jetzt sind die Mauerbauer und Schießbefehler dabei, Reiner Kunze auch einen Maulkorb zu verpassen.

(aus: Die Zeit, Nr. 47, Hamburg, 12. 11. 1976)

KARL CORINO
Gespräch mit Reiner Kunze

Reiner Kunze, Sie wurden am 29. Oktober vom Bezirksverband Erfurt–Gera aus dem Schriftstellerverband der DDR ausgeschlossen. Können Sie zunächst einmal schildern, wie der Ablauf war, wie die Begründung lautete?

Ich glaube, was den Ablauf und was die ganzen persönlichen Dinge dabei betrifft; darauf sollten wir keinen allzu großen Wert legen. Mit Ihrer anderen Frage, nämlich der nach der Begründung, ist es schon etwas anderes, weil sie auf Symptomatischeres zielt. Es heißt im Neuen Deutschland, in der ADN-Meldung, die abgedruckt ist, daß ich ausgeschlossen worden bin wegen mehrfachen gröblichen Verstoßes gegen das Statut (*des Schriftstellerbundes der DDR – d. Red.*). In Weimar war man etwas konkreter, da hat man gesagt: gegen Abschnitt zwei des Statutes, und bei einer Aussprache mit einigen Vorstandsmitgliedern wurde ich auch auf die entsprechende Stelle hingewiesen, und vielleicht lese ich diese Stelle Ihnen einmal vor: »Die Mitglieder des Schriftstellerverbandes der DDR anerkennen die führende Rolle der Arbeiterklasse und ihrer Partei in der Kulturpolitik. Sie bekennen sich zur Schaffensmethode des sozialistischen Realismus. Sie treten entschieden gegen alle Formen der ideologischen Koexistenz und das Eindringen reaktionärer und revisionistischer Auffassungen in die Bereiche der Literatur auf.« Es handelt sich also um einen rein politisch begründeten Ausschluß aus dem Verband.

Wenn man zynisch sein wollte, könnte man Sie fragen, warum Sie erst jetzt aus dem Verband ausgeschlossen wurden. Ihre Lyrikbände »Sensible Wege« von 1969 und »Zimmerlautstärke« von 1972 hätten ja vielleicht schon früher Handhaben gegen Sie geboten. Liegt es daran, daß Ihr Prosaband »Die wunderbaren Jahre«, der in diesem Herbst bei S. Fischer erschienen ist, grundsätzlicher ist in der Analyse und in der Kritik der Verhältnisse; liegt es daran, daß die Funktionäre Ihre Prosa leichter verstehen; liegt es an der Verschärfung der innenpolitischen Verhältnisse in der DDR?

Ich glaube, diese Prosa ist gar nicht so leicht verständlich. Sie hat ja auch mehrere Ebenen. Ich meine, dieser Grund ist nicht ausschlaggebend dafür. Symptomatisch scheint mir zu sein, daß die Situation sich geändert hat. Diejenigen, die nie gewillt waren und es auch heute nicht sind, der Kunst zuzugestehen, was die Kunst ist, die waren in den letzten Jahren etwas stiller geworden – was nicht etwa heißt, daß sie nicht dagewesen sind. Sie waren sogar in der Überzahl, aber sie blieben doch etwas mehr im Hintergrund. Auch jetzt halte ich sie nicht für in der Übermacht befindlich. Doch im Augenblick besteht eben eine innenpolitische Situation bei uns, die einfach dazu zwingt, diesen Leuten nun einmal einen Schriftsteller zum Fraße hinzuwerfen. Ich möchte sagen, man konnte den Kunze diesen Leuten einfach nicht länger vorenthalten, und »Die wunderbaren Jahre« boten natürlich einen Anlaß dazu.

Die offizielle DDR scheint sich kurze Zeit nicht ganz einig gewesen zu sein, wie sie sich zu Ihrem Buch »Die wunderbaren Jahre« einstellen soll. Auf der Frankfurter Buchmesse sagte der Ostberliner Schriftsteller Rolf Schneider, nachdem er eine Unterredung mit dem stellvertretenden Kulturminister Klaus Höpke gehabt hatte, er sei erschüttert von Ihrem Buch. Er gehe davon aus, daß Ihre Schilderungen auf authentische Fälle zurückgehen. Und jeder Schriftsteller habe das kreatürliche Recht auf Mitteilung, auch auf die Mitteilung einer absoluten Verzweiflung, selbst wenn er, Rolf Schneider, Ihre Verzweiflung mit seiner marxistischen Weltsicht nicht vereinbaren könne. Außerdem sagte Erich Honecker Anfang September, es gebe immer noch Ereignisse, die der Sache des Sozialismus nicht dienen und schon nicht mehr zum Alltag gehören dürften. Sie schildern solche Ereignisse mit der Absicht, sie in Zukunft vermeiden zu helfen, und nun sollen Sie plötzlich ein Verleumder und Staatsfeind sein. Wie reimt sich denn das zusammen?

Ich sagte schon, diejenigen, die der Kunst nicht zugestehen wollen, was ihr zusteht, sind auch jetzt nicht in der Übermacht, aber man muß ihnen offenbar Rechnung tragen. Ich würde nur sagen: es gibt die Überzahl derer – angefangen vom kleinen, an die finsterste deutsche Vergangenheit erinnernden Oberschullehrer bis in die Leistungsränge –, die ihre Positionen bei allzu kritischen Fragen und bei allzu substantiellen Fragen in Gefahr sehen; und es gibt dann auch jene Vernünftigen, die Sie zum Beispiel jetzt zitiert haben. Zwischen diesen scheint sich im Augenblick die Waage ab und zu mal nach oben und unten zu senken.

Wie sind denn nun die praktischen Folgen Ihres Ausschlusses aus dem Schriftstellerverband? Was haben Sie zu erwarten oder zu befürchten?

Wissen Sie, alles, was die eigene Person betrifft, würde ich nicht so sehr in die Öffentlichkeit rücken. Ich glaube, das ist auch nicht so sehr interessant. Andere Leute können ihre persönlichen Sorgen und Probleme auch nicht der Öffentlichkeit unterbreiten. Warum sollte es einem Schriftsteller gestattet sein? Natürlich gibt es Folgen. Der Ausschluß hat soziale Folgen, und er kann – muß es aber nicht – juristische Folgen haben. Das Wesentliche dabei ist sicherlich, daß sich daraus ein absoluter Publikationsboykott ergibt, und zwar für alle sozialistischen Länder. Auch jene Zeitschriften und Anthologien, die bisher von mir noch Arbeiten gebracht haben, können sich nun natürlich nicht mehr darauf berufen, daß ich ja schließlich Mitglied des Schriftstellerverbandes der DDR sei. Eine weitere Folge könnte die erneute totale Isolation von der Welt sein – was also Reisen und so weiter betrifft, aber auch das muß nicht sein, das wird von anderen Faktoren mit abhängen, von innen- und außenpolitischen Faktoren.

Die Reaktion des Publikums und der Kritik in der Bundesrepublik auf Ihre »Wunderbaren Jahre« war erstaunlich groß. Schließlich kommt nicht alle Tage eine Sammlung von Kurzprosa auf die Bestsellerlisten. Wichtiger wird Ihnen aber die Reaktion der Betroffenen, also der Jugendlichen in der DDR sein. Haben Sie da schon irgendwelches Echo vernommen?

Das Echo ist groß und so erdrückend, daß ich im Augenblick also mit den Kräften haushalten muß, um dieses Echo verarbeiten zu können.

Würden Sie dieses Buch noch einmal schreiben?

Immer wieder.

(aus: Deutsche Zeitung, Nr. 46, Bonn, 12. 11. 1976)

ROBERT HAVEMANN
Zum Fall Reiner Kunze

Es gibt keinen Fall Reiner Kunze. Es gibt nur den Fall des Schriftstellerverbandes der DDR. Es ist nicht einmal ein Kniefall vor der Obrigkeit. Es ist ein Fall, mit dem wir nicht mehr rechneten. Es gibt eine ganze Reihe von bedeutenden Autoren, die Mitglieder des Verbandes sind – noch sind. Ich denke, sie sollten ernsthaft erwägen, ob sie weiterhin Mitglieder bleiben können, ohne sich der Gefahr auszusetzen, daß ihr Schweigen das allgemeine Mundtotmachen erst ermöglichen wird. Lao Tse sagte: Man muß auf die Dinge einwirken, die noch nicht da sind. Gehört Solidarität zu diesen Dingen? Ich frage, um wen es hier geht. Nicht um Reiner Kunze. Es geht um Euch, um uns, um alle, die das Schreiben für eine Sache halten, die allein zeigen kann, wie wir überleben können. Ich hatte Gespräche mit einigen angesehenen guten Schriftstellern der DDR, die entschlossen sind, gegen Kunzes Ausschluß zu protestieren. Ich will ihre Namen nicht nennen. Aber in ihren Händen liegt jetzt entscheidende Verantwortung für die Freiheit des Denkens in der Deutschen Demokratischen Republik.

(aus: Deutschland Archiv, Köln, Nr. 12/Dezember 1976)

BERND JENTZSCH
Offener Brief an Erich Honecker

Sehr geehrter Herr Honecker,
seit dem 20. Oktober 1976 halte ich mich in der Schweiz auf, um hier im Auftrag des Verlages Volk und Welt meine Vorbereitungen für die Herausgabe einer viersprachigen Anthologie der schweizerischen Dichtung des 20. Jahrhunderts abzuschließen. Aus der Presse habe ich von den beiden unglaublichen Ereignissen erfahren, die sich in den letzten Tagen in der DDR zugetragen haben und gegen die ich leidenschaftlich und unwiderruflich protestiere: den Ausschluß Reiner Kunzes aus dem Schriftstellerverband der DDR und die Ausbürgerung Wolf Biermanns. Ich schließe mich hiermit dem Protestbrief der zwölf DDR-Schriftsteller an. Da ich in diesen Entscheidungen den Ausdruck einer gefährlichen kulturpolitischen Tendenz wahrnehme, die mich seit einiger Zeit beunruhigt, empfinde ich es gegenüber meinen Freunden und Kollegen Reiner Kunze und Wolf Biermann als meine kollegiale und staatsbürgerliche Pflicht, Ihnen, Herr Honecker, auf diesem Wege dazu meine Meinung zu sagen.
In den Wochen und Monaten vor meiner Reise in die Schweiz haben sich in geradezu beängstigender Weise Vorfälle gehäuft, die den Satz von der »blühenden Kunst« wie einen Hohn erscheinen lassen. Ich besitze Informationen über Haussuchungen bei Schriftstellern, über anschließende stundenlange Verhöre durch Mitarbeiter des Staatssicherheitsdienstes, über die Beschlagnahmung von Manuskripten, Aufzeichnungen, Tagebüchern, Briefen und Büchern (wobei Bücher, die in der Bundesrepublik Deutschland erschienen sind, mit dem Hinweis darauf, daß Bürger der DDR nach den geltenden gesetzlichen

Bestimmungen nicht berechtigt seien, Druckschriften dieser Art einzuführen und also auch nicht zu besitzen, nicht zurückgegeben werden – in einem Fall weit über hundert Bände). Es ist vorgekommen, daß Haussuchungen ohne Durchsuchungsbefehl versucht und nach einigen Stunden in Anwesenheit eines Staatsanwaltes erzwungen worden sind. Zwei musikalisch-literarische Veranstaltungsreihen wurden verboten; eine der bekanntesten Beat-Gruppen wurde aufgelöst, die Mitglieder und der Texter der Gruppe, denen die Berufsausweise entzogen worden sind, erhielten unbefristetes Berufsverbot. Eine immer größer werdende Anzahl von Manuskripten wird nicht zum Druck zugelassen. (Es gibt Autoren, denen man das schriftlich mitgeteilt hat.) Andere Kollegen sind mit regionalem Auftrittsverbot belegt worden. Einer von mir und einem bekannten Schriftsteller der DDR für den Luchterhand Verlag zusammengestellten Anthologie mit Gedichten aus der DDR wurde, nach ausdrücklicher Befürwortung durch das Ministerium für Kultur und das Büro für Urheberrechte, schließlich von ebendiesem Büro die Lizenz verweigert. Noch immer kommt es vor, daß DEFA-Spielfilme nicht in das reguläre Kinoprogramm gelangen oder unaufgeführt magaziniert oder gar mit Salzsäure behandelt werden. (Die Produktionskosten liegen pro Film bei 3 Millionen Mark.) Ausgezeichnete Inszenierungen wie Strindbergs »Fräulein Julie« verschwinden nach auffällig wenigen Aufführungen vom Spielplan. Die Theaterstücke eines Autors, dem das DDR-Schriftsteller-Lexikon bestätigt, »ein politischer Dichter von hohem geistigem und ästhetischem Niveau« zu sein, werden zum Teil überhaupt nicht oder nach einem halben Jahrzehnt in der Provinz aufgeführt. Mir ist die aussichtslose Situation eines Prosa-Autors bekannt, dem es nach zahlreichen Versuchen bisher nicht gelungen ist, auch nur eine seiner Arbeiten in der DDR in einer Zeitschrift, in einer Anthologie oder beim Rundfunk unterzubringen, obwohl er nach Meinung vieler Autoren innerhalb und außerhalb der DDR – und nach meiner eigenen Meinung – zu den wichtigsten Stimmen unserer Literatur gehört. Unverständlich bleibt mir auch, daß eine Reihe meiner Kollegen nicht die Möglichkeit erhält, zu Lesungen ins westliche Ausland zu reisen.

Zwischen diesen Beispielen und dem, was Reiner Kunze und Wolf Biermann widerfahren ist, sehe ich einen bösen Zusammenhang. Es ist der Widerspruch zwischen Wort und Tat. Mein bisheriges Leben wurde kanonartig von der Feststellung begleitet, daß das sozialistische Bewußtsein des Volkes der DDR von Jahr zu Jahr wachse, daß das Bündnis zwischen Partei und Volk unverbrüchlich sei, daß die DDR die wahre Heimstatt für Kunst und Kultur darstelle und daß in dieser Republik alles mit dem Volk, durch das Volk und für das Volk erreicht werde. Wenn es sich tatsächlich so verhält, stellt sich mir jedoch die Frage, warum das Volk der DDR bei den getroffenen Entscheidungen gegen Reiner Kunze und Wolf Biermann übergangen, ja entmündigt worden ist. Die Leser in der DDR hatten eben nicht Gelegenheit, das im S. Fischer Verlag, Frankfurt am Main, erschienene Buch »Die wunderbaren Jahre« von Reiner Kunze und die Lieder Wolf Biermanns kennenzulernen. In der DDR-Singbewegung gibt es das Schlagwort »DDR-konkret«. Die Arbeiten von Kunze und Biermann erfüllen dieses Schlagwort – neben vielem anderen – mit Leben.

Der Ausschluß Reiner Kunzes aus dem Schriftstellerverband der DDR und die Ausbürgerung Wolf Biermanns bedeuten einen folgenschweren Aderlaß für unsere Kunst. Können wir es uns überhaupt leisten, zwei so wichtige, internationales Ansehen genießende Stimmen auf dem Amtsweg aus dem künstlerischen Arsenal zu streichen?

Der Schaden, den sich die DDR durch diese Maßnahmen selbst zugefügt hat, ist immens. Aber ich habe die Hoffnung, daß weiterer Schaden von der DDR abgewendet werden kann, wenn man die überstürzt getroffenen Entscheidungen noch einmal überdenkt und rückgängig macht. Dazu fordere ich Sie auf, Herr Honecker!

Mit der eindringlichen Bitte um Ihr Gehör grüßt Sie Bernd Jentzsch.

(aus: Frankfurter Allgemeine Zeitung, Frankfurt/M., 24. 11. 1976; der Brief wurde von der FAZ leicht gekürzt.)

REINER KUNZE
Zu Äußerungen Hermann Kants

I.

Nach dem mir vorliegenden Stenogramm einer Bandaufzeichnung äußerte Hermann Kant, Mitglied des Präsidiums und Vizepräsident des Schriftstellerverbandes der DDR, auf einer öffentlichen Veranstaltung in West-Berlin: »Ich erzähle Ihnen mal folgendes: Vor zwei Jahren schrieb er (Reiner Kunze) einen Brief, einen eingeschriebenen Expreß-Brief, also in einer Zeit, von der er hätte handeln können in den ›Wunderbaren Jahren‹, an das Ministerium für Kultur. In diesem Brief stand, seine Tochter sei verhaftet worden. Wenn seine Tochter nicht sofort freigelassen werde, würde ein Brief in der BRD veröffentlicht, der bereits im Safe eines BRD-Rechtsanwaltes läge . . . Kunze fügte diesem Brief eine Kopie des im Safe lagernden Briefes bei. Darin stand, seine Tochter sei verhaftet in der DDR, er appelliere an Amnesty International und den internationalen PEN, sich für die Freilassung seiner Tochter einzusetzen, und er bitte die Bundesregierung, seiner Tochter die Möglichkeit zum Studium in der BRD, Studienplatz und Stipendium zu geben. Nun, das war natürlich ein Anlaß, recht bewegt zu werden im Ministerium für Kultur und zu fragen: Wo ist denn diese Tochter? Sie war nicht verhaftet. Sie war aber zunächst nicht auffindbar. Dann gab es einen sogenannten Gesamtalarm, eine Fahndung, eine DDR-Großfahndung nach dieser Tochter. Man fand sie drei Tage später, im polnischen Heu, mit einem Freund, das ist ja nichts Bedeutendes. Aber das war der Gesamthintergrund, von dem her Reiner Kunze diesen Alarm- und Erpresser-Brief schrieb. Das ist eine Tatsache, Sie können das überprüfen.«

Da ich nie einen Brief geschrieben habe, in dem es heißt, unsere Tochter sei verhaftet worden, kann ich nur vermuten, daß sich Herr Kant auf Ereignisse bezieht, die *nachweislich* so waren:

Auf einem Klassen-Elternabend in der Erweiterten Oberschule in Greiz, Herbst 1973, äußerte der damalige Klassenlehrer unserer Tochter sein Unverständnis darüber, daß in der DDR mein Gedichtband »Brief mit blauem Siegel« habe erscheinen dürfen. Das Gedicht »Appell« nannte er eine »Provokation«. Fünf der anwesenden Mütter und Väter drückten daraufhin ihren Abscheu gegenüber diesem Buch aus und schlossen von der politischen Haltung des Vaters auf die der Tochter. Einer sagte: »Wir lassen es nicht zu, daß unsere Kinder durch die Tochter eines solchen Mannes verseucht werden.«

Zur Atmosphäre dieser Versammlung: Hinterher ging ein Vater, der geschwiegen hatte, zu einem Kollegen in die Wohnung und weinte. Vier Elternteile, die ebenfalls – wie alle anderen auch – geschwiegen hatten, baten mich an den folgenden Tagen unter vier Augen um Verständnis dafür, daß sie ihre Kinder nicht hatten gefährden wollen.

Der uns bereits im Frühjahr 1973 angedrohte politisch motivierte Ausschluß unserer Tochter aus der Schule war trotz aller von uns unternommenen Schritte offensichtlich nicht mehr abzuwenden.

Um ein schriftliches Interview zu dem damals bevorstehenden Schriftstellerkongreß gebeten, entschloß ich mich, diese Vorgänge an die Öffentlichkeit zu bringen; ich sah darin die letzte Chance, die Tochter von der Haftung für den Vater zu befreien. Dieses Interview sollte in der Bundesrepublik erscheinen, denn eine DDR-Zeitung hatte mich nicht um ein Interview gebeten. Ich wollte es jedoch nicht hinter dem Rücken derer veröffentlichen, die dazu beigetragen hatten, daß das Buch »Brief mit blauem Siegel« erscheinen konnte.

Deshalb fuhr ich zum Staatssekretär im Ministerium für Kultur, legte ihm das Manuskript vor und erklärte meine feste Absicht, es zu publizieren. Er nahm mir das Versprechen ab, es nicht zu veröffentlichen, und versprach Hilfe. Kurze Zeit später kam er nach Greiz, suchte die zuständigen Behörden auf und sprach mit unserer Tochter. Der Eindruck unserer Tochter an den Folgetagen: An der Schule würde sich nichts ändern. Im Gegenteil: Sie empfand jeden Tag wie einen psychischen Spießrutenlauf.

Plötzlich war sie verschwunden und hatte einen Zettel hinterlassen, auf dem sie uns bat, sie nicht suchen zu wollen. Da sie aufgrund der Spannungen, denen sie als meine Tochter seit mehr als zwei Jahren an der Schule ausgesetzt war, mit dem Gedanken ging, »Schluß zu machen«, und mir anvertraut hatte, wenn, dann würde sie es nie in Greiz tun, damit man sie hier nicht finde, wandten wir uns (meine Frau und ich) an die Kriminalpolizei und baten sie, nach unserer Tochter zu suchen. Wir gaben sämtliche Adressen ihrer Freundinnen und Freunde an, die möglicherweise Auskunft geben könnten. Außerdem informierten wir telefonisch und schriftlich den Staatssekretär im Ministerium für Kultur von dem Vorfall. Unsere Tochter wurde bei einer der von uns genannten Freundinnen in Görlitz (DDR) gefunden, gemeinsam mit ihrem Greizer Freund, der – vielleicht zu unserem Glück – auf den Zug aufgesprungen war, mit dem sie allein aus Greiz hatte wegfahren wollen.

Möglich (oder sogar wahrscheinlich), daß ich Herrn Kant nicht überleben werde, bestimmt aber werde ich nicht an ihm zugrunde gehen. Ein junger Mensch aber könnte, wenn man nicht von ihm abläßt, zugrunde gehen. Ihm könnte eines Tages gelingen, was ihm ein- oder zweimal mißlungen ist. Auch ein Selbstmord ist rufbar.

II.

Im folgenden Teil seiner Äußerungen beschäftigte sich Herr Kant nur mit meiner Person. Ich möchte mich deshalb auf wenige Punkte beschränken.

Kant: »Er (Kunze) ist zum Beispiel zu der Versammlung (des Schriftstellerverbandes in Weimar, auf der ich ausgeschlossen wurde. R. K.) . . . nicht erschienen und hat eigentlich ja dadurch ziemlich deutlich gemacht, wie dringlich es ihm ist, in dem Verband zu bleiben.«

Herr Kant verschweigt, daß ich am 19. 10. aufgrund eines Telegramms sofort, also am selben Tag, nach Weimar zu einem offiziellen Gespräch mit den Vorstandsmitgliedern Greiner-Mai, Held, Müller und Thürk gefahren bin. Nach diesem Gespräch bestand für mich allerdings kein Zweifel mehr, daß der Ausschluß beschlossen war. Ich kenne die Mechanismen. Deshalb erübrigte es sich nicht nur, an der folgenden Versammlung teilzunehmen, sondern ich war gehalten, sie zu meiden: Ich habe nur *eine* Gesundheit.

Kant: »Ich habe mir nicht erlaubt, zum Beispiel diese infame, infame Urnen-Geschichte zu schreiben, weil sie eine ganz widerwärtige üble Lüge ist . . .«

Der Text (»Schießbefehl«) entstand aufgrund eines Gedächtnisprotokolls, das unmittelbar nach dem Bericht der Mutter niedergeschrieben wurde. Der Name der Mutter: Martha Komorek. Damaliger Wohnort: Greiz. Die Frau starb kurz nach dem Tod ihres Sohnes. Die im Text verwendete Abkürzung »P . . .« bedeutet »Plauen (Vogtland)«. Bei dem Bericht der Mutter waren Zeugen zugegen.

Kant: »Dann muß man nur zum Büro für Urheberrechte gehen, das die Sache registriert und dafür sorgt, daß der Staat an die Devisen kommt . . . Das ist Reiner Kunze natürlich bekannt. Er hat es aber nicht getan. Er hat lediglich angerufen und gesagt: Er gibt jetzt ein Manuskript nach dem Westen.«

Am 29. 3. 76 schickte ich per Einschreiben den Verlagsvertrag an das Büro für Urheberrechte und bat um Genehmigung, die mir nach einem kurzen Briefwechsel am 2. 6. 1976 schriftlich erteilt wurde. Die Devisen habe ich ordnungsgemäß angemeldet. Ein Telefongespräch hat nicht stattgefunden.

Kant: »Wir haben nie ein Wort darüber verloren, wenn die Kollegen aus diesen von mir jetzt angeführten Gremien (Akademie der Künste in West-Berlin, Bayerische Akademie der Schönen Künste. R. K.) es für richtig hielten, einen DDR-Autor zu sich aufzunehmen . . .«

Wegen meiner Aufnahme in die Bayerische Akademie der Schönen Künste hatte ich am 10. Juli 1974 mit dem Minister für Kultur beispielsweise ein dreieinhalbstündiges Gespräch, dessen Ergebnis u. a. darin bestand, daß ich zur Entgegennahme der Mitgliedsurkunde nicht nach München reisen durfte. (Bekanntlich wurde sie mir später – nach vielen Worten – in der Ständigen Vertretung der Bundesrepublik Deutschland in der DDR überreicht.)

Kant: »Tatsache ist, daß Staatssekretäre und Leute in dieser Ranghöhe mehrere Gespräche geführt haben, wo bestimmte Schwierigkeiten für Kunze entstanden waren . . . Ich sage ja nicht, daß er Denkmäler hätte errichten sollen für diese Vorgänge, aber sagen wir Spuren. Wenn jemand ein Buch schreibt wie ›Die wunderbaren Jahre‹, gehört vielleicht das eine oder das andere solcher Bemühungen dazu . . .«

Ich hatte solche Texte entworfen, aber Herr Kant und seinesgleichen hätten sie mir sicherlich als besonders heimtückisch angerechnet; denn in diesen Texten, die den Bemühungen dieser einzelnen gelten sollten, wäre deren Unterlegenheit, deren Ohnmacht erschreckend deutlich zutage getreten. Ihre Ohnmacht gegenüber den Hermann Kants.

(Unter dem Titel »Ich kenne die Mechanismen« leicht gekürzt veröffentlicht in: Frankfurter Allgemeine Zeitung, Frankfurt/M., 25. 11. 1976. Gedruckt nach dem Manuskript)

KARL CORINO
Gespräch mit Reiner Kunze

Herr Kunze, Sie selbst sind vor kurzem aus dem Schriftstellerverband der DDR ausgeschlossen worden. Nun hat man Wolf Biermann die Staatsbürgerschaft der DDR aberkannt und ihm die Wiedereinreise unmöglich gemacht. Wie stehen Sie zu dieser Maßnahme, und wie stehen Sie zur Person Biermann?

Wolf Biermann und ich, wir unterscheiden uns in manchem. Er sagt das selbst, und auch ich sage das hier noch einmal. Zum Beispiel trennt mich von Biermann das, was mich auch von manchem kirchlichen Oberherrn trennt, der einem zwar bestätigt, daß man die Wahrheit schreibt, aber meint, man könne auch mit der Wahrheit lügen, wenn man nicht den rechten Glauben hat. Doch ungeachtet dieser Unterschiede, sind wir, Biermann und ich, seit Jahren öffentlich füreinander eingetreten. Ich habe mich hinter und vor Biermann gestellt und stehe ihm natürlich auch jetzt zur Seite. Nur, was nützt ihm diese Erklärung noch? Aber in diesem Zusammenhang möchte ich diesen oder jenen DDR-Kollegen fragen, die nun gegen die Ausbürgerung Biermanns protestieren: Warum so spät mit dem Bekenntnis? Biermann war in der DDR seit Jahren mundtot. Und er ist ein großer Künstler.

Waren Sie der einzige, Ihres Wissens, der zum Beispiel ein Junktim eingegangen ist bei der Publikation eines Buches? Sie haben ja damals, als Ihr »Brief mit blauem Siegel« von Reclam in Leipzig gemacht werden sollte, darauf bestanden, daß Ihrem Buch eine Auswahl aus Biermanns Versen und Liedern folgen müsse.

Ich weiß nicht, ob ich der einzige war; aber das, was Sie sagen, stimmt.

Herr Kunze, deswegen ist es eigentlich erstaunlich, daß Sie jetzt nicht zu den Unterzeichnern der Berliner Erklärungen gehören, die sich ja mit Wolf Biermann ausdrücklich solidarisieren. Warum fehlte Ihre Unterschrift?

Ich habe von dem Brief, den einige Künstler und Schriftsteller an die Regierung geschrieben haben, aus dem Radio erfahren, obwohl ich Tag und Nacht in Greiz war und obwohl das Telefon intakt war. Ich bin also von diesem Schreiben nicht informiert gewesen. Ich hätte nachträglich darum bitten können, es unterschreiben zu dürfen. Aber ich war mir nicht sicher, ob es jedem der Unterzeichneten angenehm gewesen wäre, wenn mein Name und sein Name nebeneinander gestanden hätten. Sie müssen wissen, daß sich nach meinem Ausschluß aus dem Schriftstellerverband nur ein einziger Kollege bei mir gemeldet hat, und dieser Kollege ist Jurek Becker.

Steht also ein bißchen dahinter, daß man mit Ihnen als dem reaktionären schwarzen oder wie auch immer gefärbten Schaf sich nicht gerne gemeinsam zeigt?

Ich weiß nicht. Ich will es niemandem unterstellen. Aber ich muß zumindest bedenken, daß dieser oder jener Kollege es nicht gern gesehen hätte, wenn ich neben ihm gestanden hätte.

Deswegen jetzt Ihr Einzelgang.

Deswegen mein Einzelgang, ja.

Herr Kunze, im Neuen Deutschland ist ja ein Artikel erschienen, in dem die Maßnahmen gegen Wolf Biermann begründet worden sind. Es wimmelt darin von Entstellungen, Lügen und Fälschungen. Wie ist denn Ihre Meinung zu diesem Artikel?

Ich möchte auf zwei Punkte eingehen in diesem Artikel, und zwar: Einmal heißt es, Biermann habe in Köln gesagt, er sei zu jeder Schandtat bereit. Und das klingt so, als sei Biermann bereit, die eigene Mutter umzubringen. Nun habe ich gehört, in welchem Zusammenhang Biermann das gesagt hat. Ihm wird aus dem Publikum zugerufen, er solle das Lied von Oma Meume singen. Und da lacht Biermann lauthals und sagt lustig: Na gut, er sei zu jeder Schandtat bereit. Die Schandtat wäre also, eines seiner schönsten und kommunismusgläubigsten Lieder zu singen. Soviel also zum Niveau der Argumentation im »Neuen Deutschland«. Und ich möchte noch auf einen zweiten Satz eingehen. Es heißt dort, Biermann habe über zehn Jahre in der DDR gelebt, ohne zu arbeiten. Wenn Biermann nicht gearbeitet hätte, hätte man ihn nicht ausbürgern müssen. Denn dann gäbe es nicht diese Lieder mit dieser Wirkung. Ein solcher Satz ist eine Diskriminierung der künstlerischen Arbeit an sich. Er ist geistiger Tiefststand.

Herr Kunze, gibt es dem noch etwas hinzuzufügen?

Nein, danke.

(aus: Deutsche Zeitung, Nr. 48, Bonn, 26. 11. 1976)

ROLF BECKER
»Wir fühlen uns hier von Liebe umgeben«

»Ich hoffe«, sagt Reiner Kunze und hebt die sonst unter Zimmerlautstärke gedämpfte Stimme, »ich hoffe, daß das, was ich jetzt sage, mitgeschnitten wird: Es gibt richtig faschistoide Kräfte.« Wer Ohren hat, der höre ab.

Ein Zimmer in Ost-Berlin, in diesen Tagen. Kunze ist aus Greiz, seinem Wohnort in Thüringen, angereist. Am Vortag, in Pankow, hat ihn ein junger Tankwart erkannt, freundlich: »Sie sind doch der Herr Kunze?« Woher er ihn kenne? »Na, aus dem Fernsehen natürlich.« Am nächsten Tag wird der Autor vor der ARD-Kamera in Ost-Berlin zwei Texte aus seinen »Wunderbaren Jahren« lesen.

Nicht lange nach der Veröffentlichung dieses Buches im Westen (SPIEGEL 37/1976), wo es inzwischen ein Bestseller geworden ist, und nach seinem Ausschluß aus dem DDR-Schriftstellerverband wegen dieses Buches, was einem Berufsverbot nahekommt, ist Reiner Kunze, 43, in beiden Deutschland bekannter, als er es wohl je erhofft (und gefürchtet) haben kann. Hinter dem, was nachher größere Schatten warf, hinter Biermann-Ausbürgerung, Havemann-Arrest, Verhaftung und Bedrängnis von Biermann-Sympathisanten, sollte sein Fall verschwinden.

In 108 000 Exemplaren liegt die leise, eher trauernde als anklagende Prosa dieses Lyrikers (Gedichtbände: »Zimmerlautstärke«, »Sensible Wege«), liegt sein Buch über Jugend-Gängelei in der DDR, über Alltagsschikane und »Terror im Geiste« jetzt in der Bundesrepublik vor. Abschriften kursieren in der DDR. Dort läuft – nicht publik, sondern etwa in Betriebsversammlungen – eine »Hetz- und Verleum-

226

dungskampagne« (Kunze) gegen ihn. Dort empfängt er aber auch manchen Zuspruch per Post und manchmal, »über Fleurop, anonym«, Blumengrüße von Landsleuten.

Abwehr-Übereifer, »Wachsamkeits«-Wahn kann zweischneidig sein, darüber kann der verfemte Autor, sonst bis oben hin bitter, sogar lächeln: Zwei Pädagogikstudenten sind kürzlich, anderswo in der DDR, nur deshalb polizeilich verhört worden, weil die Schulleitung erschrocken festgestellt hatte, daß sie aus Greiz stammten. Kunze: »Sie kannten mich überhaupt nicht – jetzt kennen sie mich.«

Wenn zehn, zwölf DDR-Jugendliche von weither nach Greiz getrampt kommen und in der Zweieinhalb-Zimmer-Wohnung, die er mit seiner Frau, einer tschechischen Zahnärztin, bewohnt, diskutieren und übernachten wollen, dann weiß der Dichter-Dissident in derlei Sympathiebeweisen »natürlich auch den Anteil an Sensationslust« richtig einzuschätzen. Doch es ist, alles in allem, eben das Vertrauen einer (heran-)wachsenden Leser- und Zuhörerschaft in der DDR, was ihn dort aushalten läßt, vorerst.

Kunze hat in letzter Zeit fast ausschließlich in kirchlichen Jugend- und Studentenkreisen lesen können. Seine Zuhörer: »keine Staatsfeinde«, sagt er, nicht einmal unbedingt gläubige Christen, sondern »junge Menschen, die selbständig denken wollen« (in den »Wunderbaren Jahren« heißt es: »Hier müssen sie nicht sagen, was sie nicht denken«).

Sie fühlen sich, sagt Kunze, von seiner »Toleranz« angerührt, von seinen Texten »sensibilisiert« – empfindlich gemacht gegen mancherlei »Lügen« und »Kompromisse«, die ihren Alltag bestimmen; hungrig wohl auch nach reineren und feineren Werten, als sie von offizieller Ideologie und DDR-spezifischem »geistigem Spießertum« geboten werden. Gegen »Anpassung« und »Resignation« hat er kürzlich einige Technik-Studenten ermuntert: »Lernt, lernt soviel wie möglich, macht euch unentbehrlich!«

Reiner Kunze, der Bergarbeitersohn aus Oelsnitz im Erzgebirge, der empfindsame, doch nicht larmoyante, eher lakonische Poet, ist kein Kommunist mehr. Er verlor seinen roten Glauben, als er an der Universität »miterlebte, wie Menschen unter politischem, ideologischem Druck kaputtgemacht wurden«. 1968, nach dem Einmarsch in die ČSSR, die ihm sogar unter Novotný ein Erlebnis von »Weltoffenheit« vermittelt hatte, trat er aus der SED aus. Heute versteht er sich als Humanist in der Spur von Albert Camus, als ein Anwalt des einzelnen Menschen.

Die offizielle DDR-Literaturgeschichte wirft ihm »subjektiv eingeengte Betrachtungsweise« und »ein verzerrtes Bild der sozialistischen Gesellschaft« vor; der SED-treue Kollege Hermann Kant (»Die Aula«) schimpft seine »Wunderbaren Jahre« sogar »total böswillig«, nennt sich selber einen »Nicht-Freund« Kunzes.

»Mein Freund, nicht mein Genosse«, so hat der ausgesperrte Wolf Biermann den noch in der DDR eingesperrten Reiner Kunze solidarisch-kritisch bezeichnet.

Sein Freund Biermann, sagt Kunze, sei »ein Gläubiger«, ohne seinen optimistischen Glauben zumindest als Künstler kaum überlebensfähig. Anders als Biermann habe er, Kunze, der Skeptiker, »keinen missionarischen Drang«. Leichter als Biermann würde er sich auch in der Bundesrepublik einrichten können – als Autor, der da vielleicht sogar Phänomene im menschlichen Mit- und Gegeneinander wahrnehmen und thematisieren würde, die von westdeutschen Kollegen übersehen werden, notfalls aber auch als gelernter Lkw-Fahrer.

Jedoch, noch mal gesagt, er will ja gar nicht weg.

Vor drei Jahren, nach der Publikation seiner Lyrik-Auswahl »Brief mit blauem Siegel« im Leipziger Reclam-Verlag, habe es schon eine Kampagne gegen ihn in der DDR gegeben, habe man ihn zur Emigration gedrängt. Er habe dagegen an hoher Stelle protestiert, und Erich Honecker habe die Kampagne gestoppt.

Den neuen Attacken, gegen die er sich in der DDR publizistisch nicht wehren könne, sagt Kunze, wolle er standhalten »bis an die Grenzen der psychischen und auch physischen Belastbarkeit«. Doch man habe einen »Hebel« gegen ihn: seine Tochter.

Das Mädchen hat, in gelenkten Elternversammlungen als Kind eines »Staatsfeindes« stigmatisiert und nach wiederholtem »psychischen Spießrutenlauf«, ein Jahr vor dem Abitur die Schule in Greiz verlassen müssen und arbeitet gegenwärtig als Posthilfskraft in Jena. Kunze glaubt Grund zu haben, sie für selbstmordgefährdet zu halten. Könnte er einer Chance, einer Aufforderung, gemeinsam mit ihr die DDR zu verlassen, widerstehen?

Die Tochter hat jetzt die legale Ausreise beantragt – darf sie alleine hinaus, würden er und seine Frau leichteren Herzens und festeren Mutes dort bleiben, wo ihnen gleichzeitig – und einander bedingend – Drangsal und Sympathie zuteil werden. »Es klingt vielleicht merkwürdig«, sagt Reiner Kunze, »aber es ist so: Wir fühlen uns hier von Liebe umgeben, das würde uns das Weggehen sehr schwermachen.«

Er will sich bald wieder zur Arbeit in das Zimmer zurückziehen, das er außerhalb von Greiz auf dem Lande (für monatlich 20 Mark) gemietet hat. Dort will er, dessen Kinderbuch »Der Löwe Leopold« mit sechsjähriger Verspätung beinahe doch noch in der DDR erschienen wäre, nach dem Eklat nun aber unterdrückt bleibt, eine »neue Kindergeschichte« und neue Gedichte schreiben. Vielleicht auch eins, so sagt er, »auf den Elektro-Heizlüfter«, der ihm das Überwintern in jenem Refugium ermöglicht.

(aus: Der Spiegel, Hamburg, Nr. 50/6. 12. 1976)

Weitere Kommentare zum Ausschluß aus dem Schriftstellerverband der DDR:
Frankfurter Allgemeine Zeitung, Frankfurt/M., 5. 11. 1976 (Volker Hage); 12. 11. 1976 (Sibylle Wirsing) – Stuttgarter Zeitung, Stuttgart, 5. 11. 1976 (Wolfgang Ignée); 6. 11. 1976 (Carl Corino) – Frankfurter Rundschau, Frankfurt/M.; 6. 11. 1976 (Wolfram Schütte) – Süddeutsche Zeitung, München, 6./7. 11. 1976 (Wolfgang Werth) – New York Herald Tribune, New York/USA, 6./7. 11. 1976 (anonym) – Der Spiegel, Nr. 46, Hamburg, 8. 11. 1976 (anonym) – Die Weltwoche, Nr. 45, Zürich/Schweiz, 10. 11. 1976 (Dieter Bachmann) – Die Welt, Hamburg, 10. 11. 1976 (DW.) – Deutsche Zeitung, Nr. 46, Bonn, 12. 11. 1976 (Ludolf Hermann, Karl Corino) – Deutsches Allgemeines Sonntagsblatt, Nr. 46, Hamburg, 14. 11. 1976 (Manfred Jäger); Nr. 47/21. 11. 1976) (Heinz Klunker) – Rote Fahne, Nr. 46, Köln, 17. 11. 1976 (anonym) – Vorwärts, Nr. 47, Bonn, 18. 11. 1976 (Walter Leo) – Rheinischer Merkur, Nr. 47, Köln, 19. 11. 1976 (Peter Anders) – Die Zeit, Nr. 48, Hamburg, 19. 11. 1976 (Marlies Menge) – Bayernkurier, Nr. 47, München, 20. 11. 1976 (Alex Peter) – Frankfurter Allgemeine Zeitung, Frankfurt/M., 30. 11. 1976 (Gustav Korlén) – Die Avghi, Athen/Griechenland, 30. 11. 1976 (Hannelore Ochs) – Hellenikos Borras, Athen/Griechenland, 2. 12. 1976 (anonym) – Agonas, Athen/Griechenland, Dezember 1976 (Interview mit Manolis Anagnostakis) – Frankfurter Rundschau, Frankfurt/M., 3. 12. 1976 (Wolf Biermann über Reiner Kunze; Reiner Kunze über Wolf Biermann) Deutschland Archiv, Köln, Nr. 12/Dezember 1976 (Manfred Jäger) – Badische Zeitung, Freiburg, 11./12. 12. 1976 (Theo Meier-Ewert) – Times, London/England, 13. 12. 1976 (Richard Davy) – Die Welt, Bonn, 31. 12. 1976 (Günter Zehm).

REINER KUNZE
Zimmerlautstärke

Dann die
zwölf jahre
durfte ich nicht publizieren sagt
der mann im radio

Ich denke an X
und beginne zu zählen

Anhang

Bibliographie

Bei der Zusammenstellung der Bibliographie, die auf Angaben Reiner Kunzes basiert, wurde Vollständigkeit angestrebt. Der Herausgeber bittet darum, ihm Korrekturen und Ergänzungen mitzuteilen.

I. Kurzbiographie

Kunze, Reiner, geb. 16. 8. 1933 in Oelsnitz (Erzgebirge). Bergarbeitersohn. Studium der Philosophie und Journalistik an der Universität Leipzig, von 1955 bis 1959 wissenschaftlicher Assistent mit Lehrauftrag. Nach schweren politischen Angriffen Abgang von der Universität, Arbeit als Hilfsschlosser im Schwermaschinenbau. Seit 1962 freiberuflich als Schriftsteller tätig. Lebt in Greiz (Thüringen/ DDR). Ordentliches Mitglied der Bayerischen Akademie der Schönen Künste, München; Außerordentliches Mitglied der Akademie der Künste Berlin (West); 1976 Ausschluß aus dem Schriftstellerverband der DDR.
Preis für Nachdichtungen des Tschechoslowakischen Schriftstellerverbandes (1968). Deutscher Jugendbuchpreis (1971). Literaturpreis der Bayerischen Akademie der Schönen Künste (1973). Preis des 2. Internationalen Schriftstellerkongresses, Mölle/Schweden (1973).

II. Buchpublikationen

Vögel über dem Tau, Gedichte, Mitteldeutscher Verlag, Halle (Saale)/DDR 1959. – *Der Wind mit Namen Jaromír*, Nachdichtungen aus dem Tschechischen, Verlag Volk und Welt, Berlin/DDR 1961. – *Aber die Nachtigall jubelt*, Liedtexte, Mitteldeutscher Verlag, Halle (Saale)/DDR 1962 (^{3}1963). – *Widmungen*, Gedichte, Hohwacht Verlag, Bad Godesberg 1963. – *Věnování*, Gedichte (Auswahl in Tschechisch), Severočeské nakladatelství, Liberec/ČSSR 1964. – *Die Tür*, Nachdichtungen aus dem Tschechischen, Hohwacht Verlag, Bad Godesberg 1964. – *Fährgeld für Charon*, Achtzig Nachdichtungen aus dem Tschechischen (Jan Skácel), Merlin Verlag, Hamburg 1967. – *Poesiealbum 11*, Gedichte, Verlag Neues Leben, Berlin/ DDR 1968. – *Sechs Variationen über das Thema ›Die Post‹ und drei Gedichte*, Rowohlt Verlag, Reinbek 1968. – *Sensible Wege*, Gedichte, Rowohlt Verlag, Reinbek 1969. – *Nacht mit Hamlet*, Nachdichtungen aus dem Tschechischen (Vladimír Holan), Merlin Verlag, Hamburg 1969. – *Der Löwe Leopold*, Fast Märchen, fast Geschichten, S. Fischer Verlag, Frankfurt/M. 1970 (^{4}1973). – *Wunderschöne Sträflingskugel*, Nachdichtungen aus dem Tschechischen (Antonín Brousek), Bläschke Verlag, Darmstadt 1970. – *Vor eurer Schwelle*, Nachdichtungen aus dem Tschechischen (Vladimír Holan), Bläschke Verlag, Darmstadt 1970. – *Der Dichter und die Löwenzahnwiese*, Illustrationen Ingeborg Jörg, Bilderbuchtext, Berliner Handpresse, Berlin (West) 1971. – *Zimmerlautstärke*, Gedichte, S. Fischer Verlag, Frankfurt/M. 1972 (^{2}1973). – *With The Volume Turned Down*, Gedichte (Auswahl in Englisch), London Magazine Editions, London/England

1973. – *Brief mit blauem Siegel*, Gedichte (Auswahl), Verlag Philipp Reclam jun., Leipzig/DDR 1973 (^{2}1974). – *Dikter över alla gränser*, Gedichte (Auswahl in Schwedisch, zweisprachig), Eremit Press, Viken/Schweden 1973. – *Der Löwe Leopold*, Fast Märchen, fast Geschichten (erweiterte Ausgabe), Fischer Taschenbuch Verlag, Nr. 1534, Frankfurt/M. 1974. – *Løven Leopold* (dänische Ausgabe), Sommer & Sørensen Forlag A/S, Kopenhagen/Dänemark 1975 (ALLA BØRNS BOGKLUB, 1975). – *San ta pragmata apo pilo*, Gedichte (Auswahl in Griechisch, zweisprachig), Verlag Egnatia, Thessaloniki/Griechenland 1975. – *Der Löwe Leopold* (japanische Ausgabe), Verlag Iwanami Shoten, Tokio/Japan 1975. – *Die Bringer Beethovens*, Gedicht, Illustrationen HAP Grieshaber, Eremiten-Presse, Düsseldorf 1976. – *Die wunderbaren Jahre*, Prosa, S. Fischer Verlag, Frankfurt/M. 1976 – *Zimmerlautstärke*. Gedichte, Fischer Taschenbuch Verlag Nr. 1934, Frankfurt/M. 1977.

Übersetzungen von Bühnenstücken und Hörspielen:

Milan Kundera, Die Schlüsselbesitzer, aus dem Tschechischen von B. K. Becher und Reiner Kunze, Felix Bloch Erben, Berlin (West) 1962. – Ladislav Dvorský, Der Schatz der Hexe Funkelauge, aus dem Tschechischen von Reiner Kunze, Dilia, Prag/ČSSR 1964. – Ludvík Kundera, Neugier, aus dem Tschechischen von Reiner Kunze, Bärenreiter Verlag, Kassel 1966. – Josef Topol, Fastnacht, aus dem Tschechischen von Reiner Kunze, Henschelverlag, Berlin/DDR 1966. – Ludvík Kundera, Der Abend aller Tage, Dilia, Prag/ČSSR 1967.

III. Gedichtveröffentlichungen

in Anthologien, Büchern anderer Autoren und Zeitschriften (einschließlich Kalendern und Almanachen)

1954 Podnimajas k nowoj shisni, Verlag für ausländische Literatur, Moskau (russisch)/UdSSR.

1955 Die Zukunft sitzt am Tische, Mitteldeutscher Verlag, Halle (Saale)/DDR.

1959 Wir, unsere Zeit, Aufbau-Verlag, Berlin/DDR. – Neue Deutsche Literatur, 3,5, Berlin/DDR.

1960 Heinz Krause-Graumnitz, Halm und Himmel stehn im Schnee, Verlag Breitkopf & Härtel, Leipzig/DDR. – Heinz Krause-Graumnitz, Lieder für Mädchen, die lieben, Edition Peters, Leipzig/DDR. – Deutsche Lyrik auf der anderen Seite, Carl Hanser Verlag, München. – Ein Lied, ein gutes Wort, Verlag Neues Leben, Berlin/DDR.

1961 Mein Wort, ein weißer Vogel, Verlag Philipp Reclam jun., Leipzig/DDR. – Světová literatura, 4, Prag (tschechisch)/ČSSR. – Host do domu, 6, Brno (tschechisch)/ČSSR. – Mladá tvorba, 6/7, Bratislava (slowakisch)/ČSSR. – Sinn und Form, 5/6, Berlin/DDR.

1962 documenta poetica, Kindler Verlag, München. – Liebesgedichte, Verlag Volk und Welt, Berlin/DDR. – Heinz Krause-Graumnitz, Von der Freundlichkeit der Welt, Edition Peters, Leipzig/DDR.

1963 Deutsche Liebesgedichte, Verlag Neues Leben, Berlin/DDR. – Reimereien, Eulenspiegel Verlag, Berlin/DDR. – Plamen, 6, Prag (tschechisch)/ČSSR. – Für die sozialistische Feier, 1, VEB Friedrich Hofmeister, Leipzig/DDR.

1964 Sieben Rosen hat der Strauch, Mitteldeutscher Verlag, Halle (Saale)/DDR. – Musenkuß und Pferdefuß, Verlag Neues Leben, Berlin/DDR. – Sinn und Form, 6, Berlin/DDR.

1965 Dopoki serce bije, Zielona Góra (polnisch)/Polen. – . . . und ich seh die Welt
in meiner Hand erblühen, Verlag Volk und Wissen, Berlin/DDR. – Stimmt
an, VEB Friedrich Hofmeister, Leipzig/DDR. – Zwischen Wäldern und
Flüssen, Mitteldeutscher Verlag, Halle (Saale)/DDR. – Le Journal des poètes, 4, Bruxelles (französisch)/Belgien. – Nurt, 6, Poznań (polnisch)/Polen.
1966 Mai német líra, Európa Könyvkiadó, Budapest (ungarisch)/Ungarn. – Sed-
moje Solnze, Verlag Junge Garde, Moskau (russisch)/UdSSR. – Unter Tage,
über Tage, Büchergilde Gutenberg, Frankfurt/M., Wien, Zürich. – Unser
der Tag, unser das Wort, Mitteldeutscher Verlag, Halle (Saale)/DDR. –
Antologie nanemckata poesia, Narodna kultura, Sofia (bulgarisch)/Bulga-
rien. – Deutsche Teilung, Limes Verlag, Wiesbaden. – 79 Songs und Chansons, Verlag Neues Leben, Berlin/DDR. – Chansons aus dem anderen
Deutschland, Damokles Verlag, Dortmund. – Kunstátské akordy, BLOK,
Brno (tschechisch)/ČSSR. – Ans Fenster kommt und seht . . ., Der Kinderbuchverlag, Berlin/DDR. – Für die sozialistische Feier, 3, VEB Friedrich
Hofmeister, Leipzig/DDR. – Neue Literatur, 7/8, Bukarest (deutsch)/Rumä-
nien. – action poétique, 30, Mai, Honfleur (französisch)/Frankreich.
1967 Ich denke dein, Verlag der Nation, Berlin/DDR. – Dix-sept poètes de la R. D.
A., Pierre Jean Oswald, Honfleur (französisch)/Frankreich. – Nachrichten
aus Deutschland, Rowohlt Verlag, Reinbek. – Putujem i gotorim, Swjetlot,
Sarajewo (serbokroatisch)/Jugoslawien. – Das Windrad, Der Kinderbuchverlag, Berlin/DDR. – An alle, Verlag Neues Leben, Berlin/DDR. – Svetová
literatura, 2, Prag (tschechisch)/ČSSR. – Plamen, 4, Prag (tschechisch)/
ČSSR. – Host do domu, 2, Brno (tschechisch)/ČSSR. – Islas, 4, Santa Clara
(spanisch)/Kuba. – Neue Texte, Aufbau Verlag, Berlin/DDR. – Kulturná
kalendár mostecka, Most (tschechisch)/ČSSR.
1968 Über die großen Städte, Aufbau-Verlag, Berlin/DDR. – a líra ma, Gondolat,
Budapest (ungarisch)/Ungarn. – Saison für Lyrik, Aufbau-Verlag, Berlin/
DDR. – En diktare är ingen sockersäck, FIBs Lyrikklubbs bibliotek 129,
Stockholm (schwedisch)/Schweden. – Pjarednija wyischli u sautra, Verlag
Belarus, Minsk (ukrainisch)/UdSSR. – Host do domu, 2, Brno (tschechisch)/
ČSSR. – Nagy Vilag, 2, Budapest (ungarisch)/Ungarn. – Merkur, 12, Stutt-
gart.
1969 Ty stará sachto Ely, s bohem, Dialog Most (tschechisch)/ČSSR. – Brücken
des Lebens, Mitteldeutscher Verlag, Halle (Saale)/DDR. – Guten Tag, liebe
Sonne, Verlag Neue Musik, Berlin/DDR. – chantille, 1, VEB Friedrich
Hofmeister, Leipzig/DDR. – Neue Rundschau, 2, Frankfurt/M. – Neue
Literatur, 7, Bukarest (deutsch) Rumänien. – Merkur, 12, Stuttgart. –
Ensemble, R. Oldenbourg Verlag, München. – Tintenfisch 2, Klaus Wagen-
bach Verlag, Berlin (West).
1970 Interférences européennes, aus Musée d'Art de Cécret, Paris (französisch)/
Frankreich. – Dein Leib ist mein Gedicht, Verlag Rütten & Loening, Bern,
München, Wien. – Von den Nachgeborenen, Verlag Die Arche, Zürich/
Schweiz. – Sonne, schieb die Wolken weg, Der Kinderbuchverlag, Berlin/
DDR. – Tintenfisch 3, Verlag Klaus Wagenbach, Berlin (West). – Akzente, 5,
München. – Almanach für Literatur und Theologie 4, Peter Hammer Verlag,
Wuppertal.
1971 Kalandezásek, Magvetö Könyvkiodó, Budapest (ungarisch)/Ungarn. – Geh

233

und spiel mit dem Riesen, Beltz Verlag, Weinheim und Basel. – Workshop, 12, London (englisch)/England. – Les Lettres Nouvelles, Septembre, Paris (französisch)/Frankreich. – Merkur, 1, Stuttgart. – Akzente, 6, München. – Tintenfisch 4, Verlag Klaus Wagenbach, Berlin (West). – Delos, 6, Texas at Austin (englisch)/USA.

1972 . . . Und alle Kreatur, Evangelische Verlagsanstalt, Berlin/DDR. – East German Poetry, Carcanet Press Ltd., Oxford (englisch), England. – Generationen, DVA, Stuttgart. – Deutsche Gedichte, Verlag Philipp Reclam jun., Stuttgart. – Geliebtes kleines Angesicht, Evangelische Verlagsanstalt, Berlin/DDR. – Kunstát na Morave, MNV Kunstát (tschechisch)/ČSSR. – A szivárvány alatt, Népmüvelési propaganda iroda, Budapest (ungarisch)/Ungarn. – Ausblicke, 11, Thessaloniki (griechisch)/Griechenland. – Diagonios, 2/3, Thessaloniki (griechisch)/Griechenland. – London Magazine, Oktober/November, London (englisch)/England. – Chelsea, 30/31, New York (englisch)/USA. – Merkur, 7, Stuttgart. – Litery, 6, Gdańsk (polnisch)/Polen.

1973 Lyrik aus der DDR, Benziger Verlag, Zürich und Köln. – East German Poetry, E. P. Dutton, New York (englisch)/USA. – Poesia GDR, Verlag Junge Garde, Moskau (russisch)/UdSSR. – Echtermeyer, August Bagel Verlag, Düsseldorf. – Dimension, Special Issue, Texas at Austin (englisch)/USA. – The Malshat Review, 27, Victoria (englisch)/Kanada. – Contemporary literature in translation, 16, Mission (englisch), Kanada. – Almanach für Literatur und Theologie 4, Peter Hammer Verlag, Wuppertal. – Europe, Juli/August, Paris (französisch)/Frankreich. – London Magazine, April/Mai, London (englisch)/England. – Westermanns Monatshefte, Braunschweig. – Nordisk kulturtidskrift, 2, Lund (schwedisch)/Schweden. – Lines review, 4, März (englisch)/Schottland. – Liesma, 5, Riga (litauisch), UdSSR. – Deutsche Großstadtlyrik vom Naturalismus bis zur Gegenwart, Verlag Philipp Reclam jun., Stuttgart.

1974 Das Einhorn sagt zum Zweihorn, Gertraud Middelhauve Verlag, Köln. – Do powiedzenie świtu, Wydawnictwo, Poznańske (polnisch)/Polen. – Landschaft unserer Liebe, Mitteldeutscher Verlag, Halle (Saale)/DDR. – Lyrik der DDR, Aufbau-Verlag, Berlin/DDR. – Amsel komm nach vorn, Dacia Verlag, Cluj (deutsch)/Rumänien. – Studienheft zu sieben Texten aus dem Markusevangelium, Berlin/DDR. – Ensemble 5, Langen-Müller, München. – Kindergeschichten – ein Inter Nationes-Buchkalender, Verlag Heinrich Ellermann, München. – Nagy Vilag, 5, Budapest (ungarisch)/Ungarn. – Akzente, 3, München. – Materialien, Projekt Deutschunterricht, Politische Lyrik, Metzlersche Verlagsbuchhandlung, Stuttgart.

1975 Das letzte Mahl mit der Geliebten, Eulenspiegel Verlag, Berlin/DDR. – Az ünnep eszményképei, Európa Könyvkiadó, Budapest (ungarisch)/Ungarn. – Politische Lieder und Gedichte 1918–1970, Verlag Gyldendal, Kopenhagen (deutsch)/Dänemark. – Jahresring, DVA, Stuttgart. – Auswahl literarischer Texte, Editura didactica si pedagica, Bukarest (deutsch)/Rumänien. – Neue Literatur, 4, Bukarest (deutsch)/Rumänien. – Irodalmi, 5, Bratislava (ungarisch)/ČSSR. – Akzente, 5, München. – Sprachhorizonte, 27, Crüwell-Konkordia, Dortmund. – Diagonios, 10, Thessaloniki (griechisch)/Griechenland. – London Magazine, August/September, London (englisch)/England. – Don

Juan überm Sund, Aufbau-Verlag, Berlin und Weimar/DDR. – Arbeitshefte für den Unterricht, Fabeln, Verlag Philipp Reclam jun., Stuttgart.

1976 Westermann Texte deutsch, Hauptschule, 8. Schuljahr, Georg Westermann Verlag, Braunschweig. – Time for dreams, Seven Seas books 7, Berlin (englisch)/DDR. – Contemporary German Poetry, Oleander Press, Cambridge (englisch)/England. – The New Germans, Macmillan, New York (englisch)/USA. Projektil, 8, Salzburg/Österreich – Prep á Sjóndeildarhring, Verlag Helgafell, Reykjavik (isländisch)/Island – Almanach Das Neunzigste Jahr 1886–1976, Verlag S. Fischer, Frankfurt/M. – Orte, 12, Zürich/Schweiz.

IV. Veröffentlichungen von erzählender und essayistischer Prosa (einschließlich Interviews) in Anthologien und Zeitschriften

1960 Mir gegenüber, Mitteldeutscher Verlag, Halle (Saale)/DDR. – Es war im Frühling 60, Mitteldeutscher Verlag, Halle (Saale)/DDR. – Fragen des lyrischen Schaffens, VEB Verlag Sprache und Literatur, Halle (Saale)/DDR.

1962 Plamen, 8, Prag (tschechisch)/ČSSR.

1963 Souvislosti a perspektivy prósy, Ceskoslovenský spisovatel, Prag (tschechisch)/ČSSR. – Plamen, 2, Prag (tschechisch)/ČSSR.

1965 Plamen, 3/4, Prag (tschechisch)/ČSSR. – Neue Deutsche Literatur, 7, Berlin/DDR.

1966 Plamen, 1/9, Prag (tschechisch)/ČSSR.

1967 Plamen, 12, Prag (tschechisch)/ČSSR.

1970 Almanach für Literatur und Theologie 4, Peter Hammer Verlag, Wuppertal.

1971 Leporello fällt aus der Rolle, S. Fischer Verlag, Frankfurt/M.

1972 Schaden spenden. Eremiten Presse, Düsseldorf. – Verteidigung der Zukunft, Piper Verlag, München. – Geständnisse, Droste Verlag, Düsseldorf. – insita 4, Bratislava (mehrsprachig)/CSSR.

1973 Am Montag fängt die Woche an, Beltz Verlag, Weinheim und Basel. – Butzbacher Autorenbefragung, Ehrenwirth Verlag, München. – europäische ideen, 2, Berlin (West). – Die Horen, 90, Hannover. – Akzente, 1/2, München.

1974 Auskunft, Bertelsmann Verlag, München. – Gruß und Kuß Dein Julius, Verlag Heinrich Ellermann, München. – Kreise ziehen, Buchverlag Der Morgen, Berlin/DDR. – Werkstattbuch, Beltz-Verlag, Weinheim und Basel. – Ensemble 5, Verlag Langen-Müller, München. – Literaturkalender 1975, Aufbau-Verlag, Berlin/DDR. – europäische ideen, 4, Berlin (West).

1975 Heinz Piontek, Leben mit Wörtern, R. S. Schulz Verlag, Percha am Starnberger See. – Thomas Mann – Wirkung und Gegenwart, S. Fischer Verlag, Frankfurt/M. – europäische ideen, 12, Berlin (West). – Neue Literatur, 4, Bukarest (deutsch)/Rumänien. – Chricket, Juli, Boulder, Colorado/USA.

1976 europäische ideen, Sonderheft Über Reiner Kunze, Berlin (West). – Die Rettung des Saragossameeres, Märchen, Buchverlag Der Morgen, Berlin/DDR. – Neues vom Rumpelstilzchen, Märchen, Verlag Beltz & Gelberg, Weinheim und Basel – Merkur, 12, Stuttgart.

V. Veröffentlichungen von Übersetzungen aus anderen Sprachen
in Anthologien, Büchern anderer Autoren und Zeitschriften

1961 Sinn und Form, 3, Berlin/DDR.

1964 Sinn und Form, 2/3, Berlin/DDR.

1965 Alternative, 42/43, Berlin (West). – Neue Deutsche Literatur, 8/9, Berlin/DDR.

1966 Die Glasträne, Verlag Volk und Welt, Berlin/DDR. – Sinn und Form, 1/3, Berlin/DDR. – Die Diagonale, 2, Berlin (West).

1967 Sinn und Form, 4, Berlin/DDR. – Neue Literatur, 3/4, Bukarest/Rumänien. – Miroslav Holub, Die explodierende Metropole New York, Verlag Volk und Welt, Berlin/DDR.

1968 Modernes tschechisches Theater, Luchterhand, Neuwied. – Bohdan Lacina, Brno/ČSSR. – Poesiealbum 14, Verlag Neues Leben, Berlin/DDR. – Neue Literatur, 10, Bukarest/Rumänien. – Akzente, 3, München. – Sinn und Form, 1, Berlin/DDR.

1969 Die Blume Wiederkehr, Carl Hanser Verlag, München. – Sinn und Form, 1, Berlin/DDR. – Literatur und Kritik, Juni, Wien/Österreich.

1970 Almanach für Literatur und Theologie, 4, Peter Hammer Verlag, Wuppertal.

1971 Jirí Wolker, Ich wache wie der helle Tag, Verlag Philipp Reclam jun., Leipzig/DDR. – Neue ungarische Lyrik, Otto Müller Verlag, Salzburg/Österreich.

1972 Ensemble 3, R. Oldenbourg Verlag, München. – Merkur, 9, Stuttgart.

1973 Gyula Illyés, Mein Fisch und mein Netz, Verlag Volk und Welt, Berlin/DDR. – Eva Zeller, Der Turmbau, DVA, Stuttgart. – Merkur, 7, Stuttgart.

1974 Große Freude, Evangelische Verlagsanstalt, Berlin/DDR. – Poesiealbum, 83, Verlag Neues Leben, Berlin/DDR. – Akzente, 1, München.

1975 Menschengeschichten, Beltz Verlag, Weinheim und Basel. – Neue Rundschau, Frankfurt/M.

1976 Michael Hamburger, Gedichte, LCB-Editionen, Berlin (West). – Ensemble 7, Deutscher Taschenbuch Verlag, München – Merkur, 12, Stuttgart.

VI. Gedichte und Prosa auf Schallplatten

1962 Chöre, ETERNA 8 20 302, Berlin/DDR.

1969 Heinz Krause-Graumnitz, Halm und Himmel stehn im Schnee, ETERNA 8 20 992, Berlin/DDR.

1973 Der Löwe Leopold, S. Fischer Verlag, Frankfurt/M.

VII. Vor- und Nachworte

1959 Peter Nell, Die Sonne den anderen, Volksverlag, Weimar/DDR.

1961 Mein Wort ein weißer Vogel, Verlag Philipp Reclam jun., Leipzig/DDR.

1962 Peter Nell, Das Brot auf dieser Erden, Volksverlag, Weimar/DDR. – Heinz Knobloch, Herztöne und Zimmermannssplitter, Mitteldeutscher Verlag, Halle (Saale)/DDR.

1964 Heinz Knobloch, Die guten Sitten, Mitteldeutscher Verlag, Halle (Saale)/DDR.

VIII. *Sekundärliteratur und Widmungsgedichte*
in Büchern und Zeitschriften

1962 Plamen, 3, Prag (tschechisch)/ČSSR. – Vít Obrtel, Je krásný den, Prag (tschechisch)/ČSSR.

1963 Almanach, Ústí nad Labem (tschechisch)/ČSSR.

1964 Deutsche Lyrik nach 1945, Volk und Wissen, Berlin/DDR. – Neue Deutsche Literatur, 3, Berlin/DDR. – Plamen, 11, Prag (tschechisch)/ČSSR. – Host do domu, 12, Brno (tschechisch)/ČSSR.

1965 Deutsche Literatur im Überblick, Verlag Philipp Reclam jun., Leipzig/DDR. – Volker Braun, Provokation für mich, Mitteldeutscher Verlag, Halle (Saale)/DDR. – Rudolf Fischer, Studien zur tschechischen Literatur, Akademie Verlag, Berlin — DDR. – Neue Deutsche Literatur, 5, Berlin/DDR.

1966 aspekte 7, Mitteldeutscher Verlag, Halle (Saale)/DDR.

1967 Lexikon deutschsprachiger Schriftsteller, VEB Bibliographisches Institut, Leipzig/DDR.

1968 Hans Cibulka, Windrose, Mitteldeutscher Verlag, Halle (Saale)/DDR.

1969 Deutschland Archiv, 7, Köln. – Neue Deutsche Hefte, 2, Berlin (West). – lobbi 2, Stadtbücherei, Dortmund. – Neue Deutsche Literatur, 9, Berlin (DDR).

1970 Heinz Piontek, Männer die Gedichte machen, Verlag Hoffmann und Campe, Hamburg. – Dimension, 3, University of Texas at Austin/USA. – Beiträge zur Kinder- und Jugendliteratur, August, Der Kinderbuchverlag, Berlin/DDR. – Manfred Jäger, Kann die Literatur die Gesellschaft verändern?, Grenzakademie Sankelmark. – Allemagne d'aujourd'hui, Mai/Juni, Paris/Frankreich. – Wulf Kirsten, Satzanfang, Aufbau-Verlag, Berlin/DDR.

1971 Konrad Franke, Die Literatur der Deutschen Demokratischen Republik, Kindler Verlag, München. – Jerry Glenn, Deutsches Schrifttum der Gegenwart, Francke Verlag, Bern und München. – Literaturlexikon, Rowohlt Taschenbuch-Verlag, Reinbek. – Manfred Seidler, Moderne Lyrik im Deutschunterricht, Hirschgraben-Verlag, Frankfurt/M. – Neue Deutsche Hefte, 1, Berlin (West). – Otto Knörrich, Die deutsche Lyrik der Gegenwart, Alfred Kröner Verlag, Stuttgart.

1972 Wolf Biermann, Für meine Genossen, Verlag K. Wagenbach, Berlin (West). – Jost Nolte, Grenzgänge, Europaverlag, Wien/Österreich. – Fritz J. Raddatz, Traditionen und Tendenzen, Suhrkamp Verlag, Frankfurt/M. – Werner Brettschneider, Zwischen literarischer Autonomie und Staatsdienst, Erich Schmidt Verlag, Berlin (West). – Walter Neumann, Grenzen, Wulff-Verlag, Dortmund. – Imre Oravecz, Hej, Magvetőkiadó, Budapest (ungarisch)/Ungarn. – Moderne Weltliteratur, Alfred Kröner Verlag, Stuttgart. – Merkur, 11, Stuttgart. – Dimension, 1, University of Texas at Austin/USA. – Neue Deutsche Hefte, 4, Berlin (West). – Hans-Dietrich Sander, Geschichte der Schönen Literatur in der DDR, Verlag Rombach, Freiburg. – Neue Rundschau, 4, Frankfurt/M.

1973 Manfred Jäger, Soziiliteraten, Bertelsmann Universitätsverlag, Düsseldorf. – Workshop, 21, London/England. – Agenda, Frühling, London/England. – Merkur, 4/5, Stuttgart. – Die Horen, 90/92, Hannover. – Neue Literatur, 11, Bukarest/Rumänien. – Modern Poetry in Translation, London/England. –

237

Ausblicke, 22/23, Thessaloniki/Griechenland. – Deutschland Archiv, 9, Köln.

1974 Die Literatur in der DDR, Katholische Akademie, Schwerte. – Schriftsteller der Bezirke Erfurt und Gera, Erfurt/DDR. – Franz Hodjak, Spielräume, Kriterion Verlag, Bukarest/Rumänien. – Margarete Hannsmann, Fernsehabsage, Claassen Verlag, Düsseldorf. – Epochen der deutschen Lyrik 1900–1960, Deutscher Taschenbuch Verlag, München. – Deutschlandarchiv, 1/9/11/12, Köln. – Literatur und Kritik, November, Wien/Österreich. – Neue Literatur, 5/6, Bukarest/Rumänien. – europäische ideen, 7, Berlin (West).

1975 Jürgen P. Wallmann, Zum Beispiel, Concept Verlag, Düsseldorf. – Heinz Piontek, Gesammelte Gedichte, Verlag Hoffmann und Campe, Hamburg. – Schattensprünge, Mitteldeutscher Verlag, Halle (Saale)/DDR. – Deutschlandarchiv, 1, 2, Köln. – New Poetry, The Arts Council of Great Britain, London/England. – Neue Rundschau, 3, Frankfurt/M. – europäische ideen, 12, Berlin (West). – Schallplatte Wolf Biermann, aah-ja, CBS 80100.

1976 Die Horen, 103, Hannover. – europäische ideen, Sonderheft ›Über Reiner Kunze‹, Berlin (West). – lobbi 9, Verlag Hans K. Matussek, Nettal-Lobberich. – Deutschland Archiv, 10, Köln. – Geschichte der Literatur der Deutschen Demokratischen Republik, Verlag Volk und Wissen, Berlin/DDR – Hg. Marcel Reich-Ranicki, Frankfurter Anthologie, Insel Verlag, Frankfurt/M. – Ewald Osers, Wish You Were Here, Hub Publikations LTD, Youlgrave, Bakewell, Derbyshire – Der Deutschunterricht, 6, Stuttgart.

238

Nachbemerkung

Die vorliegende Materialsammlung soll, anhand von Dokumenten aus acht Jahren, den Weg des Schriftstellers Reiner Kunze überschaubar machen und zugleich exemplarisch die Kontinuität bzw. Diskontinuität der DDR-Kulturpolitik seit dem VI. Schriftstellerkongreß im Mai 1969 vorführen. Der Band, zusammengestellt zu einem Zeitpunkt, da erneut ein Boykott über Reiner Kunze verhängt wurde, möchte zum einen dazu beitragen, die Vorwürfe zu entkräften, mit denen man Reiner Kunze in der DDR zu diskreditieren versucht; zum andern möchte er helfen, die Annexionsansprüche derer zurückzuweisen, die meinen, Reiner Kunze im Westen für ihre politischen Ziele mißbrauchen zu dürfen.

Die Sammlung beschränkt sich ausschließlich auf bereits publizierte Texte; um den Charakter der Dokumentation zu wahren, wurde auf jegliche Kommentierung verzichtet. Aus der Fülle des Materials, etwa der Rezensionen, konnten nur jeweils beispielhaft einige Texte aufgenommen werden. Die nicht abgedruckten Arbeiten sind in den bibliographischen Hinweisen am Ende der Kapitel bzw. in der Bibliographie im Anhang verzeichnet. Daß ein Text lediglich bibliographisch vermerkt und nicht abgedruckt wurde, bedeutet keineswegs in jedem Fall, daß der Herausgeber ihn für weniger wichtig hielt als einen anderen aufgenommenen Text. Häufig war der Umstand ausschlaggebend, daß in einer Rezension biographische oder andere Tatsachen vorgetragen werden, die bei der Publikation des Beitrags in einer Zeitschrift oder Zeitung ihre Berechtigung hatten, hier im Buch aber zu überflüssigen Wiederholungen geführt hätten. Von der Möglichkeit, entsprechende Passagen zu streichen, wurde kein Gebrauch gemacht – alle Texte sollten, im Sinne strenger Dokumentation, ungekürzt abgedruckt werden. In einigen wenigen Fällen allerdings mußte aus zwingenden Gründen von diesem Prinzip abgegangen werden; die entsprechenden Stellen sind deutlich markiert. Von der guten Regel, daß ein Herausgeber keine von ihm selbst verfaßten Beiträge aufnehmen sollte, mußte gelegentlich abgewichen werden, da einige Informationen, deren Kenntnis für den Leser wichtig ist, nur ihm zugänglich waren.

Die Dokumentation, die, von dem Gedicht »Zimmerlautstärke« abgesehen, keine im engeren Sinne literarischen Beiträge enthält, wurde mit Wissen und Zustimmung, jedoch ohne Mitwirkung Reiner Kunzes zusammengestellt. Das Manuskript wurde Anfang Januar 1977 abgeschlossen.

Jürgen P. Wallmann